本 书 资 源

数字资源

➢ 即测即评

➢ 附录

国际贸易(第二版)
请刮开后扫码获取数字资源
本码2029年12月31日前有效

✧ 关注"博雅学与练"微信公众号后扫描右上方二维码即可获取上述资源，之后通过点击菜单栏"我的书架"—"本书封面"，或者扫描书内二维码查看。

✧ 一书一码，相关资源仅供一人使用。为避免不必要的损失，请您第一时间进行绑定。

✧ 在使用过程中如遇到技术问题，可发邮件至lij@pup.cn。

教辅资源

➢ 教学课件

➢ 简答题参考答案

➢ 即测即评及附录

✧ 教辅资源仅供任课教师申请。任课教师如需要，可关注"北京大学经管书苑"微信公众号，通过菜单栏"在线申请"—"教辅申请"索取。

国际贸易

（第二版）

许斌◎著

INTERNATIONAL
TRADE

北京大学出版社
PEKING UNIVERSITY PRESS

图书在版编目(CIP)数据

国际贸易/许斌著. —2 版. —北京：北京大学出版社，2024.1
ISBN 978-7-301-34735-5

Ⅰ．①国…　Ⅱ．①许…　Ⅲ．①国际贸易—教材　Ⅳ．①F74

中国国家版本馆 CIP 数据核字(2024)第 004728 号

书　　　　名	国际贸易(第二版)
	GUOJI MAOYI (DI-ER BAN)
著作责任者	许　斌　著
责 任 编 辑	李　娟
标 准 书 号	ISBN 978-7-301-34735-5
出 版 发 行	北京大学出版社
地　　　　址	北京市海淀区成府路 205 号　100871
网　　　　址	http://www.pup.cn
微信公众号	北京大学经管书苑（pupembook）
电 子 邮 箱	编辑部 em@pup.cn　总编室 zpup@pup.cn
电　　　　话	邮购部 010-62752015　发行部 010-62750672
	编辑部 010-62752926
印 　刷 　者	北京圣夫亚美印刷有限公司
经 销 　者	新华书店
	787 毫米×1092 毫米　16 开本　22.75 印张　344 千字
	2009 年 9 月第 1 版
	2024 年 1 月第 2 版　2024 年 1 月第 1 次印刷
定　　　　价	58.00 元

目　录

第 3 章

赫克歇尔-俄林模型（上）

第 4 章

赫克歇尔-俄林模型（下）

第二部分

新兴贸易理论

第 5 章

新贸易理论

第三部分
国际贸易政策

第9章
传统贸易政策工具

第10章
新型贸易政策工具

第 14 章
国际收支数据和贸易
收支不平衡问题

导言

　　本书第一版于 2009 年出版，距今已有 14 个年头了。在第一版导言中，我引用了 2008 年诺贝尔经济学奖获得者保罗·克鲁格曼的观点："关于国际经济学，入门课程能教给学生的最重要的知识，就是基本的东西并没有改变。"①克鲁格曼创建了新贸易理论，但他并不认为新贸易理论是对传统贸易理论的替代，而认为这两者为互补关系，是从两个不同的角度（比较优势和规模经济）揭示了贸易开放的收益。而 21 世纪初马克·梅里兹所开创的新新贸易理论则被认为是对新贸易理论的继承和发展，它揭示了贸易开放通过提高产业生产率带来贸易收益这一新角度。克鲁格曼所称的"基本的东西"大概指的是贸易开放能够给参与国家带来贸易收益这一国际贸易理论的基本观点。

---

　　① 这是克鲁格曼撰写的短文《大学生应该懂得哪些贸易知识?》中的一句话，引自克鲁格曼，《流行的国际主义》，张兆杰等译，中国人民大学出版社 2000 年版，第 131 页。

不可否认,对贸易收益的揭示仍然是国际贸易理论的核心内容,是国际贸易课程需要传授给学生的重要知识。但自 2008—2009 年全球金融危机以来,世界经济发生了根本性的变化,始于 20 世纪 80 年代的贸易自由化浪潮,乃至整个全球化浪潮,都发生了逆转。在我撰写本书第一版的 2008 年,全世界无人预料到 2008—2009 年会发生自 1929—1933 年"大萧条"以来最严重的经济衰退,欧洲会陷入深重的债务危机之中,英国会退出欧盟,主张单边主义的特朗普会当选美国总统,中美之间会陷入激烈的贸易战之中,世界会在新冠疫情中挣扎如此长的时间。所有这些都使得关于贸易自由化能够带来好处的理论显得不接地气。有鉴于此,我认为克鲁格曼的观点需要修正为:关于国际经济学,入门课程能教给学生的最重要的知识,必须有所改变了。

我需要诚实地告诉读者:虽然我意识到了国际贸易课程所传授的知识"必须有所改变",本书第二版也在这方面做了努力,但要真正改变一门学科的内容使之反映现实世界日新月异的变化("接地气"),并不是一蹴而就的,是需要大量的研究以及时间的沉淀的。对于处在世界剧变中心的中国学者和学生而言,我们尤其需要对全球经济中的新现象有更广、更深的认知。正是在这一大背景下,在教学中将思政内容有机地融入课程内容中,是非常必要和极富价值的。下面我对本书第二版的框架和内容(特别是思政内容)做一个介绍。

第二版框架

本书第二版分为如下四个部分:

第一部分用四章介绍**传统贸易理论**,其内容设置基本沿用了第一版,但增加了 4.4 节对含技术参数的赫克歇尔-俄林模型的介绍。不同于第一版中将"贸易理论的实证检验"单列一章,第二版将此内容分列到各章的附录中,这样的安排既能让普通读者聚焦于课程的基础内容即贸易理论本身,又能让对实证检验有兴趣的读者在完成基础理论学习后即时学习相关的实证内容。

第二部分用四章介绍**新兴贸易理论**,大部分内容是新写的,从第一版沿用的内容也做了大幅更新,可以说是在本科生层次上系统讲解新兴贸易理论的尝试。

第三部分用四章介绍**国际贸易政策**,沿用了第一版的大部分内容,但对专栏做了全面更新,新增了特朗普任美国总统期间发起的钢铝关税和中美贸易战的相关内容,并在原专栏中增补了英国脱欧和北美自由贸易区重构的内容。如前所述,世界正经历着剧变。随着国际贸易内容和方式的变化、国际政治和经济版图的变化,以及技术和观念的变化,现有的全球贸易体系已经明显不适应新形势了。第二版12.3节对全球贸易体系的新走向做了阐述。

第四部分用两章介绍**国际贸易数据**,其中第 13 章(国际贸易数据概览)是新增的,对国际贸易数据的来源和若干重要指标做了介绍。第14 章(国际收支数据和贸易收支不平衡问题)沿用了第一版第 13 章"国际贸易和宏观经济"的内容。正如第一版导言所言:之所以在这本国际贸易教材中加入国际收支这个在学科划分上属于国际金融学/国际宏观经济学的专题,是为了让读者明确地认识到在现实世界中对国际贸易进行讨论时常常涉及的诸如贸易不平衡之类的宏观经济问题的重要性,以避免将对国际贸易的认识局限在其实物交换层面而忽视了其货币交换层面。

第二版除正文之外还设有 25 个专栏,这些专栏为学生提供了相关的理论背景、历史事件、典型案例和热点讨论;设有 8 个附录,它们提供了对模型的代数推导和相关的实证检验内容,以及对正文所介绍理论的拓展内容;每章附有可供读者自测学习效果的练习与思考题,以及进一步阅读的建议。

需要说明的是,本书中所涉及的我国全国性统计数据,除行政区划、特殊注明外,均未包括香港、澳门特别行政区和台湾省数据。根据中华人民共和国《香港特别行政区基本法》和《澳门特别行政区基本法》的有关原则,香港、澳门与内地是相对独立的统计区域,依据各自不同的统计制度和法律规定,独立进行统计工作。

■■■■ 思政内容

中国进入了以中国式现代化推进全面建成社会主义现代化强国的新时代,这个新时代对国际贸易课程的教学内容和教学方式提出了新要求。有鉴于此,第二版在每章开始处设置了**"思政导引"**栏目,引导学生在学习该章内容时思考其历史背景、理论局限以及与当今世界的联系;在每章结尾处设置了**"新时代 新思考"**栏目,引导学生进一步思考课程内容的深层含义,由此培养其思辨能力、提高其思政意识。

• 国际贸易理论主要是由西方学者在对资本主义经济的研究中发展出来的。该理论中有反映市场经济一般规律的有益成分,值得学习和借鉴。同时也要认识到其所运用的西方经济学分析方法的局限性,它是建立在个体利益最大化的假设之上的,对效率的强调明显高于对公平的关心。中国式现代化的核心是更好实现效率与公平相兼顾、相促进、相统一。本书所设思政栏目引导学生关注全球经济中过度追求效率所带来的弊端,思考贸易开放如何实现公平和效率的统一,探索以人为本、以和谐发展为基础的新的理论思维和新的分析范式。

• 国际贸易现象不是冰冷的数学描述,而是"有血有肉"的经济关系。国际贸易理论所运用的西方经济学分析方法的一个局限性是它抽象掉了历史背景和阶级关系。例如,李嘉图贸易理论发端于资本主义发展初期的英国,是在李嘉图所代表的贸易开放获益者(资产阶级)和贸易开放受损者(地主阶级)之间的利益角逐中诞生的。本书所设思政栏目引导学生培养透过现象看本质的能力,认识全球治理的中国立场,领会关于建设开放型世界经济,营造有利于发展的国际环境,反对保护主义,反对"筑墙设垒""脱钩断链",反对单边制裁、极限施压,缩小南北差距,让开放成果惠及各国人民的中国主张。

• 学习国际贸易理论是为了认识当今世界所面临的国际贸易新现象,它要求我们掌握"坚持问题导向、重视调查研究"的科学方法论,通过对数据和事实的深入挖掘,发现新问题,提出新方案。本书所设思政栏目引导学生在所学内容基础上深入思考全球经济中的新现象和新问题。例如,在学习赫克歇尔-俄林理论时需要探讨资源在内涵和外延上的新变化,特别要关注绿色资源和数据资源的重要性及其在全球分布不均所造成的影响,要站在构建基于公平公正和互惠共赢的新型全球化的高度上对贸易开放的福利效应展开深层次的思考。

- 对贸易收益的认识必须超越西方经济学的框架。贸易收益并不是参与国际竞争必然会得到的结果,而是在对外开放中坚持国家自主性才能赢得的。本书所设思政栏目引导学生深入探究资源禀赋在世界各国不均衡分布的历史渊源,深刻领会中国在处理同发展中国家关系时所秉持的真实亲诚理念和正确义利观,深刻理解中国在加强同发展中国家团结合作和维护发展中国家共同利益等方面的主张和行动。

- 新时代中国所倡导的经济发展新理念,在国际贸易领域表现为在追求本国利益时兼顾他国合理关切,在谋求本国发展中促进各国共同发展。虽然西方贸易理论也研究贸易开放的收入分配效应,但对公平的重视程度远低于对效率的重视程度。例如,新贸易理论强调基于规模经济的国际贸易所带来的效率提高,但忽视了它会带来的矛盾冲突,包括发达国家和发展中国家在规模经济上的优劣势所导致的在贸易收益分配上的矛盾冲突,以及各国内部强势群体和弱势群体在贸易收益分配上的矛盾冲突。认识这些矛盾冲突是在学习国际贸易理论时提升思政意识的重要方面。

- 在相互竞争又相互依存的当今世界,必须将贸易开放政策与"实现什么样的经济发展"这个关键问题联系起来。中国处于全面建设社会主义市场经济的新时代,中国式现代化所追求的目标不仅是更高质量和更高效率的发展,而且是更加公平、更可持续和更为安全的发展,这个理念对于构建新型全球贸易关系具有重要的指导意义。在经济全球化处于低潮的今天,中国高举多边主义的大旗,引领全球经济走向更公平、更和谐的发展道路。国际贸易课程需要嵌入对上述这些方面的阐述,这是国际贸易课程中重要的思政内容。

- 高质量发展是中国全面建设社会主义现代化国家的首要任务,

而提高生产率是实现高质量发展的必由之路。诞生于 21 世纪初的新新贸易理论所揭示的贸易开放通过促进企业间资源的优化配置从而提高产业生产率这一结论对于推动中国经济实现质的有效提升具有借鉴意义,它为破解"如何实现发展"这个问题提供了一个有价值的视角。更好地理解对外开放在提高资源配置效率和提升产业生产率中所起到的积极作用,更好地认识对外开放和供给侧结构性改革之间相辅相成的关系,是国际贸易课程需要传授的重要思政内容。

• 全球贸易中涌现出了价值链贸易、生产过程碎片化、外包、离岸、任务贸易等新现象。新时代的中国学生不应满足于国际贸易课程中对这些现象的讲解,而应努力将它们与当前全球经济格局的新变化联系起来。当前全球经济中出现了一股"筑墙设垒""脱钩断链"、单边制裁乃至极限施压的逆流。本书所设思政栏目引导学生深刻理解中国在全球经济新形势下所提出的着力提升产业链供应链韧性和安全水平、深度参与全球产业分工和合作、维护多元稳定的国际经济格局和经贸关系,以及构建更公平更和谐的新型全球化等主张。

• 贸易政策不仅是个经济问题,更是一个政治问题。考虑到中国目前所处的经济发展阶段,以及中国经济全球崛起的大背景,学生需要将对贸易政策的认识提升到一个更高的高度。追求本国利益无可厚非,但不能将自身利益完全建立在他国损失之上,尤其要反对利用自身的强势地位来迫使他国让出其利益。本书所设思政栏目引导学生深入思考和积极探讨什么样的全球经贸关系能最大限度地符合各国的共同利益,什么样的贸易政策安排能实现在追求本国利益时兼顾他国合理关切。中国主张在追求本国利益时兼顾他国合理关切,在谋求本国发展中促进各国共同发展,这个主张是对西方发达国家贸易政策取向的纠偏,为破解当前全球贸易关系所处困局指明了出路。

■■■■ **教材特点**

教材是已有知识中精华的沉淀,而知识是由一代代学者创造而积累起来的。国际贸易理论是由几代国际贸易学者创立和发展起来的,本书内容正是他们的思想精华。在撰写本书时,我遵循的第一条原则是将国际贸易这门学科中最基本的东西讲解清楚。在全球化和互联网时代,对于国际贸易"流行"着许许多多的观点。对于新时代的中国学生而言,如果在学习了国际贸易这门课程之后能够分辨出流行的观点中哪些是有道理的,哪些看似有道理但实际上站不住脚,那么这门课程就取得了成功。

一个学生对某门学科思维方式的掌握程度,我称之为"学术修养"。记住概念和定理不是学习的目的;学习的目的是提高在所学课程上的学术修养,这种学术修养能够提升一个人的素质和判断力。我在撰写本书时遵循的第二个原则,是将重要的理论结论一步一步地推导出来,让学生知道这个结论是怎么得出来的,以及它成立的前提条件是什么。这样做的目的是培养学生对于国际贸易问题的思维能力,教会学生如何抓住复杂的现象中最重要的元素并据此做出进一步的推理和判断。

对于一本教材而言,即便内容再好,如果学生啃不动,那么它的价值(至少是它的市场价值)也就归零了。本书的理论部分采用模型名称作为每章的标题,对于初学者而言,这些名称可能令人望而却步,但我建议各位不妨先"走进去"看看。每个模型实际上就是一幅浓缩的画卷。现实世界因为各种因素的交织而让人看不清楚,但在浓缩并简化了的模型世界中,你就会看清楚原来看不清楚的许多东西,并惊叹于模型构造者的智慧。在介绍这些模型时,我尽量采用初学者较易理解的叙述方式,用图形和例子作为推导的工具。但必须指出,任何知识的获得都不是轻而易举的。对于初学者而言,在学习这些内容时需要花一定的时间和精力来咀嚼。本书希望教给学生思考国际贸易问题的方法,所以需要学生对书中所讲解的推导过程充分消化,而不仅仅是记住结论。对于数学基础较好的学生,在阅读了正文中采用图形和数字例子的推导后,可以阅读附录中相关的代数推导过程。

本书希望教会学生如何去思考和分析国际贸易活动所带来的种种问题。为了实现这个教学目标,无论是老师还是学生,首先都要扎实地学透国际贸易这门学科的基本概念和原理,掌握基本的分析方法。国际贸易问题具有很强的现实性。现实问题层出不穷,有时确实需要创造新的理论才能理解和把握它们。但在很多时候,新的现象往往是历史现象的变形。国际贸易的经典理论和基本分析方法仍然是认识当今世界国际贸易现象的钥匙。

我希望以上的介绍能够使学生对本书的特点有所了解。对于我而言,如果本书能够为学生开启理解国际贸易问题之门,那将是对我的最大褒奖。

第一部分
传统贸易理论

第 1 章
李嘉图模型

【本章简介】

本章介绍英国经济学家大卫·李嘉图（David Ricardo）开创的基于比较优势的国际贸易理论。在 18 世纪末 19 世纪初的英国，围绕着是否实施贸易保护主义的《谷物法》存在激烈的争论。在这场争论中，李嘉图运用他的一套理论论证了自由贸易必定促进国民福利这一观点。这套理论的精髓被表述为李嘉图模型。

【思政导引】

本章内容有助于新时代的中国学生更好地理解在中国建设社会主义市场经济的进程中贸易开放对于提高中国人民福利水平所能起到的积极作用。同时，本章内容也能帮助学生认识到西方经济学分析方法的局限性——它抽象掉了贸易开放背后的历史背景和阶级关系。

本章所介绍的李嘉图模型发端于资本主义发展初期的英国,是在李嘉图所代表的资产阶级利益反对《谷物法》所代表的地主阶级利益的斗争中诞生的(参见专栏1.1)。

1.1 李嘉图模型架构

国际贸易是个复杂的现象,涉及数百个国家和地区、成千上万种产品,以及许多种类的生产要素。要搞清楚一个复杂现象,最好的方法是将它在不同层面上加以分解,先搞清楚每个层面,然后在此基础上勾勒出对这个现象的整体认知。

■■■■ 模型架构

李嘉图模型将复杂的国际贸易世界简化在以下的 $2 \times 2 \times 1$ 架构中:

- 2 个国家:中国、美国
- 2 种产品:服装、饮料
- 1 种生产要素:劳动力

想象一下这个模型构建的世界:地球上只有中国和美国两个国家。中国人和美国人穿同样的服装,喝同样的饮料。服装和饮料只要投入劳动力就可以制造出来。现在请你回答:中国人是自己制造服装和饮料自己用好呢,还是和美国人互通有无好呢?为什么?

你应该会提出两个问题:第一,哪国人更会制造服装,哪国人更会制造饮料?第二,中国有多少劳动力,美国有多少劳动力?下面是有关的数据。

■■■■ 模型数据

- 中国有 1 000 个工人,美国有 200 个工人。[①]
- 中国生产 1 套服装需要 2 个工人,美国生产 1 套服装需要 1 个

---

① 这里假设中国有 1 000 个工人,美国有 200 个工人是为了叙述方便。我们可以用百万人作为单位,这样 1 000 百万个工人就是 10 亿工人。学完本章后你会明白,李嘉图模型的基本结论成立与否和劳动力的绝对数量无关。

工人。

• 中国生产 1 箱饮料需要 5 个工人，美国生产 1 箱饮料需要 0.5 个工人。

仔细看一看这些数字，中国和美国有哪些不同？第一，中国工人的总人数比美国多。第二，中国工人在生产服装和生产饮料上的能力都比美国工人低。

上面数据中标出的是生产 1 单位产品所需要投入的劳动力数量，它的倒数就是劳动生产率。例如，中国生产每套服装需要投入的劳动力数量为 2 个工人，它的倒数 1/2 就是中国每个工人能够生产出的服装数量，也就是中国在服装生产上的劳动生产率。

▍▍▍ 劳动生产率

	中国	美国
服装（套/人）	1/2	1
饮料（箱/人）	1/5	2

为什么中国工人的劳动生产率比美国工人低？这里我们暂时不去讨论其背后的原因，而只假定我们观察到的数据就是这样。给定这些数据，你认为中国应该和美国开展贸易吗？站在美国的立场上，你认为美国应该和中国开展贸易吗？请思考和讨论下面的两个观点。

▍▍▍ 观点思考

【观点 1】 中国的劳动生产率低于美国。如果中国开放对美国的贸易，那么中国处于弱势的民族工业就将受到严重威胁。虽然中国的劳动生产率低于美国，但中国能够生产自己需要的服装和饮料，实现自给自足。中国应该做的是找出其劳动生产率落后于美国的原因，想办法让中国的劳动生产率赶上甚至超过美国。在实现了这个目标以后，中国可以开放贸易。到时美国人是不是还愿意开放贸易呢？

【观点 2】 站在美国的立场上，美国不应该对中国开放贸易。中国人多，劳动力便宜，工资低。对中国开放贸易会导致大量廉价的中国服装和饮料涌入美国市场。虽然美国的劳动生产率较高，但中国产品的低价优势足以抵消美国的劳动生产率优势。贸易开放会使美国的制造业面临严重的威胁。

1.2 封闭经济均衡

在回答上面的问题时,你是不是能够做出逻辑清晰的表述呢?如果你觉得有困难,那么下面的推导会帮助到你。模型的作用就是让我们看清楚某个结论是怎样一步一步地被推导出来的。现在让我们用图形来描述李嘉图模型。根据数据,中国有 1000 个工人,2 个中国工人能生产 1 套服装。所以如果全体中国工人都去生产服装,服装产量为 500 套。图 1.1 中的 C 点表示这种极端情况。根据数据,5 个中国工人能生产 1 箱饮料。所以如果全体中国工人都去生产饮料,饮料产量为 200 箱。图 1.1 中的 D 点表示这种极端情况。如果将中国的 1000 个工人一分为二,500 个工人生产服装,500 个工人生产饮料,那么产量将是 250 套服装和 100 箱饮料。图 1.1 中的 M 点表示这种中间情况。

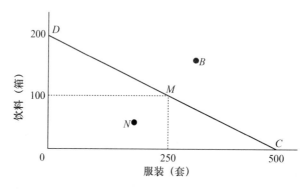

图 1.1　中国的生产可能性边界

中国的劳动力还可以有其他无穷多种的组合分配在服装和饮料这两个生产活动中,要全部写下来就太多了。图 1.1 中的 CD 线将所有这些可能性都包括了,这就是图形的优势。CD 线显示了在给定劳动力资源的情况下中国所能生产的服装和饮料数量的不同组合,这条线被称为**生产可能性边界**。如果中国的劳动力资源得到最有效的使用,中国的生产点就会落在生产可能性边界上。如果中国在生产中没有让劳动力资源得到最有效的使用,那么中国的生产点就会落在生产可能性边界和两条轴线之间的三角形内,例如 N 点。图 1.1 中的 B 点则超越了中国当前的生产可能性。怎样才能达到 B 点?一种途径是通过不断提高中国工人的劳动生产率,在将来达到 B 点。那么在劳动力资源和劳动生产率既定的今天,中国能不能达到 B 点呢?下面我们将证明,中国通过和美国的贸易,是可以超越生产可能性的约束而达到 B 点的。

用同样的方法,我们可以画出美国的生产可能性边界。美国有 200 个工人,1 个美国工人能生产 1 套服装,所以全体美国工人能生产 200 套服装。0.5 个美国工人能生产 1 箱饮料,所以全体美国工人能生产 400 箱饮料。图 1.2 显示了美国的生产可能性边界。

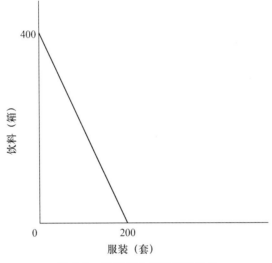

图 1.2　美国的生产可能性边界

封闭经济均衡

在封闭经济条件下,中国生产部门的供给能否满足中国老百姓的需求呢?供需相等的情况称为均衡。图 1.1 显示中国所有可能的生产点都落在 CD 这条线上。哪一点是均衡点?这取决于中国老百姓的需求偏好。不同消费者的需求偏好是不同的,但为了简化起见,我们假定所有人的需求偏好都相同。怎样描述这个需求偏好呢?可以问消费者:你有 9 套服装和 4 箱饮料,如果用饮料和你交换 1 套服装,给你多少箱饮料你才愿意？回答是 0.5 箱饮料。然后再问：现在你剩下 8 套服装，如果再用饮料和你交换 1 套服装，多少饮料你才愿意？因为只剩下 8 套服装了（但有 4.5 箱饮料），所以你的要价会多于 0.5 箱饮料，经计算为 0.6 箱饮料（参见附录 1.1）。这时你只剩下 7 套服装了（但有 5.1 箱饮料），再和你交换 1 套服装你会要价 0.9 箱饮料。表 1.1 列出了一系列消费者愿意交换的产品组合。

表 1.1　消费者愿意交换的产品组合

服装（套）	饮料（箱）
9	4.0
8	4.5
7	5.1
6	6.0
5	7.2
4	9.0

　　表 1.1 告诉我们，消费者从 (9,4.0)、(8,4.5)、(7,5.1)、(6,6.0)、(5,7.2) 和 (4,9.0) 这些服装和饮料的组合中获得相同的满足度，经济学称之为"效用"。将这些组合画到图 1.3 中，我们得到一条凸向原点

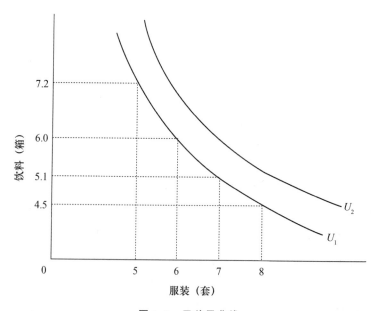

图 1.3　无差异曲线

的曲线,U_1代表这条曲线所对应的效用水平。[①]

这条曲线被称为**无差异曲线**,因为曲线上各点对应着相同的(没有差异的)效用水平。以此类推,不同的效用水平对应着不同的无差异曲线,例如图1.3还显示了效用水平为U_2的无差异曲线。无差异曲线的位置越高,所代表的效用水平越高。

无差异曲线代表消费者的需求偏好,生产可能性边界代表有效率的产品供给组合,将它们结合起来就可以对市场均衡做一个描述。中国的封闭经济均衡会是什么样子的? 图1.4给出了答案:中国会生产250套服装和100箱饮料,均衡点是E点。为什么是E点? 因为在该点上中国具有生产250套服装、100箱饮料这个产品组合的能力,同时中国的消费者也从这个产品组合中得到了可能得到的最大效用。中国的消费者当然希望得到高于E点的产品组合,例如图1.4中的B点。但该点是中国现有的生产能力所不能及的。

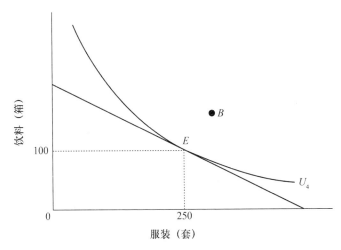

图1.4 中国的封闭经济均衡

同样的道理,我们可以在图1.5中找出美国的封闭经济均衡点E^*点。在封闭经济条件下,美国会生产100套服装、200箱饮料这个产品组合。美国消费者从这个产品组合中得到了可能得到的最大效用。

---

① 图1.3意在演示,没有按比例精确绘制。

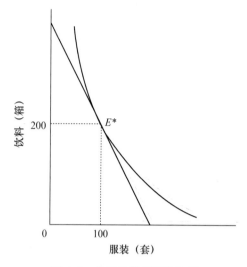

图 1.5　美国的封闭经济均衡

封闭经济中的价格和工资

在封闭经济中,中国的服装和饮料的价格是多少?因为我们讨论的是没有货币的实物经济,所以服装的价格是用可以换到的饮料来衡量,而饮料的价格用可以换到的服装来衡量。图 1.4 告诉我们在自给自足的情况下,中国一半的劳动力生产服装,另一半的劳动力生产饮料。生产服装的工人需要用服装去交换饮料,而生产饮料的工人需要用饮料去交换服装。以什么比率交换呢?生产服装的工人拿出 125 套服装去交换 50 箱饮料,所以交换比率为 125 套服装＝50 箱饮料。这个交换比率对应的是以下两个价格:(1)中国服装价格＝0.4 箱饮料;(2)中国饮料价格＝2.5 套服装。

在封闭经济中,中国工人的工资是多少?在这个简单的模型世界里,产品生产只需要劳动力投入,所以出售产品所得完全归工人所有。在中国共有 500 个工人生产了 250 套服装,也就是每个工人生产了 0.5 套服装。在市场上出售 1 套服装可换得 0.4 箱饮料,所以每个工人生产的价值相当于 0.2 箱饮料,这是生产服装的工人的工资。按同样的规律推理,在中国共有 500 个工人生产了 100 箱饮料,也就是每个工人生产了 0.2 箱饮料。在市场上出售 1 箱饮料可换得 2.5 套服装,所以每个工人生产的价值相当于 0.5 套服装,这是生产饮料工人的工资。所以中国工人的工资等于 0.5 套服装或 0.2 箱饮料。

　　用同样的方法可以计算出美国在封闭经济条件下的产品价格和工人工资。美国的服装价格为 2 箱饮料，美国的饮料价格为 0.5 套服装。在美国共有 100 个工人生产了 100 套服装，也就是每个工人生产了 1 套服装。在市场上出售 1 套服装可换得 2 箱饮料，所以每个工人生产的价值相当于 2 箱饮料，这是生产服装的工人的工资。按同样的规律推理，在美国共有 100 个工人生产了 200 箱饮料，也就是每个工人生产了 2 箱饮料，其市场价值为 1 套服装，这是生产饮料工人的工资。所以美国工人的工资等于 1 套服装或 2 箱饮料。

　　比较一下中国和美国在封闭经济条件下的产品价格和工人工资，我们发现中国的服装比美国便宜（中国服装价格＝0.4 箱饮料，美国服装价格＝2 箱饮料），而中国的饮料比美国昂贵（中国饮料价格＝2.5 套服装，美国饮料价格＝0.5 套服装）。同时我们也发现中国工人的工资比美国工人的工资要低，无论是用服装来衡量（中国工人工资＝0.5 套服装，美国工人工资＝1 套服装）还是用饮料来衡量（中国工人工资＝0.2 箱饮料，美国工人工资＝2 箱饮料）。

1.3

自由贸易均衡

　　现在让我们考虑中美相互开放贸易的情况。中美两国有没有相互开放贸易的动力呢？从前一节中两国产品价格的比较可以知道，美国消费者可以从中国买到更便宜的服装，而中国消费者可以从美国买到更便宜的饮料。所以两国的消费者都有参与国际贸易的动力。但从国家的角度看，贸易开放是不是会损害中国的饮料业，或者美国的服装业呢？

　　要回答这些问题，我们需要推导出自由贸易均衡，用来和封闭经济均衡相比较。假定中美双方在贸易上完全开放。这时会发生什么？美国消费者会购买中国的服装，因为中国服装的价格为 0.4 箱饮料，而美国服装的价格为 2 箱饮料。在需求增加的情况下，中国服装的价格还会是 0.4 箱饮料吗？当然不会，中国服装的价格一定会上升到 0.4

箱饮料以上的水平。同样的道理,因为美国饮料的价格为0.5套服装,而中国饮料的价格为2.5套服装,所以贸易开放后中国消费者会购买美国的饮料。在需求增加的情况下,美国饮料的价格一定会上升到0.5套服装以上的水平。

在自由贸易下,还会有人买美国生产的服装和中国生产的饮料吗?答案是:除非美国服装和中国服装卖同样的价格,中国饮料和美国饮料卖同样的价格。那么,如果美国服装和中国服装卖同样的价格,美国服装业还能生存吗?如果中国饮料和美国饮料卖同样的价格,中国饮料业还能生存吗?

要回答这个问题,想象你是一个中国工人,你在决定去哪个产业工作。我们虽然还不知道自由贸易条件下服装和饮料的比价,但知道这个比价肯定高于0.4箱饮料/1套服装。为了便于思考,先假定这个比价是1箱饮料/1套服装(在下面我们会解出这个比价)。我们知道中国工人生产服装的劳动生产率是0.5套,而生产饮料的劳动生产率是0.2箱。所以当比价为1箱饮料/1套服装时,你去服装业工作会获得相当于0.5箱饮料的工资,而你去饮料业工作只会获得相当于0.2箱饮料的工资。所以你的决策会很明确——去服装业工作。你的决策也是所有中国工人会做出的决策。因此在自由贸易条件下,中国饮料业将吸引不到任何工人。也就是说,在李嘉图模型中,自由贸易会消灭中国的饮料业。同样的道理,自由贸易会消灭美国的服装业(请试着自己推导一下)。所以在李嘉图模型中,自由贸易将导致**生产的完全专业化**:中国完全专业化于服装的生产,而美国完全专业化于饮料的生产。[①] 图1.6画出了中国和美国的生产可能性边界。在自由贸易条件下,中国的生产点是C点,美国的生产点是A点。

---

① 这个结论对于经济规模差距很大的两个国家并不适用。当这样两个国家开展自由贸易时,较大的国家从较小的国家所进口的那种商品的数量不够其消费,所以它还需要自己生产那种商品。也就是说,较大的国家不仅会生产它所出口的商品,也会生产它所进口的商品。

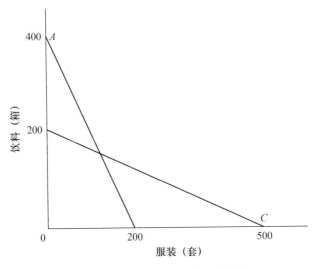

图 1.6　自由贸易下的生产专业化

自由贸易均衡中的价格和工资

前面我们假定了自由贸易条件下的交换比价为 1 箱饮料/1 套服装,现在让我们来解出自由贸易均衡中服装和饮料的交换比价。从图 1.6 可以看到,在自由贸易条件下中国生产 500 套服装,美国生产 400 箱饮料,这样在世界市场上就有 500 套服装和 400 箱饮料交换,所以交换比率会是 500 套服装＝400 箱饮料。这个交换比率可以转化为下面两个价格:(1)世界市场服装价格＝0.8 箱饮料;(2)世界市场饮料价格＝1.25 套服装。

我们还可以推导出中国工人和美国工人在自由贸易条件下的工资。中国 1 000 个工人生产 500 套服装,在世界市场上的价值相当于 400 箱饮料。所以中国工人的工资等于 0.5 套服装或 0.4 箱饮料。美国 200 个工人生产 400 箱饮料,在世界市场上的价值相当于 500 套服装。所以美国工人的工资等于 2 箱饮料或 2.5 套服装。由此可见,在自由贸易条件下美国工人的工资是中国工人的 5 倍,无论是用服装来衡量,还是用饮料来衡量。

贸易收益

现在我们来看中国和美国是否从贸易中获得了收益。如何衡量一个国家从贸易中获得的收益或者承受的损失呢？我们用该国全体人民所获得的总效用来衡量。如果一个国家通过参与国际贸易使全体人民从消费中获得的总效用提高了，那么该国就获得了**贸易收益**；反之则是承受了**贸易损失**。

先来看中国。如果参与自由贸易，中国专业化于生产 500 套服装，然后根据 1 套服装＝0.8 箱饮料的世界市场价格交换所需要的饮料。如果将 500 套服装全部卖掉，中国能换得 400 箱饮料。如果卖掉 250 套服装，中国能换得 200 箱饮料。如果卖掉 100 套服装，中国能换得 80 箱饮料。所有这些组合都是中国消费者在自由贸易条件下可以获得的消费组合。图 1.7 中的 AC 线代表了所有这些组合，我们可以称之为**自由贸易下的消费可能性边界**。

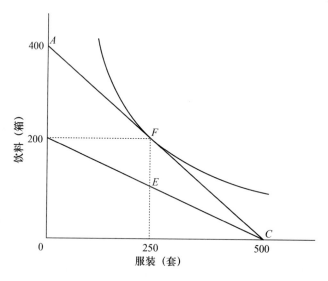

图 1.7　中国的贸易收益

中国消费者会选择哪一点消费呢？答案是 AC 线上的 F 点。在 F 点上中国消费者享用 250 套服装和 200 箱饮料，获得可能达到的最大效用。和封闭经济均衡点 E 点相比，中国消费者在自由贸易条件下会生活得更好。从 E 点到 F 点所增加的消费者效用就是中国从自由贸易中所获得的贸易收益。请注意,F 点处在中国的生产可能性边界之外(就像图 1.1 中的 B 点)。中国现有的生产能力虽然达不到 F 点,但在贸易开放条件下,中国的产量可以达到 C 点然后通过贸易来达到 F 点。国际贸易使一个国家可以通过两条途径来获得某种产品:自己生产这种产品,或者生产另一种产品来换取这种产品。这就好像一个国家掌握了两种生产方法,可以从中选取更有效的生产方法。国际贸易收益的源泉正在于此。

再来看美国。和中国的情况一样,美国也获得了贸易收益。如图 1.8 所示,美国的产量达到 A 点然后通过贸易可以换取到 F 点的消费。美国消费者享用了 250 套服装(多于封闭经济条件下的 100 套服装)和 200 箱饮料(和封闭经济条件下一样多),获得了高于封闭经济下的效用。[1]

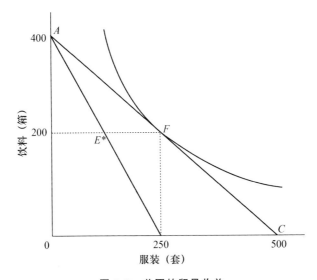

图 1.8 美国的贸易收益

---

[1] 图 1.7(图 1.8)显示中国(美国)在贸易开放后消费更多饮料(服装)和相同数量的服装(饮料),这个结果是一个特例,它源于所假设的方程式(参见附录 1.1)。一般而言,一国在贸易开放后饮料和服装的消费既可能是同时上升,也可能是饮料(服装)的消费上升,服装(饮料)的消费下降。贸易收益是指一国从消费的商品组合中得到的总效用上升,并不排除某些商品的消费量在贸易开放后下降这种可能性。

1.4 绝对优势和比较优势

为什么自由贸易为中美两国同时带来了贸易收益？贸易收益的获得和一个国家劳动生产率的高低有什么联系？为了准确回答这些问题，我们需要引进绝对优势和比较优势这两个概念。

在李嘉图模型中，**绝对优势**指一国的劳动生产率绝对水平高于另一国。美国生产 1 套服装只需要 1 个劳动力（劳动生产率为 1 套服装），而中国生产 1 套服装需要 2 个劳动力（劳动生产率为 0.5 套服装），所以美国在服装生产上对中国具有绝对优势。美国生产 1 箱饮料只需要 0.5 个劳动力（劳动生产率为 2 箱饮料），而中国生产 1 箱饮料需要 5 个劳动力（劳动生产率为 0.2 套服装），所以美国在饮料生产上对中国也具有绝对优势。虽然美国在所有生产活动上对中国都具有绝对的劳动生产率优势，但李嘉图模型显示这并不妨碍中美两国同时从贸易开放中获益。由此可见，一个国家是否获得贸易收益与该国是否在生产上具有绝对优势没有必然的联系。

那么贸易收益究竟和什么有必然联系呢？让我们引入**比较优势**这一重要概念。什么是比较优势？在李嘉图模型的例子中，美国和中国在服装生产上的劳动生产率分别为 1 和 0.5，所以美国服装生产的劳动生产率是中国的 2 倍；美国和中国在饮料生产上的劳动生产率分别为 2 和 0.2，所以美国饮料生产的劳动生产率是中国的 10 倍。对美国而言，尽管在服装业和饮料业上都具有绝对优势，但其饮料业比服装业的优势更大，由此我们定义美国在饮料业上具有比较优势。对中国而言，尽管其服装业和饮料业相对于美国都处于绝对劣势，但其服装业比饮料业的劣势相对要小，由此我们定义中国在服装业上具有比较优势。根据定义，比较优势的领域既可以是绝对优势较大的领域（例如美国的饮料业相比服装业对中国的绝对优势较大），也可以是绝对劣势较小的领域（例如中国的服装业相比饮料业对美国的绝对劣势较小）。

比较优势和劣势的定义意味着，如果一个国家在某个方面有比较优势，那么这个国家在另一个方面一定有比较劣势。在我们的例子中，美国在饮料业上有比较优势,那么它在服装业上就必然有比较劣势。这和美国在这两方面都有绝对优势并不矛盾。同理,中国在饮料业上有比较劣势,那么它在服装业上就必然有比较优势。这和中国在这两方面都处于绝对劣势并不矛盾。

从李嘉图模型中我们推导出了自由贸易条件下的**贸易类型**:中国出口服装,进口饮料;美国出口饮料,进口服装。为什么中国出口服装?因为中国在服装生产上有比较优势。为什么美国出口饮料?因为美国在饮料生产上有比较优势。我们也推导出了中美两国都从自由贸易中获益的结论。为什么中美两国都能从贸易开放中获益?因为它们通过专业化于生产各自具有比较优势的产品,能用最低成本获得所需要的产品,达到消费者效用最大化。由此可见,比较优势是贸易类型的决定者和贸易收益的源泉。国际贸易的类型和收益都取决于比较优势,这就是比较优势这一概念如此重要的原因所在。专栏1.2介绍了以日本明治维新为案例所做的实证研究,其结果支持了比较优势理论。

在本章中我们用李嘉图模型推导出了两个劳动生产率不同的国家之间在开放贸易后的贸易类型和贸易收益。从这个简单的模型获得的结论靠得住吗?我们需要认识到,现实中的国际贸易现象就像一片森林,而李嘉图模型所描述的是这片森林中的一棵树。通过研究这棵树,我们得出了关于这片森林的一些结论。其中一些结论具有普遍性,适用于这片森林中的大部分树木。而另一些结论具有特殊性,只和这棵树有关,不能类推到整片森林。要想较为完整地了解从这棵树所获结论的普遍性和特殊性,就需要研究这片森林中的其他树木。这里我们简要地讨论一下。

1.5 讨论和总结

李嘉图模型的关注点是国家之间劳动生产率差异所导致的比较优势。为什么国家之间存在劳动生产率差异?李嘉图模型没有回答这个问题。我们可以想到两个可能的原因。第一个可能的原因是技术差异,例如,美国拥有更好的生产服装和饮料的技术。实际上对李嘉图模型的应用基本上认同了这个原因，即技术差异导致的比较优势是李嘉图模型中国家之间贸易的原因。第二个可能的原因是与劳动力相配合的其他资源的丰裕度。李嘉图模型中只有劳动力这一种生产要素，而实际观察到的国与国之间在劳动生产率上的差异是和各国在资本和土地等资源上的丰裕度的差异密切相关的。例如，美国工人比中国工人劳动生产率高的原因可能是美国工人有更多的机器来配合他们的工作。有关资源丰裕度导致的比较优势将是后面几章的关注点。

李嘉图模型之所以采用 $2 \times 2 \times 1$ 架构（2 个国家，2 种产品，1 种生产要素），是为了清晰地揭示劳动生产率差异对国际贸易的作用。鲁迪格·多恩布什（Rudiger Dornbusch）、斯坦利·费希尔（Stanley Fischer）和保罗·萨缪尔森（Paul Samuelson）在 1977 年发表的论文中构建了一个含有众多产品的李嘉图模型。[①] 该模型用一个 $[0,1]$ 连续区间来衡量产品总数，每个产品是该区间上的一个点，这些产品依照美国相对于中国的劳动生产率从低到高排序，0 对应的是美国相对于中国劳动生产率最低的产品，1 对应的是美国相对于中国劳动生产率最高的产品。在自由贸易均衡中，中国将专业化于生产 $[0,a)$ 区间上的那些美国相对于中国劳动生产率较低的产品，而美国将专业化于生产 $[a,1]$ 区间上的那些美国相对于中国劳动生产率较高的产品，这里的 a 被称为边际产品（$0 < a < 1$）。李嘉图模型也可以拓展到众多国家和众多产品更复杂的情形。

需要指出的是，将简单模型复杂化如果得不出新的结论，那么这种复杂化除证明简单模型的结论具有一般性之外意义不大。由李嘉图模型所揭示的比较优势与国际贸易之间的关系在逻辑上是强大的，因此具有持久的生命力。当然，李嘉图模型的缺点也很明显。首先，由于在李嘉图模型中只有劳动力这一种生产要素，而且国内工人之间在能力上没有差别，他们和消费者又为同一群人，因此该模型中没有任

---

① Dornbusch, Rudiger, Stanley Fischer, and Paul A. Samuelson (1977), "Comparative Advantage, Trade and Payments in a Ricardian Model with a Continuum of Goods," *American Economic Review*, 67(5), 823-839.

何收入分配问题,一个国家获得贸易收益意味着该国的每个人都从贸易开放中获得好处,这使李嘉图模型不能用来分析国际贸易所造成的赢家和输家以及由此引出的政策问题。其次,李嘉图模型是一个只关注某个时点状况的静态模型,模型中每个国家的比较优势是既定的,因此它不能用来分析比较优势的动态变化。最后,虽然李嘉图模型的逻辑是强大的,但是它回避了一个关键的问题,即劳动生产率的差异从何而来。在学习国际贸易理论的征途上,李嘉图模型只是为我们开了一个头。然而,这却是坚实的第一步,由此我们可以继续向国际贸易学这片广袤森林的深处进发。

【新时代 新思考】

新时代的中国学生在学习西方经济理论时需要努力培养和建立独立思考和勇于质疑的能力。对于李嘉图模型所推导出的贸易开放的福利效应,我们需要结合当前国际环境的新变化做出新的思考和评估。比较优势不是一个脱离国际经济关系的抽象概念。从中国经济的实践中产生了中国特色的经济发展新理念,其中重要的一条就是贸易收益并不是参与国际竞争必然会获得的结果,而是需要在对外开放中坚持国家自主性去赢得。

专栏 1.1
李嘉图和英国的《谷物法》

大卫·李嘉图(David Ricardo,1772—1823)出生于英国伦敦一个富裕的犹太移民家庭,父亲是一位证券经纪人。李嘉图 14 岁时便跟随父亲进入伦敦证券交易所从事证券交易。在 27 岁时的一次乡村度假中,李嘉图阅读了亚当·斯密(Adam Smith,1723—1790)的《国富论》,这是他第一次接触经济学,从此对经济学产生了浓厚的兴趣。1814 年,迈入中年的李嘉图决定结束为自己带来巨大财富的证券交易生涯,全身心地投入经济研究之中。

18世纪末19世纪初,随着人口的增加和工业化的发展,英国由粮食出口国转变为粮食进口国。英法战争期间,由于拿破仑对英国实施了封锁政策,英国的粮食进口一度中断,并险些为此输掉了战争。1815年战争刚刚结束,在粮食问题上高度敏感的英国便颁布了《谷物法》,规定小麦价格低于每夸脱80先令时不得进口,目的是通过保护国内农业来加强粮食安全。《谷物法》实施之后英国谷价高涨,地租猛增,地主贵族成为主要受益者,而工厂企业主却难以压低工资,利润受到侵蚀。当时英国社会激烈地辩论《谷物法》的存废,李嘉图也参与其中,他的许多经济观点正是在这场辩论中形成的。

　　围绕着《谷物法》存在两种主要观点,一种观点从国家安全与稳定的角度出发,认为英国必须对农业实施适度保护,这种观点的代表人物是托马斯·马尔萨斯(Thomas Malthus,1766—1834),即我们所熟悉的人口理论的提出者。马尔萨斯认为安全比财富更重要,一个国家如果将农产品的供应寄托在外国身上,遇到战争或其他紧急情况时处境就会很危险。另一种观点主张废除《谷物法》,实行自由贸易,这种观点的代表人物是李嘉图。在1815年发表的《论低价谷物对资本利润的影响》一文中,李嘉图指出国家繁荣的保障是能够获得丰厚的利润,而《谷物法》限制了谷物的自由进口,导致谷价上涨,谷价上涨又会刺激工资上涨,缩小利润空间,进而影响国家繁荣。为了解决谷价上涨与利润率下降之间的矛盾,只有采取自由贸易政策,让外国的粮食可以顺利地进入存在粮食缺口的英国以平抑谷价,确保利润增长和国家繁荣。

　　在1817年出版的《政治经济学及赋税原理》一书中,李嘉图进一步从理论上论证了废除《谷物法》实行自由贸易的好处。李嘉图写道:如果由于更好地安排劳动力资源,使各国都生产与其位置、气候和其他自然或人为条件相适应的产品,并以之与其他国家的产品相交换,它所带来的福利增进和我们享受到的因利润率提高而得到的福利增进是完全一样的。如果我们不自己种植谷物,不自己制造劳动者所穿的衣服和所用的其他生活必需品,而发现一个新市场可以用更低廉的价格取得这些产品的供应,那么工资就会下降,利润就会随之提高。对外贸易不仅能够增加一定收入下所能购买的产品的数量和种类,而且能够促进资本的积累。[①]

李嘉图进一步指出在自由贸易制度下,各国必然把它的资本和劳动力用在最有利于本国的用途上。而这种对个体利益的追求能很好地和整体福利结合在一起,它一方面促进了资源的优化配置,另一方面增加了生产总量,使贸易双方都能得到好处。李嘉图以英国和葡萄牙为例说明了为什么国际贸易能给双方带来双赢的结果。假设英国生产 1 单位葡萄酒所需劳动人数为 120 人/年,生产 1 单位布匹为 100 人/年;而葡萄牙生产 1 单位葡萄酒所需劳动人数为 80 人/年,生产 1 单位布匹为 90 人/年。在这种情况下,葡萄牙应该专门生产它具有比较成本优势的葡萄酒,英国应该专门生产它具有比较成本优势的布匹,如此分工对双方都是最有利的。葡萄牙用葡萄酒可以换到更多的布匹,而英国用布匹可以换到更多的葡萄酒,由此两国的福利水平都获得了提高。在这个例子中,葡萄牙生产葡萄酒和布匹所需的劳动人数均少于英国,它在两种产品的生产上都具有绝对优势。按照亚当·斯密的绝对优势理论,两国之间不会有国际分工和贸易。然而李嘉图却证明即使一国在所有产品的生产上都具有绝对优势或劣势,也能从国际贸易中获益。这一理论后来被称为比较优势理论,它突破了亚当·斯密绝对优势理论的局限,为自由贸易政策提供了理论基础。

围绕《谷物法》的争论持续了多年,1846 年英国终于废除了《谷物法》,这场论战以李嘉图的胜利而告终。有意思的是,尽管李嘉图与马尔萨斯在诸多经济问题上都是论敌,但两人却是终生的好友。

---

① 参见大卫·李嘉图:《政治经济学及赋税原理》,郭大力、王亚南译,商务印书馆 1962 年版,第 99—105 页。

专栏 1.2

日本明治维新：比较优势理论的实证

日本从 1603 年开始处于德川幕府时代。为巩固幕府的统治秩序，德川幕府对内实行严格的封建等级制度，对外采取闭关锁国政策。在这种体制下农民承受着繁重的苛捐杂税，生活困苦不堪，工商业者也受到统治阶级的歧视。到了 19 世纪中期，日本的一些发达地区出现了资本主义的生产体系，商人阶级日益壮大，而当时的封建制度严重制约了他们的发展，日本国内的矛盾日益激化。

与此同时，闭关锁国政策使得日本的社会经济发展严重落后于西方国家。工业革命后，资本主义国家急需扩大海外市场和掠夺原材料。在许多亚洲国家相继沦陷后，日本也成为西方列强侵略的目标。1853 年，美国海军将军马修·佩里（Matthew Perry）率领舰队进入江户湾（今东京湾），日本政府被迫于 1854 年签订《日美亲善条约》，史称"黑船事件"。从此之后，一系列不平等条约接踵而至。西方列强的入侵进一步激化了日本人民和德川幕府统治阶级的矛盾，内因和外因相结合，最终造成了幕府统治危机的爆发。1868 年，农民、中下层武士、商人、资本家和新兴地主中的改革势力纷纷起义，开展了声势浩大的"倒幕"运动，推翻了德川幕府的统治，建立起以明治天皇为首的日本新政府。这一历史事件发生在日本天皇年号为明治的这一年，所以史称"明治维新"。自此以后，日本在政治经济各方面进行了一系列改革，加大了对外开放的力度，走上了发展资本主义的道路。

日本从明治维新之前的完全封闭到之后的对外开放，正好给国际贸易理论的实证研究提供了一个很好的范本。因为比较优势理论在论证时，首先会分析两国在封闭状态下产品的相对价格，然后再讨论贸易开放后的情况，但研究者很难找到各国在封闭状态下的价格水平。所以，虽然比较优势理论被广泛接受，但相关的实证研究却很少。日本在明治维新之前虽然与中国和荷兰有零星的贸易，但仍可以看作一个近似完全封闭的国家。而且在开放初期日本的主要贸易产品是农产品和简单的制成品，这些产品市场可以被认为近似完全竞

争状态,所以在封闭状态下形成的价格可以很好地反映日本的相对
成本。并且以当时日本的国际贸易地位,其在国际市场上是价格接
受者,再加上西方国家的压力,日本政府没有对出口进行补贴。所有
这些都较好地满足了比较优势理论成立的前提条件。

丹尼尔·伯恩霍芬(Daniel Bernhofen)和约翰·布朗(John
Brown)在 2004 年发表的论文中用日本明治维新前后的数据对比较
优势理论进行了实证检验。[①]他们考察了 1868—1875 年日本的主要
贸易品,包括农产品、原材料、纺织品和其他一些制成品,选取 1851—
1853 年的价格水平作为日本经济处于封闭状态时的价格、1868—
1875 年的价格水平作为日本经济处于开放状态时的价格(即国际市
场价格)。如果比较优势理论成立,那么当某种产品的封闭价格低于
开放价格时,日本就会净出口该产品;反之亦然。

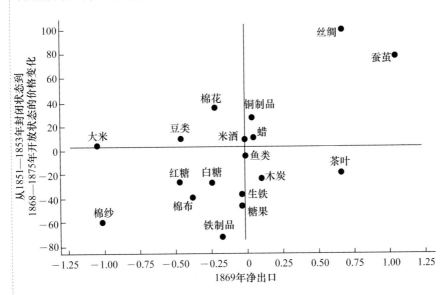

图 1.9　日本数据对比较优势理论的验证

通过对相关产品 1868—1875 年贸易情况的考察,伯恩霍芬和布
朗发现结果与比较优势理论的预测相吻合。以 1869 年为例(见图
1.9),如果某产品在封闭状态时的价格水平低于国际市场价格,说明
日本在该产品上具有比较优势,因此对外开放后日本会出口该产品,

---

① Bernhofen, Daniel M. and John C. Brown (2004), "A Direct Test of the Theory of
Comparative Advantage: The Case of Japan," *Journal of Political Economy*, 112(1), 48-67.

相应地,该产品的价格也会在开放后提高到国际市场价格水平。

从图 1.9 中我们看到,除恶劣气候和美国内战的影响使得大米、豆类和棉花价格有所异常外,日本主要的出口产品如丝绸和蚕茧在贸易开放后其价格明显上升,而出口量较少的铜制品、米酒和蜡的价格也有所上涨。日本主要的进口品如糖、棉布、铁制品等与封闭状态下相比其价格大幅下降。在图 1.9 中,净出口与价格变化呈明显的正向关系。伯恩霍芬和布朗对日本在明治维新前后的贸易状况和产品价格变化所做的实证研究为比较优势理论提供了有力的支持。

本章提要

1. 李嘉图模型是一个劳动力作为唯一生产要素的静态模型。在李嘉图模型中,国家之间发生贸易的原因在于它们在所从事的生产活动中的劳动生产率存在差异。

2. 李嘉图模型揭示了国际贸易类型取决于比较优势,而不是绝对优势。比较优势既可以出自绝对优势较大的生产领域,也可以出自绝对劣势较小的生产领域。在自由贸易条件下,一个国家会出口具有比较优势的产品,进口具有比较劣势的产品。

3. 基于比较优势的国际贸易给参加贸易的每个国家都带来贸易收益。一个国家可以自己生产某种产品,也可以生产其他产品来交换这种产品。通过贸易来获得具有比较劣势的产品比自己生产这种产品更有效率,可以使全体国民获得更大的消费效用,这正是贸易收益的源泉。

4. 李嘉图模型表明,一个国家是否从国际贸易中获益和它的劳动生产率高低无关,和它的工资水平高低也无关。发展中国家因为劳动生产率低于发达国家而选择闭关自守,只会导致贸易收益的损失和国民福利的下降。同样,发达国家因为害怕发展中国家的低工资优势而实施贸易保护,结果也会导致贸易收益的损失和国民福利的下降。

5. 在李嘉图模型中,贸易开放会导致生产完全专业化于具有比较优势的产业,而具有比较劣势的产业会被淘汰。这个结论源于李嘉图模型的单一生产要素假定,不具有普遍性。可以确定的是,贸易开放会使具有比较优势的产业得到扩张,同时使具有比较劣势的产业得到缩减。

6. 在李嘉图模型中,国家之间的劳动生产率差异是给定的,因此该模型所描述的是静态比较优势,而不涉及比较优势的动态变化。李嘉图模型的单一生产要素假定使得该模型不能用来分析贸易开放的收入分配效应以及由此引出的政策问题。

进一步阅读

本章讨论的李嘉图模型采用 2×2×1 的架构,即 2 个国家、2 种产品和 1 种生产要素。Dornbusch、Fischer 和 Samuelson(1977)建立了一个含有众多产品的李嘉图模型,他们用一个连续的区间衡量产品数量,每个产品是这个区间上的一个点。在本科教材中,Krugman、Obstfeld 和 Melitz(2018)对这个含有众多产品的李嘉图模型做了介绍。在新近的文献中,Eaton 和 Kortum(2002)构建了含有众多产品和众多国家的李嘉图模型,Alvarez 和 Lucas(2007)在此基础上建立了动态的李嘉图模型,这两篇论文可供国际贸易专业的研究生作为阅读参考资料。MacDougall(1951,1952)是对李嘉图模型进行实证检验的经典论文(参见附录 1.2)。

Alvarez, Fernando and Robert E. Lucas Jr. (2007), "General Equilibrium Analysis of the Eaton-Kortum Model of International Trade," *Journal of Monetary Economics*, 54(6), 1726-1768.

Dornbusch, Rudiger, Stanley Fischer, and Paul A. Samuelson (1977), "Comparative Advantage, Trade and Payments in a Ricardian Model with a Continuum of Goods," *American Economic Review*, 67(5), 823-839.

Eaton, Jonathan and Samuel Kortum (2002), "Technology, Geography, and Trade," *Econometrica*, 70(5), 1741-1779.

Krugman, Paul R., Maurice Obstfeld, and Marc J. Melitz (2018), *International Trade: Theory and Policy*, 11th edition, Pearson Education. (中文译本)《国际贸易》

（第十一版），丁凯等译，中国人民大学出版社 2021 年版。

MacDougall，G. D. A. (1951)，"British and American Exports：A Study Suggested by the Theory of Comparative Costs. Part I," *Economic Journal*，61（244），697-724.

MacDougall，G. D. A. (1952)，"British and American Exports：A Study Suggested by the Theory of Comparative Costs. Part II," *Economic Journal*，62（247），487-521.

练习与思考

一、即测即评

学完本章内容后，学生可扫描左侧二维码完成客观题测验（包含选择题和判断题），提交结果后即可看到答案及相关解析。

二、简答题

1. 如果一个国家在所有产品的生产上和外国相比都处于绝对劣势，那么它还会参与国际贸易吗？为什么？

2. 如果一个国家在所有产品的生产上和外国相比都处于绝对优势，那么它还会参与国际贸易吗？为什么？

3. 绝对优势和比较优势之间有什么联系？有什么区别？

4. 在李嘉图模型中，自由贸易均衡中本国两种产品的价格和工资是如何决定的？

5. 在李嘉图模型中，自由贸易均衡中每个国家只生产它的比较优势产品，不生产它的比较劣势产品。为什么？

三、综合题

1. 本国拥有 100 单位劳动力，能够生产苹果和香蕉 2 种产品。每一单位劳动力能够生产 2 个苹果，或生产 3 个香蕉。

（1）画出本国的生产可能性边界，标注两条坐标轴并计算截距。

（2）本国生产苹果的机会成本是多少？（用香蕉数量来表示）

（3）在一个自给自足的市场上达到均衡时，用香蕉来表示的苹果的价格是多少？

2. 本国情况如上题所述。外国拥有 40 单位劳动力,其劳动生产率为 2 个苹果和 10 个香蕉。

（1）画出外国的生产可能性边界,标注两条坐标轴并计算截距。

（2）外国生产苹果的机会成本是多少?（用香蕉数量来表示）

（3）如果外国居民既喜欢吃苹果又喜欢吃香蕉,在自给自足的情况下,外国市场上的苹果价格是否为 6 个香蕉? 为什么?

3. 假如本国和外国开展自由贸易。

（1）说明自由贸易均衡下两国的贸易类型,指出本国和外国分别出口何种产品。

（2）下面哪个数值会是自由贸易均衡下苹果的相对价格?

A. 2   B. 1   C. 0.2

（3）根据（2）的答案,画出自由贸易时本国居民的预算约束线（消费可能性边界）,说明本国居民如何从贸易中获益。

（4）根据（2）的答案,画出自由贸易时外国居民的预算约束线（消费可能性边界）,说明外国居民如何从贸易中获益。

4. 假设本国有 200 单位劳动力（而不是 100 单位劳动力）,但是他们的劳动生产率只有前面所假设的一半。画出此时本国的生产可能性边界。你对第 3 题的回答有何变化?

附录 1.1
李嘉图模型的代数推导

附录 1.2
李嘉图模型的实证检验

第 2 章
特定要素模型

【本章简介】

前一章的李嘉图模型揭示了基于比较优势的国际贸易会给所有参与贸易的国家带来贸易收益。如果贸易开放如此美妙,那么为什么会有这么多反对贸易自由化的声音呢?李嘉图模型没有办法解释这个现象。在李嘉图模型中只有劳动力这一种生产要素,贸易收益全部变成工人增加的工资,所有人都从贸易开放中获益,因此不会有人反对贸易开放。李嘉图模型不能应用于讨论国际贸易对收入分配的影响,是其最大的不足。但从李嘉图模型的起源来看,李嘉图的理论恰恰是在反对英国实施贸易保护主义的《谷物法》时发展出来的。《谷物法》的实施使土地所有者获益、资本所有者受损,李嘉图是站在资本所有者的立场上反对《谷物法》的。但出于政治考虑,李嘉图在为资本所有者的利益辩护时,强调的是整个国家会获得的贸易收益。本章介绍的特定要素模型将李嘉图理论背后的利益冲突还原了出来,揭示了贸易开放必然会造成赢家和输家,贸易收益在分配上是不均的。特定要素模型的思想源于李嘉图,而阐述和发展这个思想的是美国经济学家雅各布·维纳(Jacob Viner),因此该模型又被称为**李嘉图-维纳模型**(参见专栏 2.1)。20 世纪 70 年代,美国经济学家保罗·萨缪尔森(Paul Samuelson)和罗纳德·琼斯(Ronald Jones)所写的论文复兴了特定要素模型在国际贸易学中的地位。

【思政导引】

　　本章揭示了李嘉图模型中所抽象掉的贸易开放的收入分配效应。在相互竞争又相互依存的当今世界,认识到谁是贸易开放的赢家和输家非常重要,它能帮助回答"实现什么样的经济发展"这个关键问题。中国处于全面建设社会主义市场经济的新时代,追求的目标不仅是更高质量和更高效率的发展,而且是更加公平、更可持续和更为安全的发展。本章内容仍受制于西方经济学分析方法的局限性,但它为理解贸易开放的收入分配效应提供了一个起点。

2.1

**特定要素模型
的架构**

　　回想一下李嘉图模型的架构:2 个国家,2 种产品,1 种生产要素。特定要素模型的架构是:2 个国家,2 种产品,3 种生产要素。沿用上一章的例子,假设模型中的 2 个国家为中国和美国,2 种产品为服装和饮料。与李嘉图模型不同的是,特定要素模型假定:

　　• 服装生产需要投入 2 种生产要素——服装工人和资本。

　　• 饮料生产需要投入 2 种生产要素——饮料工人和资本。

　　在这个模型中,资本可以在两个生产部门间自由流动,它被称为**流动要素**。服装工人和饮料工人只能分别在服装业和饮料业工作,它们被称为**特定要素**。特定要素模型所关注的是一旦某类工人(也可以是某类其他生产要素)只能在某个产业发挥作用而不能转行到其他产业发挥作用,他们会受到贸易开放怎样的影响。这里我们假设服装工人在短期内不能转行到饮料业工作,而饮料工人在短期内也不能转行到服装业工作。有鉴于此,特定要素模型是一个短期的静态模型。

生产函数

假设中国的 1 000 个工人中,625 个是服装工人,375 个是饮料工人。假设中国的资本总量为 100 个单位(例如 100 台机器)。由于工人特定于各自的生产部门,因此在这个模型中不存在劳动力在产业间的配置问题。我们需要求解的是 100 单位的资本会在两个产业之间如何配置。

假设配置到服装业的资本为 K_X,配置到饮料业的资本为 K_Y。投入 625 个服装工人和 K_X 单位的资本可以生产出 X 套服装,这个关系式可以写成如下的服装生产函数:

$$X = F(K_X, 625) \qquad (2.1)$$

在这个服装生产函数中,产量 X 和资本投入量 K_X 之间呈怎样的关系呢?首先,资本投入量 K_X 越大,服装总产量 X 越高。其次,随着资本投入量的递增,服装产量的增量(**边际产出**)将逐步变小。图 2.1 描绘了服装产量和资本投入量之间的关系。

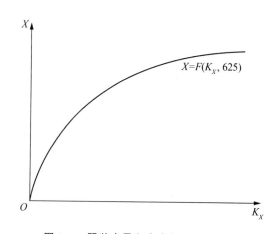

图 2.1　服装产量和资本投入量的关系

再看饮料业,投入 375 个饮料工人和 K_Y 单位的资本可以生产出 Y 箱饮料,这个关系式可以写成如下的饮料生产函数:

$$Y = G(K_Y, 375) \qquad (2.2)$$

饮料产量和资本投入量之间的关系类似图 2.1 所显示的形态,我们不再另外绘图。

表 2.1 列出服装和饮料这两个产业的资本投入量、总产量和边际产出的数据(这些数据是根据附录 2.1 中所设定的生产函数计算得出的)。我们看到,当服装业资本投入量从 1 增加到 2 时,服装产量增加23.7;当服装业资本投入量从 2 增加到 3 时,服装产量增加 15.9;而当服装业资本投入量从 3 增加到 4 时,服装产量增加 12.3……这个规律在经济学上被称为**边际产出递减律**。

表 2.1　资本投入量、总产量和边际产出

服装业资本投入量	服装总产量	服装业资本的边际产出	饮料业资本投入量	饮料总产量	饮料业资本的边际产出
1	125.0	125.0	1	4.4	4.4
2	148.7	23.7	2	7.4	3.0
3	164.5	15.9	3	10.0	2.6
4	176.8	12.3	4	12.4	2.4
5	186.9	10.1	5	14.7	2.3
6	195.6	8.7	6	16.9	2.2
7	203.3	7.7	7	18.9	2.1
8	210.2	6.9	8	20.9	2.0
9	216.5	6.3	9	22.9	1.9
10	222.3	5.8	10	24.7	1.9

生产要素的产业间配置

假设你是资本所有者,你如何决定是投资服装业还是投资饮料业?答案很简单,哪个产业赚钱多就投向哪个产业。也就是说,你会比较从这两个产业可以获得的资本投入的**边际收益**。用 MPK_X 来代表资本投在服装业的边际产出,P_X 代表服装价格,那么资本投在服装业的边际收益等于 $P_X \cdot \mathrm{MPK}_X$。同理可得,资本投在饮料业的边际收益等于 $P_Y \cdot \mathrm{MPK}_Y$。在均衡状态下,两个产业的资本边际收益必须相等,否则,资本会从边际收益低的产业流动到边际收益高的产业,所以有:

$$P_X \cdot \mathrm{MPK}_X = P_Y \cdot \mathrm{MPK}_Y \qquad (2.3)$$

式(2.3)中的产品价格 P_X 和 P_Y 是由服装和饮料两个产品市场的均衡所决定的。假定中国这两个产品市场均衡的结果是:$P_X=0.4,P_Y=1$。这样我们就可以计算出对应于各个资本投入量的每个产业的资本边际收益(参见附录2.1)。表2.2显示,如果中国 100 单位资本中 15 单位投入服装业,85 单位投入饮料业,那么服装业资本的边际收益为 1.64,饮料业资本的边际收益为 1.09,此时会有资本从饮料业转移出来投向服装业以追逐更高的收益。当投入服装业的资本增加到 20 而投入饮料业的资本减少到 80 时,服装业资本的边际收益变为 1.32,饮料业资本的边际收益变为 1.10,此时还会有资本从饮料业转移出来投向服装业。只有当投入服装业的资本增加到 25 而投入饮料业的资本减少到 75,服装业和饮料业资本的边际收益都是 1.12 时,资本才停止在这两个产业之间流动,达到均衡状态。

表 2.2　资本投入量、边际产出和边际收益

服装业资本投入量	服装业资本的边际产出	服装业资本的边际收益	饮料业资本投入量	饮料业资本的边际产出	饮料业资本的边际收益
15	4.10	1.64	85	1.09	1.09
20	3.30	1.32	80	1.10	1.10
25	2.80	1.12	75	1.12	1.12
30	2.44	0.98	70	1.14	1.14
35	2.17	0.87	65	1.16	1.16

我们可以用图形来描绘这个均衡。在图 2.2 中我们画出 P_X·

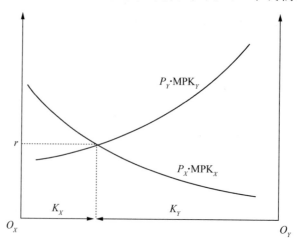

图 2.2　资本在产业间的配置

MPK_X 和 $P_Y \cdot \text{MPK}_Y$ 两条曲线。服装业资本的边际收益曲线($P_X \cdot \text{MPK}_X$)以 O_X 为原点,饮料业资本的边际收益曲线($P_Y \cdot \text{MPK}_Y$)以 O_Y 为原点,两个原点之间的水平距离等于 100,即中国的资本总量。这两条曲线的交点满足 $P_X \cdot \text{MPK}_X = P_Y \cdot \text{MPK}_Y$ 这个等式,该点在横轴上的对应点给出了资本总量在服装业和饮料业之间的配置,而该点在纵轴上的对应点给出了市场均衡时的资本收益率 r。

在封闭经济状态下,服装供给量等于服装需求量,饮料供给量等于饮料需求量。服装市场的供求均衡决定了均衡价格 P_X,饮料市场的供求均衡决定了均衡价格 P_Y。由于产品市场均衡对于本章的主题并不重要,我们略去对它的推导,而假定推导的结果是:$P_X = 0.4$,$P_Y = 1$。

收入分配

我们关心的是收入分配。在上面描述的模型中有三个群体:服装工人,饮料工人,资本所有者。封闭经济的服装产值为 $P_X X$,饮料产值为 $P_Y Y$,所以整个经济的总产值等于 $P_X X + P_Y Y$。那么,这个总产值是如何在上述三个群体之间分配的呢?

我们先来分析服装业的总收入 $P_X X$ 是如何在服装工人和投资者之间分配的。图 2.3 描绘的是在服装业劳动力投入量 $L_X = 625$ 给定的条件下,资本投入量变化所对应的边际收益变化的各种情况。图 2.3 显示,给定市场均衡资本收益率 r,投入服装业的资本量为 K_X,所以服装业的资本所有者的总收入等于 rK_X。在图 2.3 中,rK_X 对应的是 $rO_X K_X E$ 这个长方形。对于投在服装业的资本而言,其边际收益为 $P_X \cdot \text{MPK}_X$,它随资本投入量的上升而下降。如图 2.3 所示,当服装业的资本投入量小于 K_X 时,所产生的边际收益 $P_X \cdot \text{MPK}_X$ 高于市场均衡资本收益率 r。是什么因素使 $P_X \cdot \text{MPK}_X > r$?资本边际收益高于市场均衡资本收益率的部分归功于劳动力的投入,它的总额正是服装工人的工资总额（$w_X L_X$），这里 w_X 代表服装工人的工资水平。在图 2.3 中，$w_X L_X$ 对应的是 ArE 这个形状类似三角形的部分。服装业的总产值 $P_X X$ 等于服装业的工人工资总额 $w_X L_X$ 加上服装业的资本收入总额 rK_X。同样，饮料业的总产值 $P_Y Y$ 等于饮料业的工人工资总额 $w_Y L_Y$ 加上饮料业的资本收入总额 rK_Y，这里 w_Y 代表饮料工人的工资水平。读者可以试着画一下和图 2.3 类似的饮料业内部收入分配的示意图。

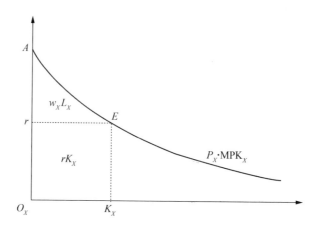

图 2.3　服装业内部的收入分配

在图 2.4 中，我们画出了封闭经济条件下服装工人、饮料工人和资本所有者各自的收入总额。图 2.4 中的长方形 $O_X O_Y Rr$ 衡量了资本所有者的资本收入总额 rK，三角区域 ArE 衡量了服装工人的工资总额，

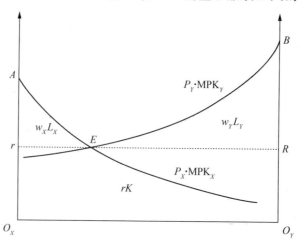

图 2.4　封闭经济均衡时的收入分配

另一个三角区域 BRE 衡量了饮料工人的工资总额。在特定要素模型中,一个国家内部的收入分配由图 2.4 中的这三个部分直观明确地表示了出来。在下一节我们用这个模型讨论国际贸易对一个国家内部收入分配的影响。

2.3

国际贸易均衡

前一节描述了封闭经济均衡。为了方便叙述,假定中国的服装工人资源较为丰裕,而美国的饮料工人资源较为丰裕,除此之外两国在其他方面都相同。在这样的假设下,中国的比较优势产业是服装业,而美国的比较优势产业是饮料业。

国际贸易改变了产品之间的比价。在封闭经济条件下,假定中国的产品比价是 1 件衣服交换 0.4 瓶饮料。给定中国的比较优势产业是服装业,那么贸易开放后中国的产品比价一定是 1 件衣服交换多于 0.4 瓶的饮料。也就是说,贸易开放会使服装价格在中国上升,即 P_X 上升。由于服装价格 P_X 上升,投入服装业的资本的边际收益 $P_X \cdot \mathrm{MPK}_X$ 随之上升,表现为图 2.5 中的 $P_X \cdot \mathrm{MPK}_X$ 线上移。贸易开放使中国经济的均衡点从 E_0 移到 E_1。

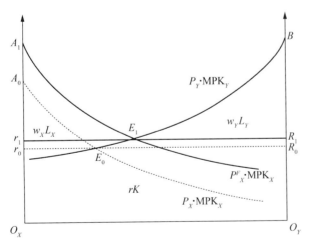

图 2.5　贸易开放对中国国内收入分配的影响

收入分配效应

从图 2.5 中我们可以看出贸易开放如何影响中国国内的收入分配。首先,服装工人的工资总额上升了,从 $A_0 E_0 r_0$ 上升到 $A_1 E_1 r_1$。其次,饮料工人的工资总额下降了,从 $B E_0 R_0$ 下降到 $B E_1 R_1$。最后,用饮料来度量的资本总收入上升了,从 $O_X O_Y R_0 r_0$ 上升到 $O_X O_Y R_1 r_1$。但因为服装的价格上升了,所以用服装来度量的资本总收入有可能下降了。

根据我们的假定,美国在饮料业上具有比较优势,所以在贸易开放后,美国会出口饮料,进口服装。美国的饮料价格在贸易开放前后会如何变化?由于来自中国的需求,饮料价格在贸易开放后会上升。由于饮料价格上升,投入美国饮料业的资本的边际收益会随之上升,在图 2.6 中表现为 $P_Y^* \cdot \mathrm{MPK}_Y$ 线的上移。从图 2.6 中我们发现,贸易开放会提高美国饮料工人的收入,减少美国服装工人的收入,而对美国资本所有者的收入有不确定的影响。图 2.6 显示用服装度量的资本收入上升了,但因为饮料的价格在贸易开放后上升了,所以用饮料度量的资本收入在贸易开放后有可能下降了,因此贸易开放对美国资本所有者收入的影响是不确定的。[1]

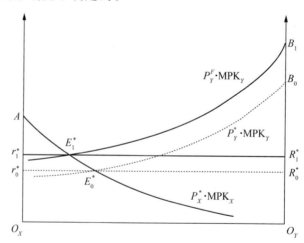

图 2.6　贸易开放对美国国内收入分配的影响

---

[1] 在图 2.5 和图 2.6 中我们分别移动了一条曲线。更一般而言,图中的两条曲线都会移动,因为两种商品的价格在贸易开放后都会发生变化。由于起决定作用的是商品的相对价格,因此我们推得的结论不受影响。

通过上面关于贸易开放对中国和美国国内收入分配影响的分析，我们得出一个重要的结论：在特定要素模型中，贸易开放会增加出口产业中特定要素的收入，减少进口产业中特定要素的收入，而对流动要素收入的影响是不确定的。在我们的例子中，中国出口服装，进口饮料，特定要素模型预测贸易开放会使中国服装工人获益，饮料工人受损。相反，美国出口饮料，进口服装，特定要素模型预测贸易开放会使美国饮料工人获益，服装工人受损。这个结论帮助我们理解为什么出口产业通常会拥护贸易开放，而与进口品竞争的产业通常会反对贸易开放。在研究贸易政策制定的政治过程时，特定要素模型有着广泛的应用。

本章介绍的特定要素模型对于国际贸易所带来的国内收入分配效应做出了明确的回答。在前一章所讨论的李嘉图模型中，国际贸易带来的贸易收益体现在工人工资的增加上。由于李嘉图模型中只有劳动力一种生产要素，因此该模型不能应用于分析收入分配问题。值得一提的是，我们并不能要求一个模型回答所有问题。李嘉图模型

2.4
讨论和总结

用最简洁、有效的理论框架揭示了比较优势和贸易收益这两个重要概念，完成了它所设定的目标。而李嘉图模型中抽象掉的其他重要问题应该由其他模型来回答。特定要素模型引入了特定于不同生产部门的生产要素，明确了不同利益集团的收入和国际贸易之间的联系。该模型表明，贸易开放会增加特定于出口部门的生产要素的收入，同时会减少特定于进口竞争产品的生产部门生产要素的收入。这个结论看似简单直观，没有出乎意料之处，但它和现实生活中所观察到的不同利益集团对贸易开放所持的不同态度相吻合，因此对于分析贸易政策制定的政治过程具有很高的应用价值，这在本书以后的有关章节中会讨论到。

新时代中国所倡导的经济发展新理念,在国际贸易领域表现为在追求本国利益时兼顾他国合理关切,在谋求本国发展中促进各国共同发展。在经济全球化处于低潮的今天,中国高举多边主义的大旗,引领全球经济走向更公平、更和谐的发展道路。中国推动新型全球关系的建设,在处理贸易关系时既考虑本国的贸易收益及其收入分配效应,也兼顾贸易开放对伙伴国特别是欠发达国家的贸易收益及其收入分配效应。贸易理论中关于贸易开放福利效应的分析,为中国作为一个负责任的全球大国在协调各国获取贸易收益并推动实现较公平的分配方面提供了有益的参考。

专栏 2.1
特定要素模型的理论渊源

特定要素模型的思想是从李嘉图那里发展而来的,而最早阐述这个思想的经济学家之一是雅各布 · 维纳(Jacob Viner,1892—1970),所以特定要素模型又被称为李嘉图-维纳模型。在 1817 年出版的《政治经济学及赋税原理》一书中,李嘉图不仅阐述了比较优势理论的思想,还着重分析了级差地租理论。他认为人们首先会去耕种比较肥沃、地理位置较好的土地,但由于人口的增长,对农产品的需求会越来越大,当肥沃土地数量有限,其产出不能满足需求时,人们就会耕种次优和劣等地。等量劳动力和资本的投入在不同级别土地上的产出不同。李嘉图认为农产品价格是由劣等土地上的劳动生产率决定的,这样拥有肥沃土地的资本家就会获得超额利润。但在完全竞争情况下,资本家只能获得平均利润,这样超额利润就会以地租的形式成为地主的收入,这就是级差地租的第一种形态。级差地租的第二种形态是在边际报酬递减规律下发生的。由于土地数量固定,劳动力和资本投入的增加导致边际产出下降,从而边际成本提高。

农产品市场的完全竞争使农产品的价格等于边际成本,因此农产品的价格会随着边际生产成本的增加而上涨。在同一块土地上,由于农产品价格由最后一单位产出所投入的劳动力和资本决定,而之前投入的劳动力和资本的生产率都比最后投入的要高,这样也会带来超额利润,而这部分也会转化为地租。李嘉图认为是农作物的高价格造成了高额地租,而不是相反。

维纳出生于加拿大蒙特利尔,父母都是罗马尼亚移民。1922年,维纳获得哈佛大学博士学位,其后任职于芝加哥大学和普林斯顿大学。他的研究领域涉及经济学的方方面面,特别是在经济思想史和国际贸易理论上很有建树。由于在经济学上的突出贡献,维纳在1962年被美国经济学会授予弗朗西斯·沃克尔奖。在李嘉图理论的基础上,维纳把农业部门边际报酬递减的规律一般化,并推广到了所有部门,他在《成本曲线和供给曲线》一文中指出:在边际报酬递减的情况下,厂商的边际成本曲线向上倾斜,平均成本曲线呈U形,两者相交于平均成本曲线的最低点。在完全竞争市场中,长期均衡要求市场价格、厂商的边际成本和平均成本都相等。如果市场需求增加,则会带来产品价格上涨和产量的增加,厂商的边际成本也随之增加,但是此时平均成本就会低于边际成本。如果该产品的生产中有一种要素的数量是固定的,在其他要素价格不变的情况下,这种相对稀缺的要素价格就会上涨,直到平均成本又等于边际成本。

1971年,萨缪尔森和琼斯在李嘉图和维纳的理论基础上建立了特定要素模型。他们假设经济中存在特定要素和流动要素,并在边际报酬递减的规律下分析了贸易类型和要素价格问题。萨缪尔森讨论了如果两国特定要素禀赋比例不同,就会造成两国相对价格的差异,从而带来贸易,而贸易的结果会使两国两种产品的相对价格相等,并相应提高丰裕要素的回报,降低稀缺要素的报酬。而琼斯分析了当产品价格不变时要素禀赋变化对要素价格的影响,以及禀赋不变时产品价格相对变化对要素价格的影响,并指出存在"放大效应",即产品价格上涨时,其所使用的特定要素价格会以更大的幅度上升;

反之,当产品价格下降时,其特定要素价格的降幅也会更大。

由于特定要素模型假定经济部门中某些要素是不可流动的,因此被认为是一种短期模型。戈特弗里德·冯哈伯勒(Gottfried von Haberler)在其著作《国际贸易理论》中提到特定要素模型的一些思想,那时他就区分了长期和短期,并指出短期内某些要素不可流动,其生产可能性边界会比长期更凹。在萨缪尔森和琼斯之后,一些学者对特定要素模型进行了发展,他们的注意力主要集中于分析短期均衡到长期均衡的动态调整过程,其中主要的代表人物有沃尔夫冈·迈耶(Wolfgang Mayer)、迈克尔·穆萨(Michael Mussa)和彼得·尼里(Peter Neary)。正是因为众多学者的研究和发展,特定要素模型自20世纪70年代兴起之后,越来越受到人们的关注,被认为是国际贸易理论最重要的模型之一。

本章提要

1. 特定要素模型又称李嘉图-维纳模型。和李嘉图模型的单一生产要素假设不同,特定要素模型包含多种生产要素,并且区分了用于所有生产部门的流动要素和只用于某个生产部门的特定要素。

2. 特定要素模型的最大用途是对于国内收入分配问题的分析。这个模型清楚地显示了不同生产要素集团之间的收入分配。当一个国家开放贸易时,该国出口部门的特定要素会获益,而该国进口部门的特定要素会受损。由此可推知一个国家出口部门的生产要素所有者会倾向于支持贸易开放,而进口部门的生产要素所有者会倾向于反对贸易开放。

3. 特定要素模型所揭示的贸易开放的收入分配效应和李嘉图模型所揭示的整体贸易收益是一致的。在特定要素模型中各国之间的贸易同样基于比较优势,贸易开放同样给每个国家带来整体的贸易收益。特定要素模型进一步揭示了一个国家所获得的贸易收益是如何在不同生产要素所有者之间分配的。因此该模型为分析贸易政策制定的政治过程提供了基础。

4. 特定要素模型是一个短期静态模型。在这个模型中，每个国家所拥有的各种生产要素的数量是给定的。该模型假定某些生产要素特定于某些生产部门，这个假定只在短期内才成立。在长期中生产要素能够在部门之间流动，因此特定要素模型在长期中是不适用的。

进一步阅读

本章在介绍特定要素模型时专注于收入分配问题。本章略去了对特定要素模型中的产品市场均衡、贸易类型和贸易收益的讨论，而在 Krugman、Obstfeld 和 Melitz(2018)的本科教材中有较详细的介绍。特定要素模型的经典论文是 Samuelson(1971)和 Jones(1971)。对于短期的特定要素模型和下面两章所要讨论的长期的 HO 模型之间的联系，Mussa(1974)和 Neary(1978)做了深入的分析。对于特定要素模型在贸易政策制定的政治过程方面的理论应用请参见 Grossman 和 Helpman(2002)。以上这些文献可供国际贸易专业的研究生作为阅读参考资料。

Grossman，Gene M. and Elhanan Helpman（2002），*Interest Groups and Trade Policy*，Princeton University Press.（中文译本）《利益集团与贸易政策》，李增刚译，中国人民大学出版社 2005 年版。

Jones，Ronald W.（1971），"A Three Factor Model in Theory，Trade，and History，" in Bhagwati，Jones，Mundell and Vanek（eds.），*Trade，Balance of Payments and Growth*，North-Holland.

Krugman，Paul R.，Maurice Obstfeld and Marc J. Melitz（2018），*International Trade：Theory and Policy*，11th edition，Pearson Education.（中文译本）《国际贸易》（第十一版），丁凯等译，中国人民大学出版社 2021 年版。

Mussa，Michael（1974），"Tariffs and the Distribution of Income：The Importance of Factor Specificity，Substitutability，and Intensity in the Short and Long Run，" *Journal of Political Economy*，82，1191-1203.

Neary，J. Peter（1978），"Short-Run Capital Specificity and the Pure Theory of International Trade，" *Economic Journal*，88，488-510.

Samuelson, Paul A. (1971), "Ohlin Was Right," *Swedish Journal of Economics*, 73(4), 365-384.

练习与思考

一、即测即评

学完本章内容后,学生可扫描左侧二维码完成客观题测验(包含选择题和判断题),提交结果后即可看到答案及相关解析。

二、简答题

1. 为什么说特定要素模型是一个短期静态模型?

2. 在封闭经济均衡中,为什么流动要素的边际收益必须相等?

3. 画图解释封闭经济均衡时 GDP 在三种生产要素之间的分配。

4. 在特定要素模型中贸易开放会如何影响生产要素所有者的实际收入?

5. 在特定要素模型中,贸易开放后两国之间在生产要素价格上的差距是会缩小还是会扩大?

6. 特定要素模型在哪方面弥补了李嘉图模型的不足?

三、综合题

1. 假设本国有两个生产部门,生产食物的部门 F 以土地为特定要素,生产服装的部门 C 以劳动力为特定要素,两个部门都需要资本投入,并且资本能在部门间流动。

(1) 请画图描述封闭经济均衡。

(2) 说明封闭经济下本国的总产出是如何在要素所有者之间分配的。

2. 在第 1 题的条件下,本国突然颁布了一项鼓励农业的政策,使得食物价格一下子上升了 10%。

(1) 请画出这种情况下食物和服装生产部门的资本要素边际收益曲线的变化。

(2) 这项政策对资本的部门间分配和资本边际收益有什么影响?

（3）两个部门的产出会如何变化？

（4）分析当产品相对价格发生变化时，各种要素所有者的实际收入将如何变化。

3. 本国情况如上题所述。现在考虑另一个国家（外国），它在生产和消费各方面与本国相同，但是它的劳动力更为丰裕，从而相对于本国拥有生产服装的比较优势（即服装价格相对较低）。当允许本国与外国发生贸易时，回答下列问题：

（1）两国国内的两种产品价格会如何变化？贸易类型是怎样的？

（2）画出本国在贸易开放后的国内均衡。

（3）分析本国在贸易开放后各种生产要素所有者收入的变化。

4. 我们在现实世界会观察到出口产业通常会拥护贸易开放，而与进口品竞争的产业通常会反对贸易开放。请运用特定要素模型对这个现象做出解释。

附录 2.1
特定要素模型的代数推导

第 3 章
赫克歇尔–俄林模型（上）

【本章简介】

　　前面两章介绍了李嘉图模型和特定要素模型。李嘉图模型讨论的是基于劳动生产率国际差异的比较优势所引发的国际贸易。由于李嘉图模型中只有劳动力一种生产要素，因此它不能回答国际贸易如何影响国内收入分配这个世界贸易关系中的核心问题。特定要素模型引进了特定于出口部门和进口部门的生产要素，由此将特定要素的收入和国际贸易联系了起来，弥补了李嘉图模型不能解释国际贸易所造成的国内收入分配效应的缺陷。由于贸易开放提高了对一个国家出口产品的需求，同时降低了对这个国家生产的进口替代品的需求，因此该国出口部门特定要素所有者的收入得以提高，该国进口部门特定要素所有者的收入趋于下降。这个结论有助于我们理解贸易开放对国内收入分配的影响。

　　特定要素模型关于生产要素特定于某个生产部门的假设在短期

内是有效的。但是任何生产要素在长期内总是可以在不同生产部门之间流动的,忽略这种流动性是特定要素模型的不足之处。本章讨论的赫克歇尔-俄林模型假定所有生产要素在生产部门之间均可自由流动。赫克歇尔-俄林模型(简称 HO 模型)是由瑞典经济学家伊莱·赫克歇尔(Eli Heckscher)和伯蒂尔·俄林(Bertil Ohlin)创建的。自诞生以来,HO 模型一直是国际贸易学中的一个主流理论模型。随着 20 世纪 80 年代新贸易理论的兴起,HO 模型的地位受到了一定的挑战,但时至今日它仍是研究国际贸易现象时难以替代的一个有效工具。由于赫克歇尔-俄林理论的内容较多,我们分两章来讨论。本章介绍 2×2×2 架构的 HO 模型(又称标准的 HO 模型),下一章介绍 HO 模型的几个变形。

【思政导引】

在学习本书内容时,新时代的中国学生需要掌握"坚持问题导向、重视调查研究"的科学方法论,不应满足于从数学模型中推导出的结果,而应思考与当前全球所面临挑战相关的新问题,通过对数据和事实的深入挖掘,寻找解决这些新问题的新方案。特别要强调的是,源于西方的国际贸易理论抽象掉了相关的历史背景,忽略了国际贸易问题深层次的政治经济含义。在学习本章关于资源禀赋与国际贸易之间关系的理论时,学生应认真思考和探究资源禀赋在世界各国不均衡分布的历史渊源,由此深刻领会中国在国际权利观、共同利益观和全球治理观等方面所提出的主张。

标准的 HO 模型采用 2×2×2 的架构,即 2 个国家、2 种产品和 2 种生产要素。沿用前面两章的例子,假定模型中的 2 个国家为中国和美国,两种产品为服装和饮料。回想一下在特定要素模型中有 3 种生产要素:服装工人、饮料工人和资本。因为特定要素模型关注的是短期,所以假设服装业

3.1

赫克歇尔-俄林模型的架构

的工人只能在服装业工作,饮料业的工人只能在饮料业工作。但在长期中,服装业的工人可以流动到饮料业,而饮料业的工人也可以流动到服装业。不同于特定要素模型,HO 模型关注的是长期。在 HO 模型中,我们假定劳动力和资本两种生产要素。无论是劳动力还是资本都可以在不同生产部门之间自由流动,因此不存在什么特定要素。

▓▓▓▓ 产业的要素密集度

尽管服装业和饮料业都将劳动力和资本作为生产要素,但是它们对这两种生产要素的使用密集度是不一样的。用 K_X 和 L_X 分别代表服装业使用的资本和劳动量,K_Y 和 L_Y 分别代表饮料业使用的资本和劳动量。我们对于这两个产业的生产要素密集度做出如下假定:

【假定 1】 在所有相关的要素价格水平下,

$$\frac{K_X}{L_X} < \frac{K_Y}{L_Y}$$

根据假定 1,服装的资本劳动比率低于饮料的资本劳动比率,所以我们称服装为劳动密集型产品,饮料为资本密集型产品。需要注意的是,假定 1 设有很强的前提条件,即 $(K_X/L_X) < (K_Y/L_Y)$ 必须在所有相关的要素价格水平下成立。生产要素的密集度是企业根据生产要素的价格来决定的。例如,当劳动力相对便宜时,企业会选择用劳动力来代替资本;反之亦然。图 3.1 的横轴表示工资(w)和资本收益率(r)的比率。随着 w/r 的上升,劳动力变得昂贵,所以无论是服装业还是饮料业都会采用节约劳动力的生产方法,表现为 K_X/L_X 和 K_Y/L_Y 随着 w/r 的上升而提高,即 K_X/L_X 和 K_Y/L_Y 这两条线的斜率为正。图 3.1 中 K_X/L_X 和 K_Y/L_Y 这两条线在 N 点相交。当 w/r 的值落在 N 点的左边时,$K_X/L_X < K_Y/L_Y$,表明服装是劳动密集型产品而饮料是资本密集型产品;而当 w/r 的值落在 N 点的右边时,$K_X/L_X > K_Y/L_Y$,表明服装是资本密集型产品而饮料是劳动密集型产品。这种情况被称为**要素密集度反转**。用 CHN 代表中国,USA 代表美国,图 3.1 显示了以下这种可能性:在劳动力相对便宜的中国,服装是劳动密集型产品而饮料是资本密集型产品;而在劳动力相对昂贵的美国,服装是资本密集型产品而饮料是劳动密集型产品。

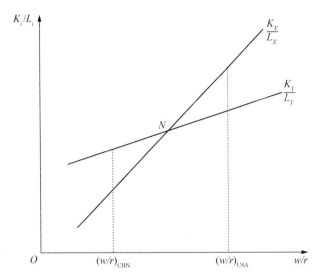

图 3.1 产业间要素密集度反转的情形

假定 1 排除了图 3.1 所示的要素密集度反转的可能性。根据假定 1,在所有相关的要素价格范围内,即图 3.2 中的 w_0/r_0 和 w_1/r_1 之间的这个范围内,饮料的资本密集度总是高于服装的资本密集度(如图 3.2 的两条平行线所示),不存在要素密集度反转的可能性。

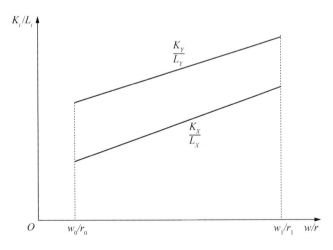

图 3.2 产业间要素密集度不反转的假定

■■■ 国家的要素丰裕度

假定 1 界定了两种产品之间生产要素密集度的高低。HO 模型对于模型中两个国家生产要素禀赋的丰裕度也做了界定。用 CHN 代表中国，USA 代表美国，我们引入下面的假定：

【**假定 2**】 $\dfrac{K_{\text{CHN}}}{L_{\text{CHN}}} < \dfrac{K_{\text{USA}}}{L_{\text{USA}}}$

根据假定 2，中国是劳动力丰裕国，美国是资本丰裕国。请注意，关于一个国家生产要素禀赋丰裕度的定义是建立在**相对丰裕度**而不是绝对丰裕度之上的。即使中国的资本绝对数量超过美国，但只要中国的人均资本数量少于美国，中国仍然是劳动力丰裕国而不是资本丰裕国。

3.2 封闭经济均衡

在讨论国际贸易之前，我们先来分析中国和美国的经济在封闭状态下会如何运行。假定中国有 1000 单位的劳动力和 100 单位的资本。这些劳动力和资本需要分配在服装和饮料两个生产活动中。如果中国所有的劳动力和资本都用于生产服装，结果会是 562 套服装、0 箱饮料（具体计算参见附录 3.1）。如果中国所有的劳动力和资本都用于生产饮料，结果会是 0 套服装、178 箱饮料。

想一想 如果中国将劳动力和资本"均匀地"分配在服装和饮料两个生产活动中，产量会对应于图 3.3 中的 N 点还是 M 点？

■■■ 生产可能性边界

回想一下李嘉图模型。在李嘉图模型中，如果一半劳动力用于生产服装而另一半劳动力用于生产饮料，那么这两个产业的产量会对应于图 3.3 中的 N 点（281 套服装和 89 箱饮料）。在 HO 模型中，如果中

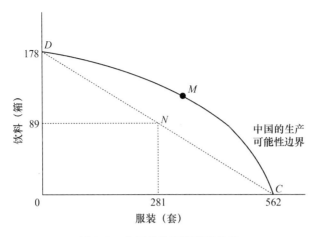

图 3.3　中国的生产可能性边界

国将 1000 单位的劳动力和 100 单位的资本简单地对半分,一半劳动力和资本用于生产服装,另一半劳动力和资本用于生产饮料,那么服装和饮料的产量也会对应于图 3.3 中的 N 点。问题是,对于生产 281 套服装和 89 箱饮料,是不是一定需要投入 1000 单位的劳动力和 100 单位的资本呢?

　　回答是否定的。当生产中使用两种要素时,它们之间可以有不同的搭配方式。例如 281 套服装可以用 500 单位的劳动力和 50 单位的资本生产出来,也可以用 593 单位的劳动力和 30 单位的资本生产出来。89 箱饮料可以用 500 单位的劳动力和 50 单位的资本生产出来,也可以用 400 单位的劳动力和 54 单位的资本生产出来(这些数据可以根据附录 3.1 的生产函数计算出来)。从这两组数据中可以知道,将 1000 单位的劳动力和 100 单位的资本简单地对半分来生产 281 套服装和 89 箱饮料的做法是低效率的,因为只要投入 593+400=993 单位的劳动力和 30+54=84 单位的资本就可以生产出 281 套服装和 89 箱饮料。后一种方法之所以更有效率,是因为它考虑了服装是劳动密集型产品,而饮料是资本密集型产品,因此在这两个生产活动中要素投入的边际收益会是不同的。通过对劳动力和资本投入比例的选择,一个国家的要素资源可以得到最有效率的利用,其结果将是图 3.3 中的 M 点。按同样的规律推理,对于服装和饮料的其他产量组合,有效率的生产结果必然优于图 3.3 中 CD 这条直线上相应的各点。将所有有效率的生产点连接起来,就得到图 3.3 中 DMC 这条外凸的曲线。这条曲线表示中国在给定生产要素资源情况下可能获得的最大产量组合,因此它是中国的生产可能性边界(PPF)。同样,我们可以画出图 3.4 所示的美国的生产可能性边界。

想一想 为什么美国的生产可能性边界偏向饮料,而中国的生产可能性边界偏向服装?

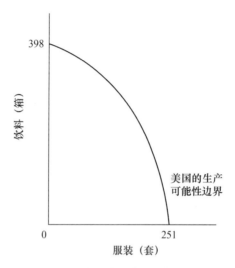

图 3.4 美国的生产可能性边界

封闭经济均衡

在自给自足的封闭经济中,消费量等于生产量。和在李嘉图模型中一样,我们用无差异曲线来描述消费者的偏好。在图 3.5 中,中国消费者的无差异曲线和中国的生产可能性边界相切在 A_{CHN} 点。这一点就是中国的封闭经济均衡点。同样的道理,美国的封闭经济均衡点位于美国消费者的无差异曲线和美国的生产可能性边界的切点上,如图 3.6 中的 A_{USA} 点所示。

图 3.5 和图 3.6 不是随便画的。根据假定 2,中国是劳动力丰裕国,美国是资本丰裕国。根据假定 1,服装是劳动密集型产品,饮料是资本密集型产品。在这两个假定的条件下,中国的生产可能性边界曲

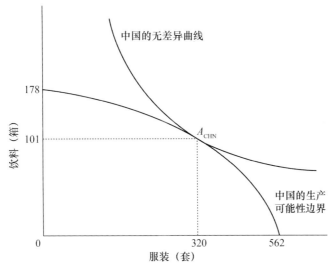

图 3.5　中国的封闭经济均衡

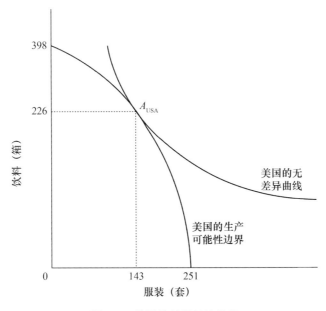

图 3.6　美国的封闭经济均衡

线会较美国的生产可能性边界曲线扁平,偏向服装;美国的生产可能性边界曲线则会偏向饮料。为了更好地比较中美两国的封闭经济均衡,我们将图 3.5 和图 3.6 叠加起来得到图 3.7。

图 3.7 显示在封闭经济均衡中,中国生产和消费 320 套服装和101 箱饮料,美国生产和消费 143 套服装和 226 箱饮料。简化起见,

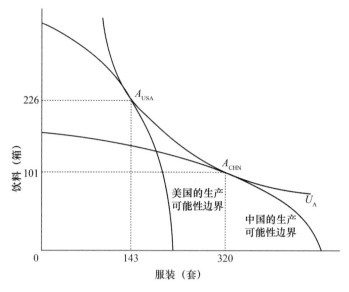

图 3.7　中美封闭经济均衡比较

HO 模型假设全世界的消费者都具有相同的消费偏好。图 3.7 显示同一条无差异曲线相切于中国的生产可能性边界和美国的生产可能性边界,因此封闭经济下中国的总福利水平和美国的总福利水平相同,都等于 U_A(根据附录 3.1 设定的效用函数,$U_A = 5.19$ 效用单位)。[①]

封闭经济中的产品价格

在封闭经济均衡中,服装和饮料在中国的价格是多少? 在美国的价格是多少? 我们可以从供给和需求的角度来思考价格问题。因为中国劳动力丰裕,而服装是劳动密集型产品,所以较美国而言,中国的服装供应相对于饮料供应较为充足。在消费者偏好给定的情况下,服装在中国会相对便宜。用 P_{CHN} 代表服装相对于饮料在中国的价格(也就是用饮料作为度量衡),P_{USA} 代表服装相对于饮料在美国的价格。上面推理的结论是:$P_{CHN} < P_{USA}$。

这个结论可以在图形上得到印证。如果我们在图 3.7 中的均衡点 A_{CHN} 画一条对于中国的生产可能性边界的切线,它的斜率的绝对值就

---

① 封闭经济下中国的总福利水平和美国的总福利水平相同这个结果属于特例,是由附录 3.1 中假定的函数形式所决定的。这个特例便于图示,并不影响 HO 模型的结论。

是服装在中国的相对价格 P_{CHN}。如果我们在图 3.7 中的均衡点 A_{USA} 画一条对于美国的生产可能性边界的切线，它的斜率的绝对值就是服装在美国的相对价格 P_{USA}。中国的那条切线比美国的那条切线平坦，表明 $P_{\text{CHN}} < P_{\text{USA}}$。

▪▪▪ 比较优势的来源

因为市场是完全竞争的，所以产品价格反映的就是平均成本。$P_{\text{CHN}} < P_{\text{USA}}$ 表明中国生产服装的相对成本低于美国，所以中国具有服装生产的比较成本优势。$P_{\text{CHN}} < P_{\text{USA}}$ 可以写成 $(1/P_{\text{CHN}}) > (1/P_{\text{USA}})$，表明美国生产饮料的相对成本低于中国，所以美国拥有饮料生产的比较成本优势。

中美两国的比较优势从何而来？在李嘉图模型中比较优势源于相对较高的劳动生产率。在李嘉图模型的例子中，中国尽管在服装和饮料生产上的劳动生产率都低于美国，但在服装生产上的劳动生产率相对较高，所以中国在服装业上具有比较优势。李嘉图模型没有说明为什么中国和美国的劳动生产率不同，但一般可认为是生产技术能力的不同导致了劳动生产率的不同。HO 模型的聚焦点是国家之间资源禀赋的不同。在自然科学中如果 A 和 B 都会影响 Z，那么可以设计一个实验方法分离出 A 对 Z 的影响和 B 对 Z 的影响。在国际贸易中技术能力（A）和资源禀赋（B）都会影响比较成本优势（Z）。要搞清资源禀赋对比较成本优势的影响，就需要分离掉技术能力所造成的影响。所以 HO 模型假定中国和美国之间在技术能力上没有任何差别，两国的服装生产函数都是 $X = F(K_X, L_X)$，两国的饮料生产函数都是 $Y = G(K_Y, L_Y)$。在建立经济理论时做出这样的假设来达到聚焦于所研究的对象是完全必要和合理的。需要认识到的是，每个国际贸易模型反映的是现实中国际贸易现象的一个侧面，所以我们不能将从一个模型中获得的结果和现实世界简单地画上等号。

由于 HO 模型假设各国拥有完全相同的技术，因此比较优势的唯一来源是各国在要素资源禀赋上的差异。中国丰裕的劳动力资源是中国比较优势的来源，美国丰裕的资本资源是美国比较优势的来源。

3.3 自由贸易均衡

在 HO 模型中,中国和美国之间有没有相互开放贸易的动力呢? 回答是肯定的。因为中国服装相对便宜,美国消费者希望购买从中国进口的服装。同样,因为美国饮料相对便宜,中国消费者希望购买从美国进口的饮料。如果中美之间的贸易是完全自由的,那么在均衡时中国和美国的商品价格应该相等。用 P 代表自由贸易条件下服装相对于饮料的价格。这个相对价格 P 应该比封闭均衡时中国服装的相对价格 P_{CHN} 高,而比封闭均衡时美国服装的相对价格 P_{USA} 低。贸易开放后中国服装的相对价格上升了,所以中国的生产资源会从饮料业向服装业转移。同样,贸易开放后美国饮料的相对价格上升了,所以美国的生产资源会从服装业向饮料业转移。生产资源的转移什么时候会停下来? 新的均衡点在哪里呢?

图 3.8 描绘了自由贸易均衡。我们先画出中国和美国的生产可能性边界,并在曲线上标出中国的封闭经济均衡点 A_{CHN} 和美国的封闭经济均衡点 A_{USA}。当中美两国展开自由贸易时,商品价格在两国间均等化。图 3.8 中有一条同时相切于两条生产可能性边界的直线 MN,它的斜率的绝对值就是自由贸易条件下服装相对于饮料的价格 P。中美两国在这个自由贸易价格的引导下决定各自的生产组合。中国的生产点在 E_{CHN},美国的生产点在 E_{USA}。和封闭均衡时的生产点(A_{CHN} 和 A_{USA})相比,我们发现贸易开放使中国增加服装的生产、减少饮料的生产,同时使美国增加饮料的生产、减少服装的生产。还记得李嘉图模型中自由贸易对各国生产类型的影响吗? 在李嘉图模型中,自由贸易使中国只生产服装,美国只生产饮料,我们称之为生产的完全专业化。在 HO 模型中,自由贸易虽然使中国减少饮料生产,但并不会消灭中国的饮料业(图 3.8 中的 E_{CHN} 点);同样,自由贸易虽然使美国减少服装生产,但并不会消灭美国的服装业(图 3.8 中的 E_{USA} 点)。我们称这种情况为**生产的不完全专业化**(又称**生产的分散化**)。为什么李嘉图模型和 HO 模型关于生产专业化的结论有这样的差别呢? 因为李嘉图模型中只有劳动力一种生产要素且劳动力的边际产出是相等的。由于贸易

开放提升了出口产品的价格,劳动力在出口产业的边际收益比在进口产业大,因此劳动力所有者会一边倒地选择去出口产业工作,导致生产的完全专业化。而在 HO 模型中有劳动力和资本两种生产要素,劳动力的边际产出会随着与之配合的资本量的变化而变化。由于贸易开放提升了出口产品的价格,劳动力和资本会从进口产业向出口产业转移。但由于边际产出递减律的作用,进口产业所剩下的越来越少的生产资源的边际产出会越来越高。只要进口产品的价格不是太低,自由贸易条件下一个国家的进口替代品产业就可以生存下来。在这一点上,HO 模型克服了李嘉图模型中自由贸易条件下生产只能完全专业化这个与现实相悖的结论。

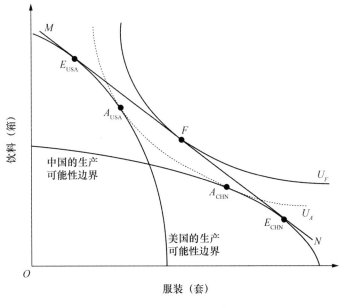

图 3.8　自由贸易均衡

回到图 3.8。在自由贸易条件下,中国在 E_{CHN} 点生产,但通过国际贸易可以消费 MN 线上的任意一点。哪一点呢?应该是使中国消费者总体效用水平达到最高的那一点。在图 3.8 中,和 MN 线相切的无差异曲线使中国消费者达到效用水平 U_F,此时的消费点在 F。因为 HO 模型假定全世界的消费者具有相同的消费偏好,所以中国和美国有着相同的无差异曲线群。自由贸易使两国拥有相同的消费可能性线 MN,所以两国在自由贸易均衡下的消费点都是 F。很明显,F 处在中美两国的生产可能性边界之外。无论是中国的消费者还是美国的消费者,在封闭经济条件下都不可能在 F 这一点消费。这表明,李嘉图模型中推导出的所有国家都从自由贸易中获益的结论,在 HO 模型中同样成立。

3.4 贸易类型和收入分配

■■■ 贸易类型

HO 模型中两个国家的贸易类型有什么规律可循吗? 图 3.8 告诉我们,劳动力丰裕的中国在 E_{CHN} 点生产,在 F 点消费,所以中国服装的生产量多于消费量,多余部分出口到美国。资本丰裕的美国在 E_{USA} 点生产,在 F 点消费,所以美国饮料的生产量多于消费量,多余部分出口到中国。劳动力丰裕的中国出口的是劳动密集型的服装,进口的是资本密集型的饮料;资本丰裕的美国出口的是资本密集型的饮料,进口的是劳动密集型的服装。这个结论被称为**赫克歇尔-俄林定理**(简称 HO 定理)。

【**HO 定理**】 在 $2 \times 2 \times 2$ 架构 HO 模型的自由贸易均衡中,一个国家出口在生产中密集使用其丰裕资源的产品,进口在生产中密集使用其稀缺资源的产品。

■■■ 收入分配

HO 模型中有劳动力和资本两种生产要素。劳动力所有者获得工资(用 w 表示),资本所有者获得资本收益(用 r 表示资本收益率)。贸易开放如何影响劳动力和资本所有者之间的收入分配? 这是一个非常重要的问题。美国经济学家沃尔夫冈·斯托尔珀(Wolfgang Stolper)和萨缪尔森在 1941 年发表的一篇论文中回答了这个问题,他们的结论被称为**斯托尔珀-萨缪尔森定理**(简称 SS 定理)。[1]

---

① Stolper, Wolfgang F. and Paul A. Samuelson (1941), "Protection and Real Wages," *Review of Economic Studies*, 9(1), 58-73.

【SS 定理】 在 $2 \times 2 \times 2$ 架构的 HO 模型中,贸易开放必定提高一个国家丰裕资源所有者的实际收入,同时必定降低一个国家稀缺资源所有者的实际收入。

SS 定理是一个具有震撼力的结论。在国际贸易带给一个国家贸易收益的同时,SS 定理告诉我们这个贸易收益不仅不会分摊到这个国家每个人的头上,而且它的分配会非常不平均,以至于这个国家必定有一部分人在贸易开放后实际生活水平会下降。SS 定理明确无误地告诉我们谁会从贸易开放中获益,谁会因贸易开放而受损。中国的丰裕资源是劳动力,稀缺资源是资本。根据 SS 定理,在贸易开放后中国工人的实际工资会上升(也就是说,中国工人的工资在贸易开放后能够买到更多的服装或饮料),而中国资本所有者的实际收益会下降。美国的情况刚好相反。美国的丰裕资源是资本,稀缺资源是劳动力。根据 SS 定理,贸易开放后美国工人的实际工资会下降,而美国资本所有者的实际收益会上升。

回想一下特定要素模型关于贸易开放对收入分配影响的结论。根据特定要素模型,贸易开放会使特定于中国出口产业的生产要素即服装工人的工资上升,使特定于中国进口产业的生产要素即饮料工人的工资下降,而对流动要素资本的收益有不确定的影响。在 HO 模型中,不存在特定的服装工人和饮料工人,因为在长期条件下工人可以在服装业和饮料业之间流动。SS 定理清楚地表明,贸易开放对收入分配的影响与工人所在产业无关。无论是在服装业工作还是在饮料业工作,贸易开放都使中国的工人受益,而使美国的工人受损。同样,无论资本是投在服装业还是投在饮料业,贸易开放都使中国的资本所有者受损,而使美国的资本所有者受益。这个看似偏颇的结论在 HO 模型的假定之下是完全合乎逻辑的。至于这个结论是不是符合现实,那是实证问题,而不是理论逻辑问题。

现在让我们来阐述 SS 定理的理论逻辑。SS 定理是关于实际收入的。什么是实际收入?就是名义收入可以购买到的实物量。如果名义工资是 w,服装价格是 P_X,饮料价格是 P_Y,那么用服装衡量的实际工资等于 w/P_X,用饮料衡量的实际工资等于 w/P_Y。同理,如果名义资

本收益率是 r，那么用服装衡量的实际资本收益率等于 r/P_X，用饮料衡量的实际资本收益率等于 r/P_Y。

市场均衡时工人在服装业获得的边际收入必然等于在饮料业获得的边际收入，否则就会有工人在这两个产业之间流动。用 MPL_X 代表服装业劳动力的边际产出，MPL_Y 代表饮料业劳动力的边际产出。劳动力的边际收入就是劳动力边际产出的市场价值，而工人的工资就等于劳动力的边际收入。上述关系可表示为 $w = P_X \cdot \text{MPK}_X = P_Y \cdot \text{MPK}_Y$。由此可见，用服装衡量的实际工资 w/P_X 等于服装业劳动力的边际产出 MPL_X，而用饮料衡量的实际工资 w/P_Y 等于饮料业劳动力的边际产出 MPL_Y。只要搞清楚贸易开放如何影响 MPL_X 和 MPL_Y，就可以推导出 SS 定理的结论了。

劳动力的边际产出受什么因素影响？在技术既定的情况下，每个工人配备的资本（可理解为机器）越多，劳动力的边际产出越高。用 k_X 代表服装业的资本劳动比率，也就是资本密集度。k_X 越高，MPL_X 越高。同理，k_Y 越高，MPL_Y 越高。所以，只要搞清楚贸易开放对 k_X 和 k_Y 的影响，就知道了贸易开放对 MPL_X 和 MPL_Y 的影响，从而可以推断出贸易开放对实际工资的影响（SS 定理）。

在我们的例子中，中国是劳动力丰裕的国家，美国是资本丰裕的国家。根据 HO 定理，自由贸易条件下中国出口劳动密集型的服装，美国出口资本密集型的饮料。贸易开放带来了美国消费者对中国服装的需求，因此服装在中国的价格 P_X 上升了，由此导致劳动力和资本从饮料业向服装业的流动。由于饮料业是资本密集型的，而服装业是劳动密集型的，要使服装业完全吸收饮料业流出的劳动力和资本，服装业的资本劳动比率 k_X 需要上升。这个结果是由劳动力市场上工资的变化来实现的。因为服装业的扩张需要大量劳动力，而饮料业的缩小不能提供那么多劳动力，所以劳动力价格（工资）必然上升。当劳动力价格相对于资本价格上升时，企业会选择资本替代劳动力的生产工艺，这在服装业和饮料业都会发生，即 k_X 和 k_Y 都会上升。随着工人配备的资本上升，劳动力的边际产出上升，即 MPL_X 和 MPL_Y 上升。在完全竞争市场条件下，工人的实际工资就是劳动力的边际产出，所以贸易开放后中国工人的实际工资会上升。

上述讨论揭示了 SS 定理背后的逻辑。贸易开放会使资源转移到一个国家的比较优势产业。如果这个国家的比较优势来源于丰裕的劳动力(如中国),那么贸易开放导致的资源重新配置会提高劳动力的边际产出,从而使工人的实际工资得到提高。如果这个国家的比较优势来源于丰裕的资本(如美国),那么贸易开放导致的资源重新配置会提高资本的边际产出,从而使资本的实际收益率得到提高。资源重置会使一个国家采用更密集使用稀缺资源的生产工艺,例如中国会更密集地使用资本。这个结论看似违背常理,其实是市场竞争的必然结果。因为贸易开放后中国扩张了劳动密集型产业,缩小了资本密集型产业,要使现有的资本(尽管是稀缺的)得到完全的利用,生产工艺必须更资本密集。由于边际产出递减律的作用,资本密集度的提高使资本的边际产出下降,从而使中国资本的实际收益率下降。在美国,贸易开放导致的资源重置使美国采用提高劳动密集度的生产工艺来吸收从服装业转移出来的劳动力,因此劳动力的边际产出下降,从而美国工人的实际收入下降。

3.5

讨论和总结

本章介绍了 $2\times2\times2$ 架构的 HO 模型,又称标准的 HO 模型。HO 模型的着眼点是国家之间的资源禀赋差异对国际贸易的影响。在 $2\times2\times2$ 架构的 HO 模型中,关于贸易类型的结论是 HO 定理,即在自由贸易条件下劳动力丰裕国家出口劳动密集型产品,资本丰裕国家出口资本密集型产品。在 HO 模型中,比较优势反映在资源成本的相对高低之上。和李嘉图模型一样,HO 模型也得出了贸易开放对所有参与贸易的国家都有益的结论。

HO 模型的一个重要结论是关于贸易开放对国内收入分配的影响,称为 SS 定理。这个定理表明贸易开放必然有赢家和输家,并且告诉我们谁会是赢家,谁会是输家。虽然前一章介绍的特定要素模型也能推导出关于收入分配的结论,但它需要假设生产要素是特定在某个产业的;虽然这个假设在短期内是合适的,但在长期中就变得不合适了。SS定理告诉我们,即使工人可以换工作,资本可以换产业,国际贸易也必然使某些人受损,这和整个国家从贸易开放中获益是不矛盾的。当一个国家从贸易中获益时,这个贸易收益并不是分摊给每个人。SS定理告诉我们,贸易开放中赢家的获益在数量上会超过整个国家的贸易收益,因此在贸易开放后有一部分人的实际生活水平必然会下降,成为贸易开放的输家。同时,SS定理告诉我们,贸易开放的赢家和输家与产业无关。在我们的例子中,无论美国工人是在服装业工作还是在饮料业工作,根据SS定理他们都将成为贸易开放的输家。

理论是建立在假设之上的,而HO模型是建立在非常极端化的假设之上的。就像中文的"人"字极其抽象地反映了人的形象,HO模型也极其抽象地反映了国际贸易这个现象。在我们将2×2×2架构的HO模型拓展为多个国家、多种产品和多种生产要素的HO模型后,关于贸易类型和收入分配的结论就不像HO定理和SS定理那么简单清晰了。更何况HO模型还抽象掉了国家之间存在的生产技术差异和消费偏好差异等重要方面。但就像"人"字表明了人用两条腿直立行走这个最基本的特征,从而为描述人这个物种提供了一个有用的抽象一样,HO模型也为描述国际贸易现象提供了一个有用的抽象。

【新时代 新思考】

本章将贸易类型和资源禀赋联系了起来,并由此揭示了国际贸易对不同种类的资源所有者的福利效应。在当今世界,资源的内涵和外延呈现出一系列新变化,绿色资源和数据资源的重要性大幅上升,而这些资源在全球的分布极为不均,对经济欠发达国家尤为不利。中国主张建立平等均衡的新型全球伙伴关系,增进人类共同利益,促进人与自然和谐共生,共同建设一个更加美好的地球家园。本章阐述了贸易开放如何使资源在全球得到更有效的配置从而带来贸易收益,而作为新时代的中国学生,应该站在构建基于公平公正和互惠共赢的新型全球化这个高度上对贸易开放的福利效应展开更深层次的思考,深刻理解中国致力于扩大同各国利益的汇合点及维护多元稳定的国际经济格局和经贸关系的意义。

专栏 3.1
赫克歇尔-俄林贸易理论的诞生

伊莱·赫克歇尔(Eli Heckscher,1879—1952)出生于瑞典斯德哥尔摩的一个犹太家庭。赫克歇尔的叔叔是当时瑞典著名的银行家,在经济和法律领域很有研究,还重建了斯德哥尔摩的股票交易所,所以其家族在当地十分有名。1897 年,赫克歇尔进入乌普萨拉大学学习经济史并于 1907 年获得博士学位。毕业后,他曾在斯德哥尔摩商学院教授政治经济学和统计学,并从事经济史的研究。无论是教学还是科研,赫克歇尔都投入饱满的热情,除了后来的赫克歇尔-俄林理论使其享有世界声誉,他对重商主义和瑞典经济史也颇有研究。

伯蒂尔·俄林(Bertil Ohlin,1899—1979)出生于瑞典克里潘的一个富裕家庭。据说他从小就显现出经济学天赋,5 岁时就会计算母亲所做蛋糕的成本。一次偶然的机会,俄林看到报纸上一篇关于从经济学视角分析世界大战的书评(该书的作者正是赫克歇尔),于是决定进入斯德哥尔摩商学院学习,师从赫克歇尔。1924 年,俄林获得斯德哥尔摩大学经济学博士学位,毕业后先在哥本哈根大学任教,后来回到母校斯德哥尔摩大学。他不仅是瑞典著名的经济学家,也是著名的政治活动家,先后任瑞典国会议员和贸易部长等职。

瑞典拥有丰富的自然资源,特别是铁矿石、森林和水力,因此资源禀赋的作用为瑞典经济学家们所广泛关注。1919 年,瑞典著名经济学家克努特·维克塞尔(Knut Wicksell)对赫克歇尔撰写的一本名为《瑞典生产问题》的书籍进行了评论,并对 19 世纪末大量瑞典人移民到北美的问题做了分析。维克塞尔指出:"假设铁矿石和木材的相对价格提高(相对于制成品),那么对矿主和地主们而言,出口这些产品就会变得有利可图,于是资源将主要被用于这些产品的生产,这时就需要对外移民或通过其他途径使人口减少。"正是受到维克塞尔的启发,赫克歇尔开始思考资源禀赋对国际贸易的影响,并在《对外贸易对收入分配的影响》一文中率先将生产要素禀赋的分析纳入国际贸易研究领域。该文从政策角度出发,阐述了国际贸易和关税对国内收入分配的影响。赫克歇尔认为,在各国生产技术相同的情况下,国家之间要素禀赋不同以及不同产品在生产过程中所使用的要素比例不一样是产生比较成本差异的前提。正是要素禀赋的不同造成了要素价格的不同,从而带来产品价格的差异,这就是国际贸易发生的原因。他进一步指出,产品贸易可以使各国要素的价格趋同,但如果各国进行专业化生产,那么这种趋同就不会发生。然而,当时赫克歇尔认为这些观点只是传统贸易理论与收入分配和要素价格理论的一种结合,他并没有意识到他的这些观点将会成为国际贸易理论的一个里程碑。

将赫克歇尔的理论思想发扬光大的正是他的学生俄林。由于1929年发生了世界历史上最严重的经济危机,贸易保护主义开始抬头。这对于国内市场狭小、对国外市场依赖很强的瑞典来说非常不利。在此背景下,俄林受赫克歇尔的启发并继承了他的思想,对国际贸易理论进行了深入的研究。俄林不仅对古典贸易理论中的要素不可跨国流动和劳动价值论进行了批判,而且运用瓦尔拉斯-卡塞尔的一般均衡理论对赫克歇尔的观点进行了系统的梳理。

古斯塔夫·卡塞尔(Gustav Cassel)是另一位对俄林影响很大的老师。卡塞尔和赫克歇尔虽然是同事,但两人对许多问题的看法对立,并经常互相抨击。作为他们共同的学生,俄林却与两位老师都保持了很好的关系,他从赫克歇尔那里学到了要素禀赋的思想,从卡塞尔那里学到了一般均衡分析的方法。当他试图将两位老师的观点进行融合时,却遭到了他们的共同反对。但俄林坚持了自己的研究并于1933年出版了《地区间贸易和国际贸易》一书。该书在一般均衡的框架下对要素禀赋理论进行了完整的论述,从完全竞争条件下的市场机制出发,分析了贸易产生的原因和贸易对要素价格及收入分配的影响。俄林在书中较赫克歇尔更明确地阐述了要素价格、要素所有者收入、产品需求和产品价格之间的关系,还放宽了关于要素国际流动性的假设,讨论了要素跨国流动特别是资本跨国流动对国际贸易的影响。俄林当时已经认识到如果要素能够在国家之间自由流动,那么各国要素价格将会趋同,这样要素流动就会代替产品流动,国际贸易将不会发生。同时,俄林认为要素价格趋同只是一种趋势,并不会实际发生,因为运输费用、关税、规模经济和地理位置等因素会阻碍要素和产品的自由流动。俄林的这些重要观点富有启发性,在国际贸易学日后的发展中得到了论证和完善。

俄林对于其老师赫克歇尔关于资源禀赋和国际贸易关系的思想做了系统的论述,特别是创造性地将一般均衡分析应用到了国际贸易理论的建设中,并且讨论了国际资本流动对国际贸易的影响。鉴于俄林在国际贸易和国际资本流动理论方面所做出的开创性的贡献,他和詹姆斯·米德(James Meade)一起荣获了 1977 年的诺贝尔经济学奖。遗憾的是,由于当时赫克歇尔已经过世,所以未能同获该奖项。

本章提要

1. 赫克歇尔-俄林模型的标准形式具有 2×2×2 的架构,即 2 个国家、2 种产品和 2 种生产要素。在这个模型中,2 种产品具有不同的生产要素密集度,2 个国家拥有不同的资源禀赋丰裕度,生产要素可以在 2 个生产部门之间自由流动。

2. 赫克歇尔-俄林模型关于贸易类型的结论被称为 HO 定理。该定理可表述为:在 2×2×2 架构的 HO 模型的自由贸易均衡中,一个国家出口在生产中密集使用其丰裕资源的产品,进口在生产中密集使用其稀缺资源的产品。

3. 和李嘉图模型一样,赫克歇尔-俄林模型中的每个国家都会从贸易开放中获益。和李嘉图模型不同的是,一个国家所获得的贸易收益不会分摊到每个人头上。贸易开放必然使一部分人获益,另一部分人受损。

4. 赫克歇尔-俄林模型关于贸易开放对国内收入分配的作用的结论被称为斯托尔珀-萨缪尔森定理(SS 定理)。该定理可表述为:在 2×2×2 架构的 HO 模型中,贸易开放必定会提高一个国家丰裕资源所有者的实际收入,同时必定会降低一个国家稀缺资源所有者的实际收入。

5. 和特定要素模型不同,在赫克歇尔-俄林模型中,所有生产要素都能在不同生产部门之间自由流动。赫克歇尔-俄林模型是一个长期的静态模型。

进一步阅读

Findlay(1995)对赫克歇尔-俄林模型做了精准的阐述,该书是他的俄林讲座演讲稿的结集。对 2×2×2 架构的一般均衡贸易模型中各种经济变量之间关系的数学推导请参阅 Jones(1965)。Ohlin(1933)包含了赫克歇尔-俄林模型最早的理论思想,至今仍是一本富有启发的好书。

Samuelson(1948,1949)是关于赫克歇尔-俄林模型的经典论文。在斯托尔珀-萨缪尔森定理诞生五十周年之际,由 Deardorff 和 Stern (1994)主编的纪念文集出版,其中不但包括 Stolper 和 Samuelson (1941)发表的原文以及其他相关的经典论文,而且包括从贾格迪什·巴格瓦蒂(Jagdish Bhagwati)到保罗·克鲁格曼(Paul Krugman)等国际贸易学大师对该定理的反思,非常值得一读。

Deardorff, Alan and Robert M. Stern (1994), *The Stolper-Samuelson Theorem: A Golden Jubilee*, University of Michigan Press.

Findlay, Ronald (1995), *Factor Proportions, Trade, and Growth*, MIT Press.

Jones, Ronald W. (1965), "The Structure of Simple General Equilibrium Models," *Journal of Political Economy*, 73(6), 557-572.

Ohlin, Bertil (1933), *Interregional and International Trade*, Harvard University Press. (中文译本)《地区间贸易和国际贸易》,王继祖等译,商务印书馆 1986 年版。

Samuelson, Paul A. (1948), "International Trade and the Equalisation of Factor Prices," *Economic Journal*, 58, 163-184.

Samuelson, Paul A. (1949), "International Factor Price Equalisation Once Again," *Economic Journal*, 59, 181-196.

Stolper, Wolfgang F. and Paul A. Samuelson (1941), "Protection and Real Wages," *Review of Economic Studies*, 9(1), 58-73.

一、即测即评

学完本章内容后,学生可扫描右侧二维码完成客观题测验(包含选择题和判断题),提交结果后即可看到答案及相关解析。

二、简答题

1. 为什么 HO 模型被认为是一个长期模型?

2. 为什么 HO 模型中的生产可能性边界是外凸的?

3. 简述 HO 模型和李嘉图模型的联系与区别。

4. 简述 HO 模型和特定要素模型的联系与区别。

5. 为什么在李嘉图模型的自由贸易均衡中生产是完全专业化的,而在 HO 模型的自由贸易均衡中生产是不完全专业化的?

6. 简要说明在 HO 模型的框架下,贸易开放对于实际工资的影响。

7. 贸易开放以后,为什么劳动力丰裕国的两个生产部门的资本劳动比率都提高了?

三、综合题

1. 假设一国拥有的资源总量为 80 单位的劳动力和 100 单位的资本,用以生产汽车和粮食两种产品。生产 1 单位汽车需要投入 1 单位劳动力和 2 单位资本,生产 1 单位粮食需要投入 4 单位劳动力和 1 单位资本。请回答下列问题:

(1)两种产品密集使用的要素分别是什么?

(2)如果这个国家的资源平均分配到两个生产部门,那么最终产出会怎样?

(3)该国是否可能生产出 30 单位汽车和 12 单位粮食?为什么?

2. 假设日本和澳大利亚都能生产电器和羊毛,并且两种产品都需要劳动力和土地的投入;电器是劳动密集型产品,羊毛是土地密集型产品。澳大利亚相对于日本拥有更丰裕的土地资源。两国的消费偏好是相同的。请回答下列问题:

（1）请在同一张图上画出两个国家的生产可能性边界和无差异曲线。

（2）在封闭经济下,画出两国国内两种产品的相对价格线并说明哪一种较高,为什么?

（3）如果两国开展自由贸易,在图上画出国际市场上两种产品的相对价格,并说明两国的生产和贸易类型。

3. 在上题给定的条件下,回答下列问题:

（1）自由贸易如何影响日本国内的要素所有者的实际收入?

（2）自由贸易后,澳大利亚国内的资源从电器生产部门流向了羊毛生产部门。此时两个部门的土地劳动比率会如何变化?为什么会有这种变化?

（3）澳大利亚国内资源的重新配置对于土地的边际产出会有什么影响?为什么?边际产出的变化对要素所有者的实际收入会有何影响?

4. 为什么在 HO 模型中贸易开放的收入分配效应(谁受益谁受损)是完全确定的,而在特定要素模型中贸易开放的收入分配效应不是完全确定的(流动要素所有者可能受益也可能受损)?

附录 3.1
赫克歇尔-俄林模型的代数推导

第 4 章

赫克歇尔-俄林模型(下)

【本章简介】

前一章介绍了 $2\times2\times2$ 架构的 HO 模型,又称标准的 HO 模型。我们讨论了该模型的两个重要定理,即关于贸易类型的 HO 定理和关于国内收入分配的 SS 定理。由赫克歇尔和俄林所开创的贸易理论的核心是国家之间在资源禀赋上的差异所带来的贸易联系。在应用赫克歇尔-俄林理论时,国际贸易研究者们发展出了多种不同类型的模型,我们称之为 HO 模型的变形。狭义而言,HO 模型指的是前一章所介绍的标准的 $2\times2\times2$ 架构的 HO 模型。广义而言,本章所介绍的 HO 模型的各种变形都属于赫克歇尔-俄林理论模型的范畴。

【思政导引】

人类经济思想的进步是一个继承和发展的过程。本书第一部分介绍传统贸易理论,第二部分介绍新兴贸易理论。出于历史原因,这些理论主要来自西方经济学的古典学派和新古典学派。对于新时代的中国学生,学习和掌握这些理论是必要的,但不应止步于此。西方经济理论中有反映市场经济一般规律的有益成分,值得学习和借鉴。同时也要认识到西方经济理论的局限性,它建立在个体利益最大化的假设之上,对效率的强调明显高于对公平的关心。学生在学习本章内容时需要关注全球经济中过度追求效率所带来的弊端,思考贸易开放如何实现公平和效率的统一,探索以人为本、以和谐发展为基础的新的理论思维和新的分析范式。

4.1 开放小国 HO 模型

在国际贸易模型中,**大国**指其国内的经济条件变化可以影响到世界市场商品价格的国家,**小国**指其国内的经济条件变化对世界市场的商品价格不产生影响的国家。在 2×2×2 架构的 HO 模型中,两个国家都是大国。沿用前一章的例子,假定两个国家为中国和美国,两种产品为劳动密集型的服装和资本密集型的饮料。在自由贸易均衡中,服装和饮料在两个国家的价格会是相同的。现在设想一下中国的国内经济条件发生了某种变化,例如中国的资本量增加了。在现在的价格水平下,中国增加的资本量如何配置才能得到充分利用呢?在本节中我们会推导出以下结论:资本密集型(饮料)产业会扩大产量,劳动密集型(服装)产业会减少产量。由于中国是一个大国,它扩大饮料产量必然导致饮料进口量的减少,从而使世界市场上(用服装来度量)的饮料价格下降;与此同时,中国减少服装产量必然导致服装出口量的减少,从而使世界市场上(用饮料来度量)的服装价格上升。从这个例子中我们可以看出,中国作为一个大国,其国内经济条件的变化会对世界市场上的商品价格产生影响。

现实世界中大部分国家是小国。我们考虑其中一个小国,假定它是越南。我们定义越南为小国并不是根据它的人口数量有多少、国土面积有多小,而是根据它对世界市场上服装和饮料价格没有影响力这个特征。我们假定世界市场上的服装价格为 P、饮料价格为 1(也就是用饮料作为度量衡,将 1 单位饮料的价格设为 1),这两个价格是由全世界的商品供求关系所决定的。对于越南这个小国来说,无论它的服装和饮料的生产量或消费量如何变化,都不会对世界市场上的服装价格和饮料价格产生任何影响。

当越南对世界市场完全开放(也就是开展自由贸易)时,服装和饮料在越南的价格等于它们的世界市场价格。越南的服装企业投入劳动力和资本来生产服装。越南生产服装的单位成本必须不高于服装的市场价格,否则生产企业会无利可图。在完全竞争均衡中,企业的经济利润等于零,所以服装的单位成本等于服装的市场价格。设 $C_x(w,r)$ 为服装的**单位成本**,它的高低取决于工资(w)和资本价格(r)。服装产业的**零利润条件**为

$$C_x(w,r) = P \qquad (4.1)$$

同样的道理,设 $C_y(w,r)$ 为饮料的单位成本,饮料产业的零利润条件为

$$C_y(w,r) = 1 \qquad (4.2)$$

因为越南是一个开放小国,所以商品价格固定在世界市场价格上。这样,从式(4.1)和式(4.2)可以解出越南的工资(w)和资本价格(r)这两个未知变量。

上面的推导告诉我们,对于一个开放小国,生产要素的价格不是由其国内生产要素市场上的供求关系所决定的,而是由世界市场的商品价格所决定的。这个结论是非常独特的。从微观经济学中我们学到,工资是劳动力市场上供给和需求达到均衡时的结果:当劳动力供给上升时,劳动力的边际收益下降,因此工资水平会随之下降。而从上面介绍的开放小国的 HO 模型中我们学到,工资水平会被固定在与世界市场的商品价格相适应的水平上,不会随着劳动力供给的变化而变化。这就意味着,这个开放小国不遵循要素边际收益递减率:劳动力的边际收益(从而工资水平)不会随着劳动力供给的增加而下降,而是固定在一个与世界市场商品价格相适应的水平上;同样,资本的边际收益(从而资本价格)也不会随着资本供给的增加而下降,而是固定在一个与世界市场商品价格相适应的水平上。

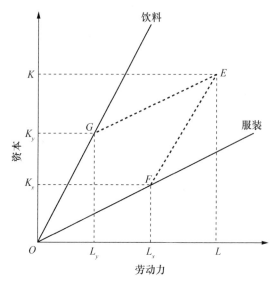

图 4.1　开放小国的资源配置

当工资和资本价格都处在固定水平上时,资本和劳动力之间的替代关系随着要素价格的固定而被固定下来,所以服装业和饮料业的资本密集度(即资本劳动比率)也是固定的。假定服装业的资本密集度固定在 1/4 的水平上,饮料业的资本密集度固定在 3/4 的水平上。图 4.1 画出了这两个产业的资本密集度线。假定越南的劳动力禀赋等于 L,资本禀赋等于 K。在图 4.1 中,E 点是越南的**生产要素禀赋点**。从 E 点出发画两条与服装和饮料的资本密集度线相平行的直线(图中以粗虚线表示),交点 F 所对应的是服装业所雇用的劳动力数量 L_x 和资本数量 K_x,交点 G 所对应的是饮料业所雇用的劳动力数量 L_y 和资本数量 K_y。图 4.1 显示劳动力和资本这两种生产要素都得到了充分利用,$L_x + L_y = L$,$K_x + K_y = K$。

要素禀赋量与产量之间的关系

在开放小国的 HO 模型中,要素禀赋量发生变化会对服装和饮料的产量产生怎样的影响? 对于越南这样的开放小国来说,知道这个问题的答案非常重要。假定越南在其经济发展过程中,资本禀赋量在逐步提高。在图 4.2 中,E_0 为越南的初始生产要素禀赋点,对应 L 单位

的劳动力和 K_0 单位的资本。假设越南的资本禀赋量从 K_0 提高到 K_1，新的生产要素禀赋点为 E_1。在图 4.2 中，我们采用和图 4.1 中相同的画平行线的方法来找到服装业的初始均衡点 F_0 和新均衡点 F_1。F_0 对应的是服装业开始时雇用的劳动力数量和资本数量，而 F_1 对应的是在越南拥有更多资本后服装业所雇用的劳动力数量和资本数量。通过比较 F_0 和 F_1 我们发现，服装业所雇用的劳动力数量和资本数量都减少了，因此在越南的资本丰裕度上升后，它的服装业（劳动密集型产业）会萎缩。图 4.2 中的 G_0 和 G_1 分别对应饮料业初始时间和在越南的资本丰裕度上升之后所雇用的劳动力数量和资本数量。通过比较 G_0 和 G_1 我们发现，饮料业所雇用的劳动力数量和资本数量都增加了，因此在越南的资本丰裕度上升后，它的饮料业（资本密集型产业）会扩大。上面推导出的结论是 HO 模型的一个重要定理，现表述如下[1]：

【罗伯津斯基定理】　在给定商品价格的条件下，一个国家某种生产要素禀赋量的增加，会导致该国密集使用该生产要素的产业的产量增加，而使该国密集使用另一种生产要素的产业的产量减少。

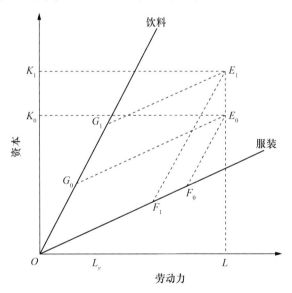

图 4.2　要素禀赋量的变化对产量的影响

①　罗伯津斯基定理的最初推导发表于 Rybczynski，T. N.（1955），"Factor Endowments and Relative Commodity Prices，"*Economica*，22，336-341。

罗伯津斯基定理的出人意料之处在于:当一个国家的某种生产要素禀赋量增加时,它不会使该国的所有产业都扩张,而必然有一个产业会萎缩。在运用罗伯津斯基定理时一定要牢记它的前提条件,即商品价格给定不变。在 HO 模型中,固定的商品价格意味着固定的生产要素价格(回顾之前从开放小国的 HO 模型中推导出的这个结论),而固定的要素价格又意味着固定的产业生产要素密集度。当两个产业的生产要素密集度固定时,要使增加的一种生产要素得到充分利用,必定需要密集使用该生产要素的产业扩张;而该产业的扩张需要吸引另一种生产要素来匹配,由此导致两种生产要素都从另一个产业中转移出来,从而使那个产业的产量下降。

罗伯津斯基定理是 HO 定理成立的必要条件。对罗伯津斯基定理的推导相当于考虑一个开放小国(越南)在资本丰裕度不同的两个时点的情况。而在含两个大国的标准 HO 模型中,罗伯津斯基定理的应用如下:在自由贸易均衡中,中国和美国都面对同样的世界市场商品价格。给定商品价格,根据罗伯津斯基定理,资本丰裕的美国的饮料产量会大于中国,而服装产量会小于中国。假定两国消费者的消费偏好相同,那么美国饮料的产量必定大于美国消费者对饮料的需求量,而美国服装的产量必定小于美国消费者对服装的需求量,因此资本丰裕的美国必定出口饮料(资本密集型产品)和进口服装(劳动密集型产品)。这个结论正是 HO 定理。

4.2 一体化 HO 模型

传统贸易模型的一个基准假设是国家之间不存在生产要素流动。做出这个假设并不是因为在现实世界中没有国际要素流动,而是因为抽象掉国际要素流动的作用后,我们可以聚焦于国际贸易的作用。我们自然要问:如果把抽象掉的国际要素流动放回到国际贸易模型中,结果会怎样呢?

在一个劳动力和资本可以自由流动的世界中,所有国家的工资和资本价格都是一样的,整个世界如同一个单一的封闭经济体,这个世界被称为**一体化世界**。本节介绍的一体化 HO 模型将告诉我们：即使没有国际要素流动，仅靠自由贸易也能实现一体化世界。

▉▉▉▉ 生产要素价格的国际均等化

标准的 HO 模型首先假定两个封闭的国家，然后讨论这两个国家开放贸易后的状况。与此相反，一体化 HO 模型首先假定一个一体化的世界，然后讨论将这个一体化的世界分割为若干个相互开展贸易的国家以后的状况。下面我们证明：标准的 HO 模型和一体化 HO 模型完全等价，它们之间是互为镜像的关系。

萨缪尔森用一个"天使寓言"对一体化 HO 模型做了形象的描述。很久以前，全世界是一个统一的经济体，各种生产要素被分配在一系列生产活动中，产品和生产要素都处在它们的均衡价格水平上。这时来了一个天使，将世界划分成不同的国家，将各种生产要素分给这些国家，每个国家只能用从天使那里得到的生产要素来进行生产活动。萨缪尔森问：这个天使对世界经济造成了多大损害？回答是：如果这个天使将全世界的生产要素相对均匀地分给不同的国家，并且允许这些国家之间开展商品贸易（但不允许生产要素的国际流动），那么这个天使的行为对世界经济就没有造成任何损害。这个寓言的核心思想是：在一定的条件下，商品的自由贸易就可以带来世界经济的一体化，并不需要生产要素的国际流动。

在 2×2×2 架构的 HO 模型中，商品的自由贸易能够带来生产要素价格在两个国家之间的均等化。这个结论是 HO 模型的重要定理之一，现表述如下：

【要素价格均等化定理】 在 2×2×2 架构的 HO 模型中，自由贸易使两个国家具有相同的生产要素价格。

要素价格均等化定理最早由萨缪尔森在数学上做了证明。因为现实世界中各国之间要素价格存在巨大差异是不争的事实，所以萨缪尔森推导出的这个定理曾遭到普遍的怀疑（参见专栏 4.1）。在 2×2×2 架构的 HO 模型中证明要素价格均等化定理并不难。在前一节的开放小国 HO 模型中，我们列出了两个产业的零利润条件：$C_x(w,r)=P$

和 $C_y(w,r)=1$。在 $2\times2\times2$ 架构的 HO 模型中,每个国家的产业都面临这样的两个零利润条件。当两个国家开展自由贸易时,商品价格实现了国际均等化。如果中国和美国在自由贸易均衡中都生产服装,那么中国服装的单位成本 $C_x(w,r)$ 和美国服装的单位成本 $C_x(w^*,r^*)$ 必须相等。这里 w 和 r 分别代表中国的工资和资本价格,w^* 和 r^* 分别代表美国的工资和资本价格。同样,如果中国和美国在自由贸易均衡中都生产饮料,那么中国饮料的单位成本 $C_y(w,r)$ 和美国饮料的单位成本 $C_y(w^*,r^*)$ 必须相等。[①]要使 $C_x(w,r)=C_x(w^*,r^*)$ 和 $C_y(w,r)=C_y(w^*,r^*)$ 这两个等式同时满足,两国的生产要素价格必须相等,即 $w=w^*$,$r=r^*$。

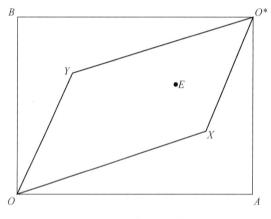

图 4.3　一体化 HO 模型

　　一体化 HO 模型是建立在要素价格均等化定理成立的基础上的。当中国和美国开展自由贸易并因此实现要素价格均等化时,服装业和饮料业生产的资本密集度也就确定了。图 4.3 中 OX 表示中国服装业生产的资本密集度(假定等于 1/4),OY 表示中国饮料业生产的资本密集度(假定等于 3/4)。因为在要素价格均等化的情况下美国两个产业的资本密集度和中国两个产业的资本密集度相同,所以从美国的原点 O^* 画出的两条产业资本密集度线和从中国的原点 O 画出的两条产业资本密集度线相对称。图 4.3 中 OA 的长度等于中国和美国的劳动力

---

　　①　由于 HO 模型假定两个国家的生产技术相同,因此它们的单位成本函数也相同。

总量，OB 的长度等于中国和美国的资本总量。

在标准的 HO 模型中，一个非常重要的假设是每个国家在开放贸易后仍然能够有竞争力生产所有产品。在什么条件下这个假设能够成立呢？从图 4.3 中我们认识到，对于中国来说，只有当中国的要素禀赋点落在 OX 和 OY 之间的区域内时，中国才会同时生产服装和饮料。对于美国来说，只有当美国的要素禀赋点落在 O^*X 和 O^*Y 之间的区域内时，美国才会同时生产服装和饮料。在图 4.3 中，中国和美国的要素密集度边界构成一个菱形区域 OXO^*Y。只有当两国的要素禀赋点落在这个菱形区域中（例如 E 点）时，两国才会同时生产服装和饮料，两国之间的生产要素价格才会均等化，世界经济的一体化才会实现。菱形区域 OXO^*Y 被称为**要素价格均等化区域**。因为一体化 HO 模型假定所有国家处于同一要素价格均等化区域中，所以它又被称为**单域 HO 模型**。在萨缪尔森的"天使寓言"中，如果这个天使对于世界生产要素禀赋在各国之间的划分不是很极端，也就是说要素禀赋划分点落在图 4.3 的菱形区域中，那么这个天使的行为就没有对世界经济造成任何损害。只要各国之间开展自由贸易，各国经济的运行结果和处于一体化条件下的世界经济的运行结果就是完全一样的。

国际要素流动和国际贸易之间的关系

要素价格均等化定理表明，在假定生产要素在国家间完全不流动的 HO 模型中，只要国家间有商品的自由贸易，世界经济就能实现一体化。现在反过来问，如果存在国际生产要素自由流动，也就是世界经济已经处于一体化，那么还会有国际贸易吗？

在一篇被广为引用的论文中[1]，罗伯特·蒙代尔（Robert Mundell）证明在标准的 HO 模型中，当两个国家之间存在资本自由流动时，它们之间就不会再有任何国际贸易。也就是说，国际贸易和国际资本流动之间存在完全的**替代性**。

---

[1] Mundell, Robert A. (1957), "International Trade and Factor Mobility," *American Economic Review*, 47, 321-335. 蒙代尔因其对国际经济学的贡献而获得了 1999 年的诺贝尔经济学奖。

如何证明这个结论呢？假定在 HO 模型中的两个国家是中国和美国。在贸易完全自由的条件下，中美两国的生产要素价格会均等化，也就是说，两国的资本会获得相同的收益率，两国的工人会获得相同的工资。所以在自由贸易条件下，中美两国不会发生任何生产要素的流动。现在设想美国对从中国进口的劳动密集型产品实施关税。关税的实施提高了劳动密集型产品相对于资本密集型产品的价格。根据 SS 定理，当劳动密集型产品相对于资本密集型产品变得昂贵时，美国工人的工资会上升，美国资本的收益率会下降。现在假定资本可以在中美两国之间自由流动，此时美国资本会流向收益率较高的中国。由于资本流入，中国可用的资本数量增加了。根据罗伯津斯基定理，随着中国资本数量的增加，中国的资本密集型产品的产量会上升，因此从美国进口资本密集型产品的需求会下降。美国向中国的资本流动一直会继续到中国不需要从美国进口资本密集型产品为止。这样的结果是，国际资本流动完全替代了国际贸易。

为什么国际贸易和国际要素流动之间会存在这个替代关系呢？因为国家之间要素禀赋的差异既是国际贸易的原因，也是国际要素流动的原因。在 HO 模型中，国家之间要素禀赋的差异是国际贸易的唯一原因，因此这种差异作为国际要素流动推动力的作用上升时，它作为国际贸易推动力的作用就必然会下降。相比而言，在特定要素模型中，国际贸易不会使生产要素价格在国家之间均等化，因此在自由贸易的条件下仍然存在国际要素流动的动因。如果在特定要素模型中引入国际资本流动，那么随着国际资本流动的增加，国际贸易量会下降但不会被完全替代。所以在特定要素模型中国际贸易和国际生产要素流动存在一定的替代性，但不像在 HO 模型中那样存在完全的替代性。

理解了国际贸易和国际要素流动之间存在替代性的原因后，就不难理解它们之间可能存在的**互补性**。国际贸易发生的原因可以是国家之间要素禀赋的差异性，但这并不是国际贸易发生的唯一原因。从李嘉图模型我们知道，国家之间的技术差异所导致的要素生产率差异也是国际贸易发生的一个原因。同样，国家之间要素价格的差异也不是国际要素流动的唯一原因。例如,国际资本流动还有分散风险的考虑,而国际劳动力流动也可能是由政治和文化等非经济原因促成的。当国际贸易和国际生产要素流动的原因不同时,它们之间就可以形成互补性。例如我们可以考虑一个简单的模型,在这个模型中,两个国家的要素禀赋完全一样,但其中一个国家的资本密集型产业的技术水平较高。正是两国在技术水平上的差异使得资本收益率在两国之间并不均等。随着国际资本流动的提高,更多资本流向资本收益率较高的那个国家,使该国的资本总量增加,由此该国的资本密集型产业扩张,它生产的资本密集型产品出口随之增加。从这个模型中我们看到,国际资本流动的提高会促进国际贸易的增长,两者之间是互补的关系。循着这个思路可以构建出其他模型来推导出国际贸易和国际要素流动之间呈互补关系的其他情况。

进一步考虑,如果作为比较优势基础的生产要素(劳动力和资本)可以跨国流动,那么比较优势会从一个国家转移到另一个国家。和国际贸易一样,国际要素流动也能带来额外的国民福利增量,它被称为**国际要素流动收益**。无论是贸易收益还是国际要素流动收益,它们都来自资源在世界范围内配置所带来的效率提高。

标准的 HO 模型假定不同国家之间生产要素禀赋的相对丰裕度差别不大,也就是假定所有国家处于同一要素价格均等化区域中,因此在自由贸易均衡中每个国家会生产所有产品,也就是生产的不完全专业化。图 4.4 画出了 X 和 Y 的单位价值等产量曲线。XX 曲线代表生产单位价值的 X 所需要的劳动力和资本投入量的组合。给定 X 的世界市场价格 P_x,它的单位价值为 $P_x x = 1$,这里 x 代表单位价值时 X 的数量。设 w 为工资,r 为资本价格,α_{lx} 为生产单位价值的 X 所需要的劳动力投入量,α_{kx} 为生产单位价值的 X 所需要的资本投入量,则 $w\alpha_{lx} + r\alpha_{kx} = 1$。由此可见,劳动力和资本投入量的组合 $(\alpha_{lx}, \alpha_{kx})$ 会随着该国工资和资本价格 (w, r) 的变化而变化。同理,图 4.4 中的 YY 曲

线代表生产单位价值的 Y 所需要的劳动力和资本投入量的组合,该组合也会随着工资和资本价格的变化而变化。在标准的 HO 模型中,一个国家在自由贸易条件下不会完全专业化于某种产品的生产,而是会生产所有产品(X 和 Y)。根据开放小国的 HO 模型,世界市场上的商品价格决定了贸易开放国家的工资和资本价格水平。图 4.4 中和两条单位价值等产量线(XX 和 YY)同时相切的直线的斜率(绝对值)等于工资和资本价格的比率 w/r。给定这个比率,该国生产 X 和 Y 的技艺(即生产过程中资本和劳动力投入比率)的选择也就确定了:生产 X 的资本劳动比率为 $k_x = a_{kx}/a_{Lx}$,而生产 Y 的资本劳动比率为 $k_y = a_{ky}/a_{ly}$。从图 4.4 中可以看到,k_x 和 k_y 两条射线组成了一个锥形区域。标准的 HO 模型假定所有国家的资本丰裕度($k_c \equiv K_c/L_c$,下标 c 代表国家)都处在同一个锥形区域中,因此它被称为**单域 HO 模型**。

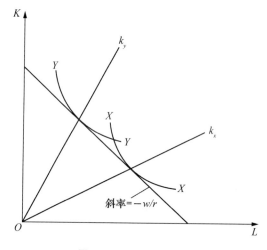

图 4.4　单域 HO 模型

当不同国家之间生产要素禀赋的相对丰裕度差别较大时,在自由贸易均衡中每个国家不会生产所有产品。假设世界上有三种产品,按资本密集度从低到高排列依次为 X、Y、Z。在图 4.5 中,由 k_x、k_y、k_y^* 和 k_z 这四条射线和纵横两条轴线构成了五个区域,它描述了一个含有五个专业化区域的**多域 HO 模型**。在这个模型中,世界上的国家可以分成五组。资本丰裕度低于 k_x 的国家只生产 X,资本丰裕度在 k_x 和 k_y 之间的国家生产 X 和 Y,资本丰裕度在 k_y 和 k_y^* 之间的国家只生产

Y,资本丰裕度在 k_y^* 和 k_z 之间的国家生产 Y 和 Z,而资本丰裕度高于 k_z 的国家只生产 Z。特别需要注意的是,同样是生产 Y,处于低端区域的国家(即资本丰裕度较低的国家)会采用与低工资相适合的劳动密集型生产技艺,而处于高端区域的国家(即资本丰裕度较高的国家)会采用与高工资相适合的资本密集型生产技艺。

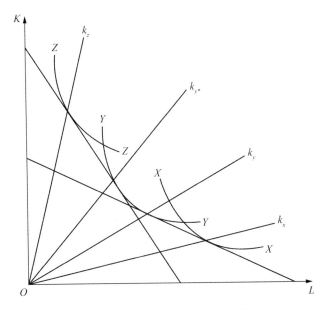

图 4.5 多域 HO 模型(三种产品)

多恩布什、费希尔和萨缪尔森在 1980 年构建了一个**连续型多域 HO 模型**。① 图 4.6 中曲线上的每一点代表一种产品(更确切地说是代表资本密集度相同的所有产品)。每种产品都有一条单位价值等产量线(图中没有画出),而图 4.6 中的曲线正是所有产品的单位价值等产量线的包络曲线。假设模型中的两个国家是劳动力丰裕的中国(中国的资本丰裕度为图中的 k_0)和资本丰裕的美国(美国的资本丰裕度为图中的 k_2)。假设在自由贸易均衡中,资本密集度为 k_1 的那个产品的生产成本在中美之间相同(这个产品被称为边际产品)。那么中国将专

---

① 多恩布什、费希尔和萨缪尔森构建的连续型贸易模型有两个,第 1 章第 5 节提到了他们在 1977 年建立的连续型李嘉图模型。此处提到的是他们在 1980 年建立的连续型 HO 模型,出自 Dornbusch, Rudiger, Stanley Fischer, and Paul Samuelson (1980), "Heckscher-Ohlin Trade Theory with a Continuum of Goods," *Quarterly Journal of Economics*, 95(2), 203-224。

业化于图 4.6 中资本密集度在 k_1 以下的那些产品,而美国将专业化于图 4.6 中资本密集度在 k_1 以上的那些产品。该多域 HO 模型呈现出生产完全专业化的特征。

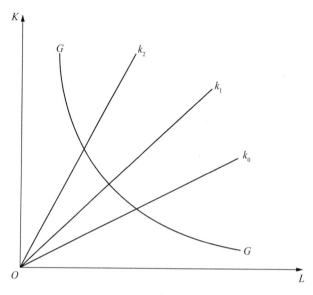

图 4.6　多域 HO 模型(连续型多产品)

4.4 含技术参数的 HO 模型

标准的 HO 模型假定国家之间在技术上没有差异,由此聚焦于国家之间在要素禀赋上的差异。而对 HO 模型的实证结果表明,只有考虑了国家之间的技术差异,HO 模型的预测才和现实贸易数据有一定的吻合度(参见附录 4.1 对 HO 模型实证研究文献的综述)。在 HO 模型中研究技术进步作用的经典论文是 Findlay 和 Grubert(1959)与 Jones(1965)。[①]这个专题的研究沉寂了许多年后,在 20 世纪 90 年代又走到了国际贸易研究的前台,其背景是 80 年代发生在世界许多国家的工资差距扩大现象。工资差距指一个国家中不同技能的工人之间工

---

① Findlay, Ronald and Harry Grubert (1959), "Factor Intensities, Technological Progress, and the Terms of Trade," *Oxford Economic Papers*, 11(1), 111-121; Jones, Ronald W. (1965), "The Structure of Simple General Equilibrium Models," *Journal of Political Economy*, 73(6), 557-572.

资水平的差距,国际贸易学界在研究这一现象时发生了一场争论,争论的双方是爱德华·利默(Edward Leamer)和保罗·克鲁格曼,争论的焦点是贸易开放条件下技术进步如何影响工资水平从而影响工资差距。正是这场争论让含技术参数的贸易模型再次受到广泛关注。本节简要介绍含技术参数的 HO 模型。

技术、技能和技艺

我们首先区分三个词汇。**技术**(technology)指的是生产要素投入量和产品产出量之间的技术联系,它是个纯技术关系,不受经济条件变化的影响。假设 1990 年时中国生产 Y 件服装需要投入 L 个蓝领工人和 H 个白领工人,投入和产出之间的技术关系可以用一个生产函数 $Y = F(L, H)$ 来表示,那么这个函数式 $F(.)$ 就表示了 1990 年时中国的服装生产技术。标准的 HO 模型假定国家间没有技术差异,所以中国和美国的服装生产技术都被假定为 $F(.)$。**技能**(skill)指工人的工作能力,一般而言,教育和培训程度高的工人拥有较高的技能。我们可以将白领工人视为技能工人(skilled worker),将蓝领工人视为劳力工人(unskilled worker)。**技艺**(technique)指的是在给定生产技术 $F(.)$下由经济条件所决定的生产工艺,例如劳力工人丰裕的中国会采用劳力密集型的生产工艺,技能工人丰裕的美国会采用技能密集型的生产工艺。中国和美国的服装企业拥有同样的生产技术 $F(.)$,但中国和美国的服装企业会采用不同的生产工艺或技艺,前者会较多使用劳力工人,后者会较多使用技能工人。例如同样一件服装,在中国生产时由 6个劳力工人和 1 个技能工人合作完成,而在美国生产时由 4 个劳力工人和 2 个技能工人合作完成。

技术进步的类型

为了研究技术的作用,我们在 HO 模型中引入技术参数。假设 1990 年时中国生产 Y 件服装需要投入 L/a 个劳力工人和 H/b 个技能工人,产出和投入之间的关系可以用 $Y = F(L/a, H/b)$ 这个生产函数来表示,这里的 a 和 b 是技术参数。因为 a 的下降和 L 的增加是等价的,所以 a 的下降被称为**劳力增加型**(labor-augmenting)技术进步。同理,b 的下降和 H 的增加是等价的,所以 b 的下降被称为**技能增加型**(skill-augmenting)技术进步。

文献中较常用的是希克斯(Hicks,1932)从要素使用(factor-using)角度来定义的技术进步分类。[①]希克斯的定义假定相对工资不变。在这个假定下,如果技术进步提高了产业中技能工人相对于劳力工人的密集度,那么它就是**技能使用型**(skill-using)技术进步;反之,就是**劳力使用型**(labor-using)技术进步。如果技术进步不影响产业要素密集度,那么它就被称为**希克斯中性型**技术进步。

要素增加型技术进步和要素使用型技术进步存在什么关系呢?许斌(Xu,2001)的推导显示,这个关系取决于产业中两种生产要素之间的替代弹性(σ)。[②]理论模型一般假设 $\sigma<1$,这是基于经验证据的假设。在 $\sigma<1$ 这个假设下,技能使用型技术进步等同于技能增加型技术进步,该类技术进步由 a 的下降来表示;劳力使用型技术进步等同于劳力增加型技术进步,该类技术进步由 b 的下降来表示;而希克斯中性型技术进步则由 a 和 b 的等幅下降来表示。文献中还经常提到技术进步造成某类工人被节约或被替代。读者只要记住:**劳力节约型**(labor-saving)技术进步或**劳力替代型**(labor-replacing)技术进步等同于技能使用型技术进步,这种类型的技术进步由 a 的下降来表示(需要假设 $\sigma<1$)。

在新近的文献中,技能使用型技术进步被称为**技能偏向型**(skill-biased)技术进步,劳力使用型技术进步被称为**劳力偏向型**(labor-biased)技术进步,它们定义了技术进步的**要素偏向**(factor bias)。另外,根据技术进步所发生的产业定义了技术进步的**产业偏向**(sector bias)。表 4.1 对各类技术进步的不同称谓做了一个汇总。

---

① Hicks, John R. (1932), *The Theory of Wages*, Macmillan.

② Xu, Bin (2001), "Factor Bias, Sector Bias, and the Effects of Technical Progress on Relative Factor Prices," *Journal of International Economics*, 54, 5-25.

表 4.1　各类技术进步的称谓

称谓	特征
劳力增加型	a 下降
劳力偏向型＝劳力使用型＝技能节约型＝技能替代型	a 下降(当 $\sigma<1$ 时)
技能增加型	b 下降
技能偏向型＝技能使用型＝劳力节约型＝劳力替代型	b 下降(当 $\sigma<1$ 时)
希克斯中性型	a 和 b 等幅下降

注:生产函数设为 $Y＝F(L/a，H/b)$,L 指劳力工人,H 指技能工人,a 和 b 是技术参数。

▀▀▀ 利默-克鲁格曼之争

HO 模型中的技术进步效应曾经引起大量关注,起因是 20 世纪 90 年代末利默和克鲁格曼这两位国际贸易学大师之间的一场争论,争论的焦点是贸易开放条件下技术进步如何影响要素价格。利默(Leamer,1998)采用了本章第 1 节介绍的开放小国 HO 模型。[①]假定这个小国是越南,世界市场上服装价格为 P,饮料价格为 1,越南是世界市场价格的接受者。假定生产要素是劳力工人(L)和技能工人(H),他们的工资分别用 w 和 r 表示。生产函数设为 $F(L/a，H/b)$,这里的 a 和 b 是技术参数。数学上可以证明,这个生产函数对应的成本函数是 $C(aw，br)$。设 $C_x(a_xw，b_xr)$ 为饮料的单位成本。在完全竞争均衡中,企业的经济利润等于零。越南饮料业的零利润条件为:

$$C_x(a_xw，b_xr) = P \tag{4.3}$$

由式(4.3)可以画出图 4.7 中的 XX 线。[②] 同理,设 $C_y(a_yw，b_yr)$ 为服装的单位成本,越南服装业的零利润条件为:

$$C_y(a_yw，b_yr) = 1 \tag{4.4}$$

由式(4.4)可以画出图 4.7 中的 YY 线。[③]对于越南这样的开放小国,产品价格固定在世界市场价格上。这样,从式(4.3)和式(4.4)可以解出

[①] Leamer, Edward E. (1998), "In Search of Stolper-Samuelson Linkages between International Trade and Lower Wages," in Susan Collins (ed.), *Imports, Exports and the American Worker*, Brookings Institution, 141-202.

[②] 数学上可以证明 XX 线的切线斜率等于 X 产业劳力工人和技能工人投入数量的比率。

[③] 因为我们假设饮料业 X 是技能工人密集型产业,服装业 Y 是劳力工人密集型产业,所以在 XX 线和 YY 线的交点上,XX 线的切线斜率较平,YY 线的切线斜率较陡。

劳力工人工资(w)和技能工人工资(r),也就是图 4.7 中两条线的交点。

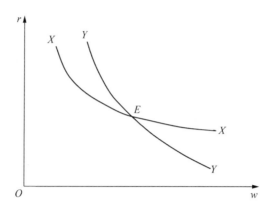

图 4.7 开放小国生产要素价格的决定

利默发现,对于开放小国,技术进步对工资差距的作用并不取决于技术进步的要素偏向(偏向劳力工人还是技能工人),而是取决于技术进步的产业偏向(发生在 X 产业还是 Y 产业)。当技术进步发生在技能工人密集型的饮料业中时,图 4.7 中的 XX 线上移,技能工人工资 r 上升,劳力工人工资 w 下降,从而工资差距(r/w)扩大。反之,当技术进步发生在劳力工人密集型的服装业中时,图 4.7 中的 YY 线上移,技能工人工资 r 下降,劳力工人工资 w 上升,从而工资差距(r/w)缩小。由此利默得出结论:技术进步对工资差距的作用只取决于它的产业偏向,而不取决于它的要素偏向。

克鲁格曼(Krugman,2000)对利默的观点做了反驳。[①]克鲁格曼认为全球化顾名思义是对整个世界而不是对某个小国,而整个世界相当于一个封闭的一体化经济体。运用本章第 2 节的一体化 HO 模型,假设消费者偏好具有柯布-道格拉斯特征,克鲁格曼证明了当技术进步是技能偏向型时,对技能工人的相对需求会提高,因此工资差距(r/w)会扩大;而当技术进步是劳力偏向型时,对劳力工人的相对需求会提高,因此工资差距会缩小。克鲁格曼得出结论:在一个开放世界中,技术进

① Krugman,Paul. R. (2000),"Technology,Trade and Factor Prices,"*Journal of International Economics*,50(1),51-71.

步对工资差距的作用只取决于它的要素偏向,而不取决于它的产业偏向,这与利默的结论正好相反。

　　许斌在 2001 年发表的题为《要素偏向、产业偏向和技术进步对相对要素价格的作用》的论文中构建了一个包含技术参数的 HO 模型,采用了比利默模型和克鲁格曼模型更为一般的关于消费者偏好和生产技术的假设。[①]该文对 HO 模型中技术进步影响工资差距的效应做了分解,揭示了利默和克鲁格曼所获结论背后的特定假设,由此调和了利默和克鲁格曼之间的争论。一方面,许斌的研究支持了克鲁格曼所强调的技术进步的全球性特征和由此产生的**世界市场价格效应**;另一方面,许斌的研究支持了利默所强调的技术进步的**区域市场直接效应**,揭示了这个效应所反映的技术进步的地区性特征不只存在于小型开放经济体的情形中。正如 Feenstra(2010)所指出的,理解技术进步的地区性效应和全球性效应对于研究外包和离岸等国际贸易新现象具有重要意义(详见第 7 章)。[②]

　　标准的 HO 模型包含四条定理。上一章介绍了关于贸易类型的 HO 定理和关于收入分配的 SS 定理,本章则介绍了关于产业结构的罗伯津斯基定理和关于世界经济一体化的要素价格均等化定理。

4.5

讨论和总结

　　罗伯津斯基定理是 HO 定理成立的必要条件。该定理揭示了在商品价格给定的情况下要素禀赋量变化对两个生产部门的产量变化(即产业结构)的影响。我们采用开放小国的 HO 模型来推导出这个定理,因为开放小国的国内商品价格取决于世界市场上的商品价格,符合该定理成立所要求的商品价格给定这个前提条件。罗伯津斯基定理揭示了两个资源禀赋不同国

<hr/>

[①]　Xu, Bin (2001), "Factor Bias, Sector Bias, and the Effects of Technical Progress on Relative Factor Prices," *Journal of International Economics*, 54, 5-25.

[②]　Feenstra, Robert C. (2010), *Offshoring in the Global Economy: Microeconomic Structure and Macroeconomic Implications*, MIT Press.（中文译本《全球经济下的离岸外移:微观经济结构与宏观经济影响》,孟雪译,格致出版社和上海人民出版社 2011 年版。

家之间的产业结构差异。在我们引入所有国家都具有相同的消费者偏好这个假定后，罗伯津斯基定理所揭示的产业类型自然就映射出了HO定理所揭示的贸易类型。

要素价格均等化定理是赫克歇尔-俄林贸易理论中最具争议的部分。现实世界中各国的生产要素价格差异很大，这使得人们很难接受要素价格均等化这个结论。虽然在逻辑推理上要素价格均等化定理是无懈可击的，但是这个定理的成立确实依赖于若干个极端的假设，特别是需要假设每个国家都会生产世界上所有的产品。在什么条件下这个假设会成立呢？答案是只有当国家之间要素禀赋的差异不是很大时才能成立。这也正是萨缪尔森的"天使寓言"中天使的行为不会对世界经济造成影响的条件。

理解要素价格均等化定理最直观的切入点是本章第2节所介绍的一体化HO模型。标准的HO模型从两个国家的封闭经济均衡出发，讨论自由贸易均衡。而一体化HO模型从一体化的世界经济出发，然后来看在切断国际要素流动后，仅靠国际贸易是否能够实现世界经济一体化。从这个新颖的角度我们得以理解要素价格均等化定理的深刻内涵：当国家之间开展贸易时，它们的经济得以更紧密地相互结合，因此它们的生产要素价格会变得更为接近。即使没有国际生产要素流动，仅靠国际贸易这个力量也能让世界经济实现一体化。反过来，如果国际要素流动让世界经济实现了一体化，那么国际贸易的动因也就消失了。这就是标准的HO模型所揭示的国际贸易和国际要素流动之间的完全替代性。

赫克歇尔-俄林贸易理论的核心是国家之间资源禀赋差异所带来的贸易联系。在现实世界中我们所观察到的是发达国家专业化于相对高端的产品，而发展中国家专业化于相对低端的产品。例如，德国的制造业出口产品集中于技能密集型的高端产品，而中国的制造业出口产品集中于劳力密集型的中低端产品。标准的HO模型不能很好地解释此类完全专业化的生产和贸易，因为它穿上了要素价格均等化这件"紧身衣"。而多域HO模型抛弃了这件"紧身衣"，但保留了HO理论关于要素禀赋作用的核心思想。在一个多域HO模型中，由于德国和中国在要素禀赋上的差异足够大,使得德国和中国的要素价格即使在自由贸易条件下也不会均等化,因此德国和中国处于两个不同的产品专业化区域。德国生产的产品是基于它所具有的高技能资源优势,这些产品的生产技术即使为中国所拥有,中国也不会去生产它们,因为中国缺乏这类资源上的比较优势。多域 HO 模型对于理解当今世界的国际贸易状况提供了有效的分析工具,也得到了实证研究的支持(参见附录 4.1)。本章还介绍了包含技术参数的 HO 模型,这个模型在国际贸易学界讨论技术进步对工资差距的影响和外包离岸活动的作用时(详见第 7 章)都得到了广泛应用。

【新时代 新思考】

理论构建离不开抽象思维,而将理论应用于现实世界以增进人类福祉才是理论的最终价值。对理论的研究越深入,对它所具有的现实意义的追求就越迫切。本章讲解了通过国际贸易实现世界经济一体化的理论,介绍了蒙代尔关于国际贸易和国际要素流动之间存在完全替代性的观点,这些抽象思维的产物就像是人的骨骼,它们显示了国际贸易现象的脉络。新时代的中国学生需要认识到,国际贸易现象不是冰冷的数学描述,而是"有血有肉"的经济关系。我们需要借鉴西方贸易理论的有益成分,但在运用该理论时必须坚持以人为本的基本立场,重视经济分析的公平视角,直面过度追求效率所带来的危害,在思想层面上实现对西方贸易理论的超越。

专栏 4.1
萨缪尔森对赫克歇尔-俄林贸易理论的贡献

保罗·萨缪尔森(Paul Samuelson,1915—2009)出生于美国印第安纳州的加里城,16 岁时进入芝加哥大学攻读经济学,显示出极高的学术研究天赋,并与经济学结下了不解之缘;毕业后他去哈佛大学继续深造,26 岁时取得博士学位,其博士论文《经济理论运作的重要性》获得了哈佛大学威尔斯奖。1940 年,萨缪尔森进入麻省理工学院任教,其研究领域非常广泛,涵盖福利经济学、线性规划、凯恩斯主义宏观经济学、国际贸易学和动态经济学等诸多方面,而且著作颇丰,其代表性的著作包括《经济分析的基础》和《经济学》。萨缪尔森因此被称为经济学领域的最后一个通才。

当萨缪尔森还在哈佛大学时,美国掀起了一场关于保护主义和自由贸易的争论。很多公众理所当然地认为,对于劳动力稀缺的美国而言,自由贸易将会使美国工人面临其他国家廉价劳动力的竞争,所以其利益会受到损害。而学术界对这一问题的争议很大。从理论上讲,自由贸易会使工人的名义工资相对于一些产品的价格下降,而相对于另一些产品的价格上升,所以实际工资的变化取决于工人的消费选择。而现实中消费选择的多样性使得这一问题无法得出一个明确的结论。这些争论和困惑引起了萨缪尔森和斯托尔珀的兴趣,他们开始对商品价格和要素报酬的关系进行深入的研究,并于1941年合作发表了《贸易保护与实际工资》一文,用一般均衡分析法推导出了工资和商品价格的关系,证明了公众的担心是有道理的:对于劳动力稀缺的美国来说,自由贸易确实会降低美国工人的实际工资,而对进口品征收关税,采取一定的保护措施,则会提高工人的实际工资。这个结论在学术界是首创,被称为斯托尔珀–萨缪尔森定理(SS定理)。

萨缪尔森进入麻省理工学院任教之后继续对商品价格和要素价格的关系进行研究。有一次他在讲授赫克歇尔–俄林理论时,有学生对俄林提出的商品贸易会使要素价格部分均等化的命题提出了质疑。在俄林的《地区间贸易和国际贸易》一书中并没有对这一命题给出充分的理论解释,这促使萨缪尔森对这个命题重新进行思考,并在20世纪40年代末和50年代初就此发表了多篇文章。萨缪尔森认为俄林只提到了商品不完全流动会导致要素价格不完全均等,但问题的关键是当商品完全自由流动时要素价格是否会均等。萨缪尔森用数学方法证明了当商品在国家之间完全自由流动时,如果各国之间的要素禀赋差异不是特别大,那么将会出现各国的要素价格完全均等化的情况,因此商品流动是要素流动的有效替代。为什么现实世界中要素价格并没有均等呢？萨缪尔森给出了以下的解释：一是商品没有完全自由流动，如存在运输费用等；二是在各国所拥有的要素禀赋差异较大时会出现生产的完全专业化。尽管萨缪尔森所推导出的要素价格均等化定理受到了很多学者的质疑，但该定理所揭示的商品价格和要素价格之间内在的逻辑关系是强有力的。

由于萨缪尔森的一系列重要贡献，赫克歇尔-俄林贸易理论在第二次世界大战以后长期占据国际贸易学的主流地位，赫克歇尔-俄林模型（HO 模型）也因此常常被称为赫克歇尔-俄林-萨缪尔森模型（HOS 模型）。为了表彰萨缪尔森对包括国际贸易学在内的经济学理论的发展所做出的突出贡献，瑞典皇家科学院于 1970 年将第二届诺贝尔经济学奖授予了萨缪尔森，他也因此成为获得该奖的第一位美国经济学家。

本章提要

1. 赫克歇尔-俄林模型关于要素禀赋量和商品产量之间关系的结论被称为罗伯津斯基定理。该定理可表述为：在给定商品价格的条件下，一个国家某种生产要素禀赋量的增加，会导致该国密集使用该生产要素的产业的产量增加，而使该国密集使用另一种生产要素的产业的产量减少。

2. 赫克歇尔-俄林模型关于自由贸易条件下各国生产要素价格水平的结论被称为要素价格均等化定理。该定理可表述为：在 $2 \times 2 \times 2$ 架构的 HO 模型中，自由贸易使两个国家具有相同的生产要素价格。

3. 开放小国的 HO 模型是标准的 HO 模型的一个特例。标准的 HO 模型假设有两个开放大国，因此世界市场上的商品价格是由这两个国家的经济条件所共同决定的。对于一个处于 HO 模型世界的开放小国，它对世界市场上的商品价格没有任何影响力，因此在自由贸易条件下它的国内商品价格就等于世界商品价格。开放小国 HO 模型的一个独特结论是：该国的生产要素价格不是由其国内生产要素市场上的供需关系所决定的,而是由世界市场的商品价格所决定的。

4. 一体化 HO 模型是标准的 HO 模型的另一种表述形式。标准的 HO 模型显示自由贸易使各国的生产要素价格均等化,而一体化 HO 模型从要素价格均等化的一体化世界出发来讨论国际贸易的作用。一体化 HO 模型的结论是:只要各国之间开展自由贸易,那么各国经济的运行结果和在一体化条件下世界经济的运行结果是完全一样的。

5. 多域 HO 模型指世界各国处于多个不同的产品专业化区域的 HO 模型。标准的 HO 模型假设世界所有国家处于相同的产品专业化区域,即每个国家会生产所有种类的产品。多域 HO 模型假设世界各国的资源禀赋差异很大,因此各国会生产不同种类的产品。在多域 HO 模型中,要素价格均等化定理不再成立。

6. 包含技术参数的 HO 模型可用于研究开放经济下技术进步的作用。从要素使用角度可定义要素使用型技术进步,包括要素平衡使用的希克斯中性型技术进步。区分技术进步的要素偏向和产业偏向、区分技术进步的全球性效应和地区性效应,对于研究当今世界技术和知识国际流动下的国际贸易具有重要意义。

进一步阅读

关于赫克歇尔-俄林理论的权威介绍,请参见 Jones(2008)为《新帕尔格雷夫经济学大辞典》所撰写的条目"赫克歇尔-俄林贸易理论"。该条目涉及了在本章和前一章中所略去的赫克歇尔-俄林理论的一些内容,包括对 SS 定理和罗伯津斯基定理中放大效应的讨论以及对高维 HO 模型的讨论。对于一体化 HO 模型的讲解请参阅 Krugman(1995)为《国际经济学手册》第三卷所撰写的第 24 章第 1 节,以及 Dixit 和 Norman(1980)的国际贸易学研究生教材。关于多域 HO 模型的讨论请参阅 Schott(2003)。关于 HO 模型中技术进步作用的经典论文是 Findlay 和 Grubert(1959)以及 Jones(1965),新近的研究可参见 Feenstra(2010)。

Dixit，Avinash K. and Victor Norman（1980），*Theory of International Trade*，Cambridge University Press.

Feenstra，Robert C.（2010），*Offshoring in the Global Economy：Microeconomic Structure and Macroeconomic Implications*，MIT Press.（中文译本）《全球经济下的离岸外移：微观经济结构与宏观经济影响》，孟雪译，格致出版社、上海人民出版社2011 年版。

Findlay，Ronald and Harry Grubert（1959），"Factor Intensities，Technological Progress，and the Terms of Trade，" *Oxford Economic Papers*，11(1)，111-121.

Jones，Ronald W.（2008），"Heckscher-Ohlin Trade Theory，" in N. Durlauf and Lawrence E. Blume（eds.），*The New Palgrave Dictionary of Economics*，2nd edition，Palgrave Macmillan.

Jones，Ronald W.（1965），"The Structure of Simple General Equilibrium Models，" *Journal of Political Economy*，73(6)，557-572.

Krugman，Paul R.（1995），"Increasing Returns，Imperfect Competition and the Positive Theory of International Trade，" in Gene M. Grossman and Kenneth Rogoff（eds.），*Handbook of International Economics*，Vol. III，North Holland Elsevier Science.

Schott，Peter K.（2003），"One Size Fits All? Heckscher-Ohlin Specialization in Global Production，" *American Economic Review*，93(3)，686-708.

练习与思考

一、即测即评

学完本章内容后，学生可扫描右侧二维码完成客观题测验（包含选择题和判断题），提交结果后即可看到答案及相关解析。

二、简答题

1. 为什么开放小国中各个产业的要素密集度由世界市场的商品价格所决定？

2. 什么样的商品价格水平是罗伯津斯基定理成立的前提？

3. 简述罗伯津斯基定理和 HO 定理的联系。

4. "天使寓言"告诉了我们什么道理？

5. 为什么在标准的 HO 模型中商品价格均等化会导致要素价格均等化？

6. 在标准的 HO 模型中,国际资本流动和国际贸易之间是什么关系？

7. 国际资本流动能否促进国际贸易？请举例说明。

8. 根据要素使用偏向,技术进步可分为哪几类？

三、综合题

1. 萨缪尔森的"天使寓言"表明自由贸易能够导致世界经济一体化。可是现实生活中我们所观察到的现象却是各国的要素价格相差甚远。请讨论其中的原因。

2. 考虑一个标准的 HO 模型。两个国家为本国和外国,两种产品为土豆和小麦,两种生产要素为劳动力和土地。两国的生产技术相同,生产 1 单位土豆需要 10 单位劳动力和 5 英亩土地,生产 1 单位小麦需要 4 单位劳动力和 8 英亩土地。假设本国拥有 100 单位劳动力和 80 英亩土地,而外国拥有 60 单位劳动力和 40 英亩土地。请回答下列问题:

(1) 哪种产品是劳动密集型的？哪个国家是劳动力丰裕国？HO 模型所预测的贸易类型是怎样的？

(2) 画出两国的生产可能性边界。不需要标注确切数字,但需要画出每个国家的生产可能性边界的偏向。

(3) 如果两国的消费偏好相同,那么在自给自足的情况下,本国哪种产品相对于外国更便宜些？

3. 假设上述两个国家开展自由贸易。请回答下列问题:

(1) 开放贸易对本国小麦的相对价格有何影响？

(2) 在自由贸易条件下,本国的工资和地租将如何变化？

(3) 自由贸易是否使两种生产要素的所有者都受益？为什么？

4. 蒙代尔证明了在一定的条件下,国际贸易和国际资本流动之间存在完全的替代性。蒙代尔这个结论的成立需要满足哪些条件？在什么情况下国际贸易和国际资本流动之间会存在互补性？为什么在特定要素模型中,国际资本流动会使国际贸易量下降但不会完全替代国际贸易?

附录 4.1
赫克歇尔-俄林模型的实证检验

第二部分
新兴贸易理论

第 5 章
新贸易理论

【本章简介】

在前一部分介绍的传统贸易模型中,国际贸易之所以发生,是因为国家之间在生产成本上存在差异,也就是存在所谓的比较优势和比较劣势。这种生产成本上的差异可以源于国家之间在生产技术上的差异(李嘉图模型),也可以源于国家之间在资源禀赋上的差异(特定要素模型、HO 模型)。这就提出了一个问题:如果两个国家在生产技术和资源禀赋等方面没有差异,那么它们之间还会发生贸易吗?换句话说,比较优势是国际贸易的唯一原因吗?虽然世界上找不出两个完全相同的国家,但是数据表明在经济条件较相似的发达国家之间所发生的贸易量(称为"北北贸易")要显著大于在发达国家和发展中国家之间所发生的贸易量(称为"北南贸易"),而且发达国家之间贸易的很大一部分发生在同一产业内部(称为"产业内贸易"),而不是像传统贸易理论所描述的那样发生在产业之间(称为"产业间贸易")。如何解释发达国家之间巨大的贸易量,特别是产业内贸易这个现象呢?

对上述问题的研究在 20 世纪 70 年代末和 80 年代取得了重大突破。以克鲁格曼为代表的国际贸易学者抛弃了传统贸易理论的新古典假设(即规模报酬不变和完全竞争市场),创建了基于规模报酬递增和不完全竞争市场的新贸易理论(New Trade Theory)。在本章第 1 节中,我们用一个简化的模型来演示国际贸易为什么能够发生在两个经济条件完全相同(即不存在比较优势)的国家之间;第 2 节讲解克鲁格曼在其 1979 年发表的论文中所构建的模型,这篇论文是新贸易理论的开山之作;第 3 节介绍支持新贸易理论的若干经验证据;第 4 节介绍基于产业外部性的国际贸易,以及作为新贸易理论姐妹篇的新经济地理学。

【思政导引】

本章介绍的新贸易理论专注于现代产业的规模经济特征及其对国际贸易的影响。如何实现外贸结构从传统产业向现代产业的升级是回答"怎样实现发展"这个问题的一个重要组成部分。本章内容有助于学生更好地理解中国外贸结构升级对于新时代中国实现高质量发展和构建现代化经济体系的重大意义。同时,学生需要认识到新贸易理论所采用的简化数学模型掩盖了基于规模经济的国际贸易可能带来的矛盾冲突,包括发达国家和发展中国家在规模经济上的优劣势所导致的在贸易收益分配上的矛盾冲突,以及国家内部强势群体和弱势群体在贸易收益分配上的矛盾冲突。

5.1

基于规模经济
的国际贸易

传统贸易理论假设生产技术具有**规模报酬不变**的特征,即平均生产成本不随生产规模的变化而变化。新贸易理论的标志性假设是**规模报酬递增**,即平均生产成本随着生产规模的上升而下降。规模报酬递增分为两种,一种是**内部规模经济**,常被简称为**规模经济**,它发生在企业层面,表现为平均生产成本随着企业规模的上升而下降；另一种是**外部规模经济**，又被称为**产业外部性**，它发生在产业层面，表现为平均生产成本随着产业规模的上升而下降。

在本节中，我们用一个简化模型来直观地演示内部规模经济（以下简称为规模经济）对国际贸易的作用。假定世界由两个完全相同的国家组成，称它们为 A 国和 B 国。假定世界上只有一种商品：汽车。每个国家有 1 000 人，其中一半人喜欢红色汽车，另一半人喜欢蓝色汽车。红色汽车和蓝色汽车除颜色之外没有任何差别，它们的生产成本完全一样。假设这两个国家拥有完全相同的生产技术和生产要素禀赋。请问这两个国家之间会发生贸易吗？

在传统贸易模型中，这两个国家之间不会发生贸易，因为它们之间不存在比较优势和比较劣势。传统贸易模型的标志性假设是规模报酬不变。也就是说，无论产量高低，每辆汽车的生产成本（它也是生产要素从每辆汽车所获得的报酬）是不变的。图 5.1 显示了规模报酬不变的情况。在该图中，生产 500 辆汽车和生产 1 000 辆汽车的平均成本相同，都是 1 个单位的资源。

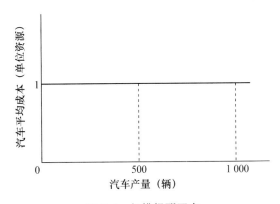

图 5.1 规模报酬不变

这里有必要澄清两个概念：规模报酬不变和边际收益递减。**规模报酬不变**指的是当所有生产要素的数量同比例增加（例如劳动力和资本的数量同时翻倍）时，所有生产要素的总收益也同比例增加（劳动力和资本的总收益翻倍），从而所有生产要素的平均收益不随生产规模的增加而增加。**边际收益递减**指的是在其他生产要素数量不变的情况下（例如劳动力数量不变），某种生产要素投入量的增加（例如资本数量增加）所产生的增量收益会逐渐下降（资本边际收益递减）。在传统贸易模型中，所有生产要素的平均收益不随生产规模的上升而变化，但与此同时，每个生产要素的边际收益随着其投入数量的增加而递减。也就是说，传统贸易模型中的生产技术具有规模报酬不变和边际收益递减两个特征。[①]

规模报酬不变这个假定合乎现实吗？只要看一看当今许多产业中大企业所拥有的成本优势，答案就不言自明了。现代生产技术的特征是规模报酬递增（即规模经济），而不是规模报酬不变。图 5.2 显示了规模报酬递增的情况。当生产规模为 500 辆汽车时，每辆汽车的生产成本为 1 单位的资源投入。当生产规模扩大为 1 000 辆汽车时，每辆汽车的生产成本减少为 0.4 单位的资源投入。随着生产规模的扩大，生产要素（人员、原材料、机器等）可以进一步专业化来提高效率，这是规模经济产生的主要原因。

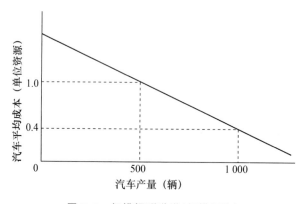

图 5.2　规模报酬递增（规模经济）

回到我们的简化模型。假定汽车生产技术具有规模报酬递增的属性。当 A 国的 1 000 个工人中的一半生产红色汽车，另一半生产蓝色汽车时，A 国的汽车产量是 500 辆红色汽车和 500 辆蓝色汽车，图

---

① 假设生产函数为 $Y=F(L,K)$。规模报酬不变指的是 $nY=F(nL,nK)$，即当所有生产要素的数量增加 n 倍时，产量也增加 n 倍。边际收益递减指的是 $F(L,K)$ 的一阶偏导为正（产量 Y 随着 L 或 K 的增加而增加）和二阶偏导为负（K 不变时，L 增加导致的 Y 的增量越来越小；L 不变时，K 增加导致的 Y 的增量越来越小）。

5.3 中的 M 点表示这种可能性。如果 A 国的 1000 个工人都去生产红色汽车,则 A 国的汽车产量是多少?在规模报酬不变的情况下,A 国的汽车产量会是 1000 辆。然而在存在规模经济的情况下,A 国的汽车产量肯定超过 1000 辆。我们假定当所有工人都生产红色汽车时,A 国的汽车产量等于 2000 辆,图 5.3 中的 C 点表示这种可能性。由于蓝色汽车和红色汽车的生产成本一样,所以当所有工人都去生产蓝色汽车时,A 国的汽车产量也等于 2000 辆,图 5.3 中的 D 点表示这种可能性。把所有生产可能性点连接起来,我们得到 A 国的生产可能性边界 CD 线。因为 B 国和 A 国完全一样,所以 CD 线也是 B 国的生产可能性边界。

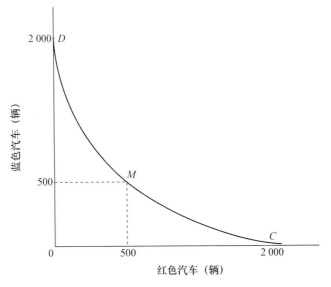

图 5.3 生产可能性边界

在封闭经济条件下,M 点是均衡点。根据我们的假定,每个国家有一半人喜欢红色汽车,一半人喜欢蓝色汽车,所以消费者的无差异曲线(没有在图 5.3 中画出)和生产可能性边界相切于 M 点。在 M 点,每个国家生产 500 辆红色汽车和 500 辆蓝色汽车,每个人消费 1 辆汽车。红色汽车和蓝色汽车的比价为 1。

想一想 在这两个完全相同的国家之间会不会发生贸易?换句话说,是不是存在国际贸易收益?

答案是肯定的。设想一下，如果 A 国只生产红色汽车，则其汽车产量会是 2 000 辆；B 国只生产蓝色汽车，则其汽车产量也是 2 000 辆。通过国际贸易，A 国的蓝色汽车消费者可以用 1 000 辆红色汽车从 B 国交换到 1 000 辆蓝色汽车，而 B 国的红色汽车消费者也可以从这个贸易中换得 1 000 辆红色汽车。和封闭经济条件下每人只能消费 1 辆汽车相比，在国际贸易条件下每人能消费 2 辆汽车！这个增加的汽车消费量就是贸易收益。在图 5.4 中，连接 CD 的直线是贸易开放条件下的消费可能性线。和 CD 直线相切的无差异曲线代表国际贸易均衡中每个国家的全体消费者所获得的效用水平（称为国民福利水平）。很显然，国际贸易提高了每个国家的国民福利水平，带来了贸易收益。

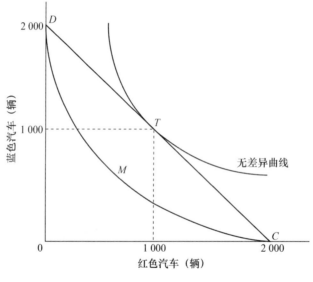

图 5.4　国际贸易均衡

为什么两个完全相同的国家之间会发生贸易，而且还会产生贸易收益呢？根本原因在于规模经济的存在。国际贸易打破了国家之间的市场壁垒，为大规模生产创造了条件。本节描述的这个简化模型虽然简单，但却揭示了新贸易理论最核心的发现：国际贸易收益既可以来源于比较优势，也可以来源于规模经济。

想一想　在国际贸易均衡中，A 国会生产红色汽车还是蓝色汽车？

克鲁格曼 1979 年发表的《报酬递增、垄断竞争和国际贸易》一文[①]，被公认为是新贸易理论的开山之作（参见专栏 5.1 对克鲁格曼及其创建的新贸易理论的介绍）。正如该文题目所示，克鲁格曼的这个模型包含两个特征：报酬递增（即规模经济）和垄断竞争。在上节的简化模型中，我们演示了规模经济如何成为国际贸易的基础。这个简化模

5.2

克鲁格曼的垄断
竞争模型

型的局限在于，它没有直接反映出企业之间的竞争。假定模型中的每个国家都有 10 个品牌的汽车企业。两个国家相互开放市场后，如果它们的 20 家汽车企业都存在，那么每家企业的市场规模会和开放前一样，又何来规模经济效应呢？如果在开放后有些企业会生存下来，另一些企业会被淘汰，那么哪些企业会生存下来，哪些企业会被淘汰呢？在自由贸易均衡中，最后会有多少家汽车企业在经营呢？这些问题是上节的简化模型所不能回答的。

本节介绍的克鲁格曼模型能够回答上述这些问题。回想一下，在李嘉图模型、特定要素模型和 HO 模型中我们没有见到企业，因为这些模型假定市场处于完全竞争状态，单个企业无足轻重，贸易效应完全体现在产业层次之上。完全竞争市场的特征是：众多小企业生产同质产品，生产中不存在规模经济，每家企业只是接受市场价格，而不能影响市场价格，因此讨论单个企业没有什么意义。完全竞争这个假设也许符合早期的一些制造产业（例如布匹）的情况，但对于大多数现代制造产业而言，其生产的是差异化产品（例如不同品牌的产品），某些企业拥有定价能力，企业之间存在竞争优势和劣势。也就是说，对于大多数现代制造产业而言，市场竞争是不完全的。

想一想　虽然现实世界处于不完全竞争状态，但这个现实本身并不能作为否定建立在完全竞争市场假定下的贸易模型的理由。经济学模型是用来帮助我们理解重要的经济关系的。就像地图上北京和上海

---

　　① Krugman，Paul R.（1979），"Increasing Returns，Monopolistic Competition，and International Trade," *Journal of International Economics*，9，469-480.

被简化成两个圆点一样,我们不能因为在现实世界中北京和上海不是两个圆点而否定这张地图。关键在于这种简化是否会影响到我们对问题本质的理解。我们讨论建立在不完全竞争市场上的贸易模型,并不是因为不完全竞争市场比完全竞争市场更符合现实,而是因为从不完全竞争贸易模型中可以推导出完全竞争贸易模型所没有揭示的重要的国际贸易关系。

▇▇▇▇ 垄断竞争市场

克鲁格曼模型假设市场处于垄断竞争状态。**垄断竞争市场**是各种类型的不完全竞争市场中最接近完全竞争市场的。和完全竞争市场一样,垄断竞争市场上也有众多小企业,它们可以自由地进入和退出市场。和完全竞争市场不同的是,垄断竞争市场上的产品不是同质的而是具有差异性的。消费者对产品品种有不同的偏好,而品种的数目是由市场决定的。

克鲁格曼模型的框架是:2 个国家,1 个产业,1 种生产要素。假定 2 个国家是美国和德国,它们在技术水平和资源禀赋方面完全相同,这样就抽象掉了比较优势。模型中的生产要素是劳动力,产业是汽车,汽车是**差异化产品**,有众多不同品牌。为了简化分析,假定所有品牌的汽车是对称的,也就是说它们虽然有差异性,但是在需求和成本等方面是相同的。这个假定让我们不需要去关心每家汽车企业的情况,而只需要求解出汽车的品种数目和平均价格。

▇▇▇▇ 封闭经济均衡

我们先来讨论封闭经济均衡。因为模型中两个国家的经济条件完全相同,所以我们只需要解出一个国家的封闭经济均衡就可以了。假定该国所生产汽车的品种数目为 n,平均成本为 AC。

想一想 平均成本 AC 和品种数目 n 有怎样的关系呢?

对于一个封闭经济,市场总规模是给定的。当汽车种类较多时,每种汽车所分到的市场份额就较小。和前一节所描述的简化模型一样，我们假定汽车生产中存在规模经济。所以当每种汽车所分到的市场份额较小时，它的平均生产成本就较高。因此，平均成本 AC 和品种数目 n 存在正相关关系：品种越多，平均成本越高；品种越少，平均成本越低。图 5.5 的 CC 线画出了这个关系。

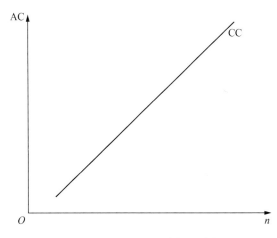

图 5.5　平均成本和品种数目的关系

图 5.5 是从成本角度考虑所获得的经济关系。现在我们再从市场角度来找出产品价格和品种数目之间的关系。虽然汽车有不同种类，但因为我们假定不同种类的汽车在需求方面具有对称性，所以它们的价格是一样的，只是喜欢它们的消费者不同而已。用 P 表示汽车价格。

想一想　价格 P 和品种数目 n 有怎样的关系呢？

假定每种汽车由一家企业生产。市场上汽车企业越多，它们之间的竞争就越激烈，结果汽车的价格就会越低。所以价格 P 和品种数目 n 存在负相关关系。图 5.6 的 PP 线画出了这个关系。

图 5.5 和图 5.6 分别从成本和市场的角度推导出了两个经济关系。在这两张图中有三个变量：平均成本 AC，价格 P，品种数目 n。从两个经济关系中无法解出三个未知变量，所以需要找出第三个经济关系。我们知道在垄断竞争市场上，由于市场的进入和退出是自由的，因

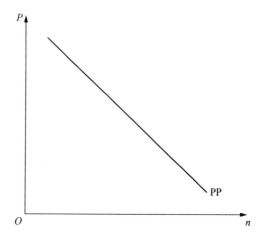

图 5.6　产品价格和品种数目的关系

此企业的经济利润必然为零。这是因为当现有企业能赚取正经济利润时,就会有新企业进入这个产业;而当现有企业的经济利润为负时,它们中的一些企业就会退出这个产业。所以在市场均衡时经济利润为零,也就是说价格 P 等于平均成本 AC。运用 $P = AC$ 这个经济关系,图 5.5 和图 5.6 可以合并为图 5.7。

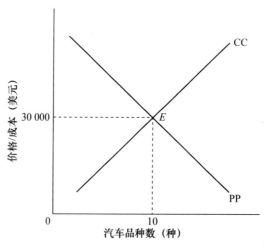

图 5.7　封闭经济均衡

图 5.7 中 CC 线和 PP 线的交点 E 是封闭经济的均衡点。为了便于讨论,我们假定均衡点 E 所对应的价格为 30 000 美元,汽车种类为 10 种。因为在这个模型中两个国家拥有相同的技术水平和资源禀赋,所以每个国家都生产 10 种汽车,每个国家的汽车价格都是 30 000 美

元。由于这两个国家都处于封闭经济,因此 A 国的 10 种汽车和 B 国的 10 种汽车在品种上可能有所不同。

自由贸易均衡

现在我们来讨论这两个国家互相开放市场后会发生什么情况。在克鲁格曼模型中,当这两个国家开展自由贸易时,对于一家汽车企业而言,它的潜在市场规模是开放前的两倍。在图 5.7 中,对于任何给定的产品种类 n,市场规模的扩大意味着每个种类的汽车的生产规模的扩大。因为存在规模经济,所以平均生产成本随着生产规模的扩大而降低,表现为 C_0C_0 线向右移动至 C_1C_1(见图 5.8)。市场规模的扩大并不改变产品价格和品种数目之间的关系,所以 PP 线在贸易开放前后是一样的。

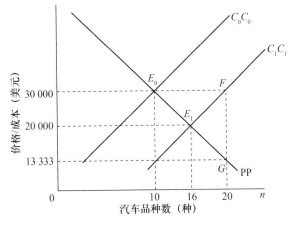

图 5.8　自由贸易均衡

在图 5.8 中,E_0 是封闭经济均衡中每个国家的均衡点,E_1 是自由贸易均衡中整个世界(包括两个国家)的均衡点。为了便于讲解,我们在图 5.8 中标注了具体数字。图 5.8 告诉我们,贸易开放带来了两个结果。第一,汽车价格从 30 000 美元下降到了 20 000 美元。第二,对于每个国家的消费者而言,他们可选择的汽车品种数目从 10 个上升到了 16 个。这两个结果是贸易收益的具体体现。克鲁格曼模型显示,自由贸易不仅能使消费者享受低价的好处,而且能使消费者享受更多品种选择的好处。

我们注意到,在贸易开放之前每个国家有 10 家汽车企业,两国共有 20 个汽车品种。图 5.8 显示,在贸易开放后世界市场上只会有 16 个汽车品种。

想一想　为什么贸易开放后汽车的品种数目必定少于 20 个?

从图 5.8 中我们看到,如果贸易开放后汽车品种数目为 20 个,那么每个汽车品种的市场规模会和开放前一样;此时的平均成本是 30 000 美元。但是贸易开放后市场竞争大大加剧了,原来是 10 家企业之间的竞争,现在是 20 家企业之间的竞争。因为市场竞争加剧,所以汽车价格下降。当市场上有 20 家企业时,PP 线告诉我们汽车的市场价格将降到 13 333 美元。由于此时平均成本远高于市场价格,因此汽车业面临亏损。在这种情况下,一些汽车企业就会退出汽车业。从图 5.8 中可以看到,只有当世界汽车市场上的企业数目降到 16 家时,汽车的平均成本和市场价格才会相等,市场才能达到均衡。在 4 家企业退出后,汽车市场发生了两个重要变化。一方面,由于汽车企业总数减少了,因此每家企业的市场份额扩大了;规模经济的作用使平均成本从 30 000 美元下降到 20 000 美元。另一方面,汽车市场企业总数的减少使市场竞争程度下降,而 16 家企业之间的竞争最终导致 20 000 美元这个市场价格水平。

想一想　贸易开放会使哪 4 家企业退出汽车业呢?

克鲁格曼模型对这个问题的回答是:我们只知道有 4 家企业会退出,但不知道哪 4 家企业会退出。这是因为该模型假定所有企业之间是对称的,在技术水平和市场需求方面没有高低之分,是**同质企业**。在自由贸易均衡中,A 国会生产 8 种汽车,B 国也会生产 8 种汽车,而两国的消费者在 16 种汽车中做出他们的选择。和上一节的简化模型所得出的结论一样,两个完全相同的国家之间之所以会发生贸易是因为企业对规模经济的追求。而两国之间的贸易类型(即出口和进口哪种车型)则取决于模型之外的因素。在一个规模经济起重要作用的世界里,贸易类型会具有不可预测性,它在很大程度上取决于历史因素和偶然事件。

和李嘉图模型一样,克鲁格曼模型中只有一种生产要素,因此不存在收入分配问题。在克鲁格曼模型中,贸易开放带来的贸易收益体现在商品价格的下降和商品品种的增加上,这些贸易开放的好处为所有公民所共同享受。虽然贸易开放使有些企业关闭了,但是那些继续经营的企业会扩大生产规模从而吸收那些关闭企业所解雇的工人,因此没有工人会失业。相反,由于贸易开放导致商品价格下降,因此工人的实际工资会上升,而且还能从更多消费品种的选择中获得更高效用。

▇▇▇▇ 运输成本和本国市场效应

克鲁格曼 1980 年发表了《规模经济、产品差异化及贸易模式》一文,揭示了国际贸易中的**本国市场效应**(home market effect,又译为**母市场效应**)。[①]在这个模型中,克鲁格曼沿用了规模经济和垄断竞争的假设,但增加了运输成本的假设。

考虑一个拥有规模经济的垄断竞争产业(轮胎)。假设美国和日本在轮胎生产方面拥有相同的能力。假设轮胎有 A 型和 B 型两种。在美国,A 型轮胎的国内市场需求较大(70 万只),B 型轮胎的国内市场需求较小(30 万只);在日本,A 型轮胎的国内市场需求较小(30 万只),B 型轮胎的国内市场需求较大(70 万只)。如果轮胎的运输成本为零,那么贸易开放后,规模经济会使轮胎生产专业化,但哪国专业生产 A 型轮胎、哪国专业生产 B 型轮胎,是不确定的。

现在考虑轮胎的国际贸易运输成本为正的情况(假设国内贸易运输成本为零)。在贸易开放后,美国必定会专业化于 A 型轮胎,因为美国 A 型轮胎的国内市场需求较大,日本 A 型轮胎的国内市场需求较小,所以美国将 A 型轮胎出口到日本的总运输成本较小。同理,日本

---

① Krugman, Paul (1980), "Scale Economies, Product Differentiation, and the Pattern of Trade," *American Economic Review*, 70(5), 950-959.《美国经济评论百年经典论文》(第 293—308 页)刊载了此文的中文译文,该书由社会科学文献出版社 2018 年出版。

必定会专业化于 B 型轮胎,因为日本 B 型轮胎的国内市场需求较大,美国 B 型轮胎的国内市场需求较小,所以日本将 B 型轮胎出口到美国的总运输成本较小。克鲁格曼得出结论:在基于规模经济的垄断竞争贸易模型中,只要国际贸易存在运输成本,一个国家必定会出口其国内市场份额较大的产品,这就是本国市场效应。

5.3 新贸易理论的经验证据

在以比较优势为基础的贸易模型中,贸易发生在不同的产业之间,这类贸易被称为**产业间贸易**。在克鲁格曼模型中,贸易发生在同一产业内,这类贸易被称为**产业内贸易**。在全球贸易中,大约四分之三是产业间贸易,四分之一是产业内贸易。贸易数据显示,即使对于细分的产业,一个国家通常也是既有出口又有进口,也就是存在产业内贸易。

■■■■ 产业内贸易的经验证据

赫伯特·格鲁贝尔(Herbert Grubel)和彼得·劳埃德(Peter Lloyd)在 1975 年提出了衡量产业内贸易水平的**产业内贸易指数**,这个指数被后人称为**格鲁贝尔-劳埃德指数**。[①] 定义 X 为给定产业的出口值,M 为给定产业的进口值。产业内贸易指数(IIT)的计算公式是:

$$\mathrm{IIT} = 1 - \frac{|X - M|}{X + M} \tag{5.1}$$

式中,$|X-M|$ 是进出口差额的绝对值,我们可以将其理解为出口和进口不重叠的部分。将 $|X-M|$ 除以进出口总额($X+M$),我们得到进出口不重叠部分占总贸易量的比重。所以式(5.1)衡量的是一个产业中进出口重叠部分占总贸易量的比重。

我们用几个极端例子来理解这个指数。

【例 5.1】 假定美国出口 1 000 吨小麦,但不进口小麦,因此美国在小麦贸易上没有产业内贸易。计算结果 IIT＝0 证实了这个结论。

---

① Grubel，Herbert G. and Peter J. Lloyd (1975)，*Intra-Industry Trade：The Theory and Measurement of International Trade in Differentiated Products*，Macmillan Press.

【例 5.2】 假定美国进口 900 吨咖啡，但不出口咖啡，因此美国在咖啡贸易上没有产业内贸易。计算结果 IIT＝0 证实了这个结论。

【例 5.3】 假定美国汽车进口额为 1 亿美元，汽车出口额也是 1 亿美元，所以美国的汽车贸易可以被认为全部是产业内贸易。计算结果 IIT＝1 证实了这个结论。

从上面的例子中我们看到，IIT 是一个介于 0 和 1 之间的指数。当 IIT 为 0 时，该产业没有产业内贸易，所有贸易都被认为是产业间贸易。当 IIT 为 1 时，该产业的贸易全部是产业内贸易，没有产业间贸易。IIT 越高，产业内贸易的比重越大。

产业内贸易指数的高低反映了产品差异化程度。基于美国 2012 年的贸易数据，产业内贸易指数较高的有威士忌酒（IIT＝0.82）和冰冻橙汁（IIT＝0.81）等，产业内贸易指数居中的有床垫（IIT＝0.46）和小汽车（IIT＝0.40）等，产业内贸易指数较低的有电话机（IIT＝0.12）和男士短裤（IIT＝0.02）等。[1] 我们看到，产业内贸易指数较高的正是消费偏好差别较大、产品差异化程度较高的洋酒和软饮料这类商品，而产业内贸易指数较低的正是消费偏好差别较小、产品同质化程度较高的电话机和男士短裤这类商品。

产业内贸易在发达国家之间的贸易中所占比重很大。根据经合组织计算的 1996—2000 年制造业中产业内贸易所占比重，法国为 77.5%，加拿大为 76.2%，英国为 73.7%，德国为 72%，美国为 68.5%，意大利为 64.7%，日本为 47.6%。这些发达国家在技术水平和资源禀赋方面的差别较小，因此产业内贸易所占比重较大。和上面这些发达国家不同，澳大利亚是一个资源特别丰裕的国家，它的这个比重为 29.8%，远低于其他发达国家。[2] 这些数据为新贸易理论提供了实证支持。

---

[1] Feenstra, Robert C. and Alan M. Taylor (2014)，*International Trade*，3rd edition，Worth Publishers. （中文译本）《国际贸易》（第三版），张友仁等译，中国人民大学出版社 2017 年版，第 190 页，表 6-4。

[2] OECD (2002)，"Intra-Industry Trade," *Economic Outlook*，OECD.

国际贸易引力公式的理论诠释

在国际贸易实证文献中有一个著名的引力公式,它常被用来估计两个国家之间的贸易量,而且估计得相当准确。用 T 代表双边贸易量,Y_A 代表 A 国的 GDP,Y_B 代表 B 国的 GDP,D 代表 A 国和 B 国之间的地理距离。引力公式可以写成:

$$T = \frac{aY_A \cdot Y_B}{D^b} \tag{5.2}$$

式中 a 和 b 是两个大于零的系数。根据式(5.2),两个国家之间的贸易量和这两个国家的 GDP 之积成正比,和它们之间的地理距离成反比(参见附录 5.1 对国际贸易引力公式的更多介绍)。

在预测国家之间的贸易量时,国际贸易引力公式虽然有着很好的表现,但其理论基础一直受到质疑。引力公式中的地理距离可以说是反映了运输成本和贸易壁垒的作用,那么为什么两个国家之间的贸易量和它们的经济规模之积成正比呢?新贸易理论为此提供了一个有说服力的解释:国际贸易的一个基础是规模经济,贸易伙伴的经济规模越大,互相开放贸易后发生的贸易量就越大。

5.4

基于产业外部性的国际贸易

本章开头提到规模报酬递增有两种类型:存在于企业层面的内部规模经济(常被简称为规模经济)和存在于产业层面的外部规模经济(又被称为产业外部性)。在内部规模经济情形下,市场结构具有不完全竞争的特征,克鲁格曼模型所采用的垄断竞争是最简单的不完全竞争市场结构。而在外部规模经济情形下,一个具有产业外部性的产业仍然可以由众多小企业组成,市场结构仍然可假设为完全竞争。虽然单个企业不具有规模经济,但产业规模的扩大所产生的正外部性会使该产业中每家企业的生产效率都得到提高。

■■■■ 基于产业外部性的国际贸易

为了直观地理解产业外部性对国际贸易的作用,我们考虑中国某个地区(浙江义乌)生产的某个商品(指甲钳)。义乌是全球最大的小商品批发市场,聚集了众多供应指甲钳的小企业,它们之间的竞争近似完全竞争。因为全世界的指甲钳大多产于此地,因此义乌发展出了专业化的指甲钳供应网络和配套服务、专业化的指甲钳生产工人和销售人员,以及行业人员之间密切交流所产生的有价值的信息和知识。这些产业层面的效应能够提高企业的生产效率,降低企业的生产成本,被称为产业(正)外部性。

让我们考虑两个国家:中国和越南。假设这两个国家拥有同样的指甲钳生产技术。假设指甲钳生产只需要投入劳动力,而越南的劳动力成本低于中国。假设两国的指甲钳产业都是完全竞争,不存在企业层面的规模经济。中国和越南之间开放贸易后,哪个国家会出口指甲钳,哪个国家会进口指甲钳?我们先回顾一下李嘉图模型。给定越南的劳动力成本低于中国,贸易开放前越南的指甲钳价格会低于中国,那么贸易开放后越南会出口指甲钳,中国会进口指甲钳。然而,如果指甲钳产业存在正外部性,那么虽然越南的劳动力成本较低,但中国义乌业已建成的指甲钳产业所产生的正外部性会使中国指甲钳企业的平均成本下降;当这个产业的外部性足够大时,其降低成本的效应会抵消掉中国对越南的劳动力成本劣势。也就是说,在同时考虑了产业外部性和比较成本这两个因素后,中国而不是越南会是那个出口指甲钳的国家。这个不同于李嘉图模型的预测之所以会出现,是因为贸易开放前中国已经建立了足够大的指甲钳产业,而且这个产业集聚在义乌所产生的正外部性,使得义乌的指甲钳产业规模在贸易开放后得到进一步的扩大,进而提升了中国作为指甲钳出口国的地位。

我们得出结论:无论是企业层次的规模经济,还是产业层次的规模经济(产业正外部性),它们都能成为国际贸易的基础。同时,我们发现:在存在企业规模经济或产业正外部性的情况下,贸易开放后各国出口哪种产品,即贸易类型的决定,存在历史偶然性。为什么指甲钳之类的小商品大都由中国浙江义乌向全世界供应？因为义乌在历史上偶然成为小商品供应的"先行者"，这个先发优势与产业正外部性的相互作用产生了**产业集聚效应**，成就了义乌在小商品供应上的成本优势。虽然中国劳动力成本的上升会侵蚀义乌在小商品供应上的成本优势，但只要产业正外部性足够大，义乌（从而中国）仍将是这些小商品的出口地。

想一想　在这个例子中，假设贸易开放前中国义乌已经建成了足够规模的指甲钳产业，中国和越南之间开放指甲钳贸易后，越南会从指甲钳贸易中获益还是受损？为什么？

■■■■　新经济地理学

在创建了新贸易理论后，克鲁格曼敏锐地意识到，规模经济这个概念有着更广泛的应用性。克鲁格曼1991年发表了《报酬递增和经济地理》一文，开创了新经济地理学，让经济地理进入了主流经济学领域。[①] 传统贸易理论不关心产业在地理上的空间分布。克鲁格曼将规模经济和垄断竞争引入对生产活动在地理上分布的研究中，发现产业分布具有集聚效应，会集中在少数几个国家、地区或城市。例如，美国东北部在19世纪中叶工业化期间形成了"制造业带"，也就是现在被称为"锈带"的制造业集聚群。

克鲁格曼所开创的新经济地理学奠定了产业地理分布的经济学基础。除规模经济外，新经济地理学还认识到贸易壁垒和生产要素流动壁垒的重要性，由此提出国际贸易的实质不是主权国家这个概念本身，而是主权国家所设置的显性和隐性的壁垒这个观点。用克鲁格曼的话来说就是，核心问题在于应该根据由国家所产生出来的各种限制来定义国家。新经济地理学认为，包括政府政策在内的贸易成本、规模经济以及生产要素价格差异的相互作用导致了产业集聚的地理分布。

[①]　Krugman，Paul（1991），"Increasing Returns and Economic Geography，"*Journal of Political Economy*，99(3)，483-499.

和新贸易理论中规模经济下的贸易类型一样,新经济地理学中的产业地理分布类型也具有不可预测性,在很大程度上取决于历史偶然。克鲁格曼认为,在经济模型中发现偶然性扮演着重要角色不是理论的退步,而恰恰是理论的进步。

国际贸易为什么会发生？贸易收益源于何处？传统贸易理论给出的答案是比较优势。因为国家之间在技术水平和资源禀赋方面存在差异,国际贸易成为互通有无、互利互惠的途径。本章所介绍的新贸易理论揭示了国际贸易收益的另一个来源:规模经济。因为国际市场的规模大于国内市场的规模,所以参与国际贸易能够享受世界

5.5

讨论和总结

市场带来的规模经济。建立在规模经济之上的国际贸易不但能够给消费者带来更低价格的商品,而且能够带来更多的品种选择。

在 20 世纪 70 年代新贸易理论诞生之前,经济学家对规模经济在国际贸易中的作用已有所认识,但是没有找到合适的分析工具将其理论化。因为规模经济的存在意味着市场竞争具有不完全性,而不完全竞争形态多种多样,很难像单一的完全竞争市场那样为贸易模型提供一个统一的理论框架。在所有不完全竞争的市场结构中,垄断竞争市场的特征相对简单和明确。在爱德华·张伯伦(Edward Chamberlin)出版《垄断竞争理论》(1933)四十多年之后,阿维纳什·迪克西特(Avinash Dixit)和约瑟夫·斯蒂格利茨(Joseph Stiglitz)在 1977 年发表的论文中终于成功地将这一理论变成了数学模型。[①] 正是借助于迪克西特–斯蒂格利茨模型,克鲁格曼才得以完成他的新贸易理论的开山之作(参见专栏 5.1)。

或许有人会说,现代经济学的发展如此受制于数学模型显示了它

---

① Dixit,Avinash K. and Joseph E. Stiglitz (1977),"Monopolistic Competition and Optimum Product Diversity," *American Economic Review*,67(3),297-308. 斯蒂格利茨因在对信息不对称市场分析上的贡献与乔治·阿克洛夫(George Akerlof)和迈克尔·斯宾塞(Michael Spence)一起获得了 2001 年的诺贝尔经济学奖。

的局限性。这样的批评者没有看到问题的另一面，那就是理论的建立和发展需要纪律约束。思想的火花当然非常重要，它是理论创新的开端，但思想的火花并不成型，因此无法揭示经济变量之间的关系。克鲁格曼模型的贡献正是在于它在国际贸易学历史上第一次严格地推导出了基于规模经济的国际贸易关系。数据表明在同一产业之间存在大量的贸易，而且在技术水平和资源禀赋相类似的发达国家之间所发生的产业内贸易占了很大的比重。新贸易理论为解释这类国际贸易现象提供了有力的理论基础。

【新时代 新思考】

本章介绍的新贸易理论是西方经济学理论的一个范本，它讲述了一个基于效率的"美好故事"。通过将规模经济这个现代产业的特征引入贸易模型，该理论发现了贸易开放提高效率的新途径，那就是企业利用庞大的全球市场来降低生产成本。和绝大多数西方经济学理论一样，新贸易理论对这个故事的阴暗面做了轻描淡写的处理，企业从规模经济中获得的收益被假设均匀地分给了工人，而工人作为消费者又从贸易开放带来的低价格和多品种中获得了更强的幸福感。在学习本章内容时，学生需要认识到这个基于效率的"美好故事"所掩盖的矛盾冲突，思考和探索更好实现效率与公平相兼顾、相促进、相统一的全球产业分工和合作之路，为构建基于公平、公正和互惠共赢的新型全球化提供中国智慧和中国方案。

专栏 5.1
克鲁格曼和新贸易理论

保罗·克鲁格曼（Paul Krugman, 1953—　）出生于美国一个中产阶级家庭，在纽约郊区长大。克鲁格曼于 1977 年获得麻省理工学院经济学博士学位，之后曾执教于耶鲁大学、麻省理工学院、斯坦福大学和普林斯顿大学等著名学府，其学术研究主要专注于国际贸易和国际金融等领域。克鲁格曼在经济学上的天赋是毋庸置疑的，他在 24 岁时构建了汇率危机的初步模型,38 岁时获得美国经济学会为最杰出的青年经济学家设立的克拉克奖。克鲁格曼因其在 1994 年预言了亚洲金融危机而广为人知。在学术界之外,克鲁格曼以《纽约时报》的专栏作家而闻名。他以犀利的笔触剖析美国的经济问题,特别是猛力抨击乔治·W.布什总统的经济政策,是美国极富色彩的经济学家之一。[①]

克鲁格曼最早以其在新贸易理论上的研究成名。按照传统贸易理论,国际贸易只能发生在经济条件存在差异的国家之间,其带来的收入分配效应会造成不同生产要素所有者的利益冲突,而自由贸易区和关税同盟会建立在要素禀赋互补的国家之间。但第二次世界大战以后发生的一些贸易新现象使人们对传统贸易理论提出了质疑,例如全球贸易的 2/3 以上发生在资源禀赋相似的发达国家之间,产业内贸易在国际贸易中占据了很大的比重,而资源禀赋相似的欧洲各国组建了欧洲共同市场。这些现象是传统贸易理论较难解释的。

张伯伦在 1933 年出版的《垄断竞争理论》一书中指出,产品的差异性使得每个生产者都具有一定的垄断势力,但同时也要面临其他可替代商品的竞争,所以现实市场中既存在竞争因素又存在垄断因素。在短期内,单个厂商以边际成本等于边际收益来决定产出,并获得超额利润;但在长期中,超额利润会吸引新的厂商进入,引发价格竞争,迫使原有厂商降低价格水平直至超额利润消失。在张伯伦的理论思想基础上,迪克西特和斯蒂格利茨于 1977 年发表了一篇论文,建立了一个垄断竞争市场的数学模型。在这个模型中,消费者所要求的需求多样化和企业对规模经济的追求之间存在冲突。企业为了实现规模经济倾向于扩大生产规模,减少产品种类,而消费者则要求产品种类多样化。国际贸易似乎可以解决这一矛盾:世界市场为各国的专业化大规模生产提供了条件,而各国之间互通有无则能满足消费者对产品多样化的需求。

---

① 参见吴志明,《克鲁格曼其人》,转引自中国经济学教育科研网,访问日期 2009 年 6 月 10日。

克鲁格曼从迪克西特-斯蒂格利茨模型中获得了很大的启发。1978 年,他在拜访他的老师多恩布什时表述了垄断竞争贸易模型的初步思想,得到了多恩布什的肯定。同年 7 月,克鲁格曼在美国国家经济研究局暑期研讨会上宣讲了他对这一模型的研究论文。克鲁格曼回忆道:"那是我生命中最美好的 90 分钟。"[①]克鲁格曼所建立的垄断竞争贸易模型表明:国家之间即使没有比较成本差异,规模经济也会引发贸易,而且每个人都可以从享受产品多样化和由成本降低带来的低价格中获得好处。虽然用规模经济来解释贸易现象由来已久,最早可以追溯到斯密的分工理论,但克鲁格曼是建立严格的垄断竞争贸易模型的第一人。由克鲁格曼所开创的不完全竞争市场贸易理论被称为"新贸易理论"。

20 世纪 80 年代,克鲁格曼对不完全竞争市场贸易理论进行了完善、延伸和拓展,将以规模经济和产品差异为特征的新贸易理论与以比较优势为基础的传统贸易理论进行了融合。在融合后的贸易模型中,产业间贸易建立在比较优势之上,而产业内贸易则建立在产品差异和规模经济之上。90 年代,克鲁格曼将新贸易理论的概念和原理用于分析经济活动的地理和区位问题,开创了新地理经济学。从1979 年发表创立新贸易理论的文章,到 1991 年发表创立新经济地理学的文章之间间隔了 11 年。克鲁格曼诙谐地说:"回过头来看,这两个理论之间的联系是显而易见的,却让我花了几年时间才看到。对我来说,唯一的好消息是,在这张 100 美元纸币躺在人行道上的那段时间,没有人看到它并将它拣走。"[②]克鲁格曼凭借其对新贸易理论和新经济地理学的开创性贡献,在 55 岁就单独获得 2008 年的诺贝尔经济学奖,可谓实至名归。

---

① 参见克鲁格曼所写"Incidents from My Career",转引自克鲁格曼的官方网站。
② 同上。

本章提要

1. 在不存在比较优势的情况下国际贸易也会发生并且带来贸易收益，其原因在于世界市场所提供的规模经济效应。

2. 以不完全竞争市场为特征的新贸易理论在 20 世纪 70 年代末诞生，克鲁格曼模型是该理论的标志性模型。在克鲁格曼模型中，对称型的同质企业之间展开垄断竞争。贸易开放使得消费者能够享受较低的价格和较多的品种选择。

3. 克鲁格曼模型中的国际贸易发生在产业内，这有别于建立在比较优势基础上发生在产业之间的国际贸易。前者称为产业内贸易，后者称为产业间贸易。一般而言，产业间贸易所导致的收入分配效应要大于产业内贸易所导致的收入分配效应。

4. 新贸易理论为国际贸易引力公式所表述的两个国家之间的双边贸易量取决于它们的经济规模之积提供了一个解释。对于基于规模经济的国际贸易，贸易伙伴的经济规模越大，互相开放后的贸易量就越大。

5. 企业层次的内部规模经济和产业层面的外部规模经济（又称产业外部性）都能成为国际贸易的基础。在内部规模经济或产业外部性的情况下，贸易类型的决定存在历史偶然性。

6. 新经济地理学将规模经济和垄断竞争引入对生产活动在地理上分布的研究中，揭示了产业分布的集聚效应。

进一步阅读

克鲁格曼模型的原型发表在 Krugman(1979)。本章对新贸易理论的介绍参考了 Krugman、Obstfeld 和 Melitz(2018)所著的《国际贸易》本科教材(第 11 版)第 7—8 章，以及在这个版本中略去的该书先前版本中的相关章节。Feenstra 和 Taylor 所著的《国际贸易》本科教材(第三版)第 6 章第 4 节对产业内贸易和国际贸易引力公式有一个简明扼要的介绍，值得一读。对于新贸易理论的全面学习请参阅 Helpman

和 Krugman(1985)的专著,该书是两位新贸易理论开创者对该理论的总结,特别需要注意的是他们将新贸易理论和传统贸易理论统一在一个共同的框架下而成为互补的理论。需要指出的是,新贸易理论还包括建立在寡头垄断等不完全竞争市场结构之上的理论模型,这方面的内容请参阅 Brander(1995)在《国际经济学手册》第三卷中的综述文章。新贸易理论的姐妹篇是新经济地理学,读者可参阅 Krugman(1991)所著的《地理和贸易》。

Brander, James A. (1995), "Strategic Trade Policy," in Gene M. Grossman and Kenneth Rogoff (eds.), *Handbook of International Economics*, Vol. III, North Holland Elsevier Science.

Feenstra, Robert C. and Alan M. Taylor (2014), *International Trade*, 3rd edition, Worth Publishers. (中文译本)《国际贸易》(第三版),张友仁等译,中国人民大学出版社 2017 年版。

Helpman, Elhanan and Paul R. Krugman (1985), *Market Structure and Foreign Trade: Increasing Returns, Imperfect Competition and the International Economy*, MIT Press. (中文译本)《市场结构和对外贸易:报酬递增、不完全竞争和国际经济》,尹翔硕等译,格致出版社和上海人民出版社 2014 年版。

Krugman, Paul R. (1991), *Geography and Trade*, MIT Press. (中文译本)《地理和贸易》,张兆杰译,北京大学出版社和中国人民大学出版社 2000 年版。

Krugman, Paul R. (1979), "Increasing Returns, Monopolistic Competition, and International Trade," *Journal of International Economics*, 9, 469-479.

Krugman, Paul R., Maurice Obstfeld, and Marc J. Melitz (2018), *International Trade: Theory and Policy*, 11th edition, Pearson Education. (中文译本)《国际贸易》(第 11 版),丁凯等译,中国人民大学出版社 2021 年版。

练习与思考

一、即测即评

学完本章内容后,学生可扫描左侧二维码完成客观题测验(包含选择题和判断题),提交结果后即可看到答案及相关解析。

二、简答题

1. 在两个生产技术和资源禀赋完全相同的国家之间是否会发生

贸易? 为什么?

2. 简述垄断竞争市场和完全竞争市场的联系与区别。

3. 简述内部规模经济和外部规模经济的联系与区别。

4. 克鲁格曼模型中的贸易收益表现为什么形式? 为什么在该模型中没有收入分配效应?

5. 什么是国际贸易的本国市场效应? 国际贸易中的运输成本对本国市场效应的发生起了什么作用?

6. 简述产业内贸易和产业间贸易的差异。

7. 简述产业外部性和产业集聚的关系。

8. 新贸易理论对于解释国际贸易引力公式有什么帮助?

三、综合题

1. 本国有一个垄断竞争的汽车市场,其平均成本 AC 和汽车种类 n 的关系(CC 曲线)是 $AC=10n+10$,汽车价格 P 和汽车种类 n 的关系(PP 曲线)是 $P=1000/n+10$。

(1) 画出本国汽车产业的 CC 曲线和 PP 曲线,并说明其含义。

(2) 在封闭经济均衡时,本国的汽车价格和种类各自是多少?

2. 在上题条件下,考虑一个生产条件和市场条件与本国完全相同的国家。

(1) 假设两国开展自由贸易,在图上画出本国的 CC 曲线和 PP 曲线的变化,并标注出一个可能的自由贸易均衡点。

(2) 在图中标出自由贸易均衡时的一个可能的价格和汽车种类组合,并说明自由贸易为何能使两国获益。

(3) 贸易开放会使生产哪些种类汽车的企业退出市场?

3. 设想两个国家拥有不同的资源禀赋,它们之间基于比较优势开展两个产业之间的贸易。假设其中一个产业具有规模经济特征,其生产的产品为差异化产品,由此导致两国之间开展产业间贸易。试根据上述情况建立一个模型并讨论这两个国家的贸易类型。

4. 在本章第 4 节的例子中,中国义乌建成了大规模的指甲钳产业。什么是中国义乌建成大规模指甲钳产业的关键因素? 随着中国劳动力成本的不断上升，义乌是不是会失去在指甲钳产业上的优势？假设越南劳动力成本低于中国，在关税保护下越南有自己的指甲钳产业。如果中越之间进一步开放贸易，对越南的指甲钳产业会产生怎样的影响？如果贸易后越南生产的指甲钳无法和从中国进口的指甲钳竞争，从而越南的指甲钳产业被淘汰掉，那么越南从贸易开放中是获益还是受损？为什么？

附录 5.1
国际贸易引力公式

第 6 章
新新贸易理论

【本章简介】

    21 世纪初,国际贸易领域掀起了一波新的学术浪潮。我们知道,传统贸易理论聚焦于不同产业之间的贸易,新贸易理论聚焦于产业内贸易但不关心参与企业的特征,这两个理论都忽略了现实世界中企业之间所存在的巨大差异。而 21 世纪初掀起的这波学术浪潮所聚焦的恰恰是企业之间的差异,即**企业异质性**(firm heterogeneity)。2003 年,新生代国际贸易学者马克·梅里兹(Marc Melitz)发表了一篇论文,构建了一个基于企业异质性的贸易模型,该模型成为这支新兴贸易理论的基础框架。此后该框架被广泛采用,产生了一系列的研究成果,这些研究成果被冠以**"新新贸易理论"**(New New Trade Theory)之名。因为梅里兹模型沿用了克鲁格曼模型中的规模报酬递增和垄断竞争市场假设,所以新新贸易理论和新贸易理论之间有传承关系,在文献中新新贸易理论有时也被称为"新"新贸易理论,以显示它是对新贸易理论的继承和创新。

经济学是关于资源配置的学问,传统贸易理论揭示了基于比较优势的产业间资源重置效应,新贸易理论揭示了基于规模经济的产业内资源重置效应,而新新贸易理论则揭示了基于企业异质性的企业间资源重置效应,这就是该理论之"新"。也是在2003年,另一位新生代国际贸易学者波尔·安特拉斯(Pol Antràs)发表了一篇论文,运用产权理论构建了一个关于企业组织形式选择的贸易模型,它成为在企业层面研究国际贸易的另一个基础框架。在一年后的2004年发表的一篇论文中,安特拉斯和埃尔赫南·赫尔普曼(Elhanan Helpman)将企业异质性这个新新贸易理论的标志性假设引入安特拉斯模型架构之中,进一步发展了这支文献(见专栏6.1)。

本章第1节介绍梅里兹构建的企业异质性贸易模型,第2节展示支持梅里兹模型的经验证据,第3节介绍安特拉斯构建的关于企业组织形式选择的贸易模型及相关的经验证据。第4节介绍将梅里兹模型和安特拉斯模型相结合的安特拉斯-赫尔普曼模型及相关的经验证据。

【思政导引】

本章介绍21世纪初诞生的新新贸易理论,它揭示了贸易开放如何通过优化资源在企业间的配置来促进产业生产率的提高和贸易收益的增加。在建设中国特色社会主义市场经济的新时代,加快构建以国内大循环为主体、国内国际双循环相互促进的新发展格局具有重要的现实意义。对本章内容的学习有助于学生更好地理解对外开放在提高资源配置效率和提升产业生产率中所起的积极作用,更好地认识对外开放和供给侧结构性改革之间相辅相成的关系。掌握西方经济学的前沿知识并去伪存真、为我所用,是对新时代经济学课程教与学的基本要求。

梅里兹 2003 年发表的《贸易对产业内资源重置和产业总体生产率的作用》一文,标志着新新贸易理论的诞生。[①]梅里兹模型沿用了克鲁格曼模型的规模报酬递增和垄断竞争市场的假设。不同于克鲁格曼模型中所有企业具有相同生产率(企业同质性)的假设,梅里兹模型中的企业具有不同的生产率,是异质企业。企业异质性是以梅里兹模型为代表的新新贸易理论的标志性特征。

6.1
梅里兹的企业异质性模型

▪▪▪ 模型架构

本节介绍简化的梅里兹模型。考虑 2 个国家(中国和美国),1 个垄断竞争产业(手机),1 种生产要素(劳动力)。和克鲁格曼模型中的汽车一样,这里的手机是一种差异化产品,不同种类的手机拥有相同的基本功能,只是在某个次要方面(如外观装饰上)略有差异。出于简化目的,我们假设中国和美国在所有方面都相同,所以这里只描述中国的情况。假设中国有许多潜在的手机生产企业,它们的生产率不同,但在进入手机业试水之前,没有企业知道自己的生产率到底有多高。而要进入手机业试水,需要先花费一笔用于试水的固定投资。一家企业经试水后会知道自己的生产率,如果生产率足够高,它会选择留下来生产手机;如果生产率足够低,它会选择退出手机业。无论是留还是退,已经花费掉的那笔用于试水的固定投资是无法收回了,成了沉没成本。以上就是简化的梅里兹模型的基本假设。

▪▪▪ 封闭经济均衡

手机业是一个企业数目众多的垄断竞争产业。如果每家企业用一个点来表示,那么所有企业的集合就是一条线,在数学上可以抽象

---

① Melitz,Marc J. (2003),"The Impact of Trade on Intraindustry Reallocations and Aggregate Industry Productivity,"*Econometrica*,71,1695-1727. 新新贸易理论这个称呼首次出现在 Baldwin,Richard E. (2005),"Heterogeneous Firms and Trade:Testable and Untestable Properties of the Melitz Model,"NBER Working Paper No. 11471.

为一个[0,1]区间。我们用 a_i 来代表企业 i 生产手机的生产率。和第1章介绍的李嘉图模型中一样,因为劳动力是唯一的生产要素,所以这个生产率就是劳动生产率。在试水手机业后,企业 i 知道了它的生产率 a_i,也就知道了它生产手机可以获得的利润,它等于手机销售收入减去生产手机的可变成本和试水手机业时所花费掉的固定成本 f^*。

在图6.1中,我们将所有潜在的手机企业按其生产率(a_i)从低到高排列在[0,1]区间上,由此得到一条斜率为正的企业利润线,用 D^*D^* 来表示。这条 D^*D^* 线和图6.1中的纵轴相交在 $-f^*$,它所对应的是生产率最低的那家企业,如果该企业生产手机的话,它的销售收入只能覆盖生产手机的可变成本,不能覆盖试水时花费掉的固定成本 f^*,因此它若生产手机将会是负利润($-f^*$)。图6.1中的企业利润线 D^*D^* 和横轴的交点对应生产率为 a^* 的那家企业,它生产手机的利润为零,我们称之为**边际企业**。在封闭经济均衡时,手机的均衡价格决定了图6.1中企业利润线 D^*D^* 的位置,由此决定了边际企业的生产率(a^*)。结果是:那些试水后发现自己的生产率低于 a^* 的企业,即图6.1中[0,a^*)区间所对应的企业,会选择退出手机业;而那些发现自己的生产率等于或高于 a^* 的企业,即图6.1中[a^*,1]区间所对应的企业,会选择留下来生产手机。

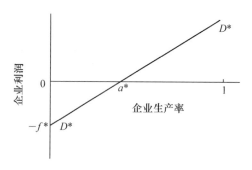

图6.1 封闭经济均衡

在第1章介绍的 $2\times2\times1$ 架构的李嘉图模型中,如果手机是模型中的产品之一,它会被假设为**同质产品**(homogeneous goods),手机市场会被假设为完全竞争。在该模型中,因为所有企业是同质的,所以手机业的劳动生产率等于单个企业的劳动生产率。从李嘉图模型的封闭经济均衡中可以解出手机的市场均衡价格，在这个价格下，本国消费者对手机的需求量等于本国手机业的供给量。

梅里兹模型沿用了克鲁格曼模型的假设，手机是**差异化产品**（differentiated goods），手机市场是垄断竞争市场。不同于克鲁格曼模型假设所有企业为同质企业，梅里兹模型中的企业为异质企业，每家手机企业都有自己特定的生产率。如图 6.1 所示，在封闭经济均衡中，手机业是由生产率等于和高于边际企业生产率（a^*）的那些企业所组成的，由此产业生产率是内生的，它等于留下来生产手机的那些企业，即图 6.1 中 $[a^*, 1]$ 区间所对应的企业生产率的加权平均。我们看到，在梅里兹模型中，外部经济条件的变化会影响图 6.1 中的企业利润线 $D^* D^*$，从而影响边际企业的生产率 a^*，由此影响产业生产率。而无论是在李嘉图模型中还是在克鲁格曼模型中，产业生产率都是一个既定的外生变量。理解了梅里兹模型中的**内生产业生产率**，就拿到了打开新新贸易理论大门的那把钥匙。

▪▪▪▪ 贸易开放的选择效应和规模效应

现在考虑中国和美国相互开放贸易的情形。之前我们已经假设了模型中的两个国家在所有方面都完全相同，所以这里只需讨论中国的国际贸易均衡。在梅里兹模型中，潜在的手机企业需要花费一个固定成本 f_d 来试水国内市场以获知它的生产率。那些在国内市场试水成功的企业，如果想要进入国际市场，需要花费另一个固定成本 f_x 来了解国际市场。此外，向国际市场出口会遭遇贸易壁垒成本 t。数学上可以证明，只要打开国际市场的固定成本 f_x 和贸易壁垒成本 t 合起来对利润的负作用大于试水国内市场的固定成本 f_d 对利润的负作用，那么图 6.2 中的出口市场企业利润线（用 XX 表示）就会低于国内市场企业利润线（用 DD 表示），前者和横轴的相交点 a_x 的数值就会大于后者和横轴的相交点 a_d 的数值。[①] 贸易开放后市场竞争的加剧导致手机价格下跌，使得国内市场上手机企业的利润普降，这在图 6.2 中表现

---

① 图 6.2 画出的是 $f_x > f_d$ 的情形。f_d 和 f_x 孰大孰小不是决定模型结果的关键。在 $f_x < f_d$ 的情形下，XX 线和 DD 线与横轴的相交点也可以是 $a_x > a_d$。

为国内市场企业利润线从封闭经济下的 D^*D^* 下移到开放经济下的 DD。结果是:试水手机业的生产率门槛从 a^* 提高到了 a_d。

图 6.2 显示,在贸易开放后,那些生产率等于或高于 a_x 的企业会成为出口企业(同时也在国内市场上销售),那些生产率在 a_d 和 a_x 之间的企业会成为只在国内市场上销售的本土企业,而那些生产率低于 a_d 的企业会选择退出这个产业。由此梅里兹模型做出了一个预测:对于存在企业异质性的垄断竞争产业,贸易开放后选择做出口业务的企业会是该产业中生产率相对较高的那些企业,选择只做国内业务的企业会是生产率相对居中的那些企业,而该产业中生产率相对较低的那些企业会因难以存活下来而选择退出。上述这些效应被称为**贸易开放的选择效应**。

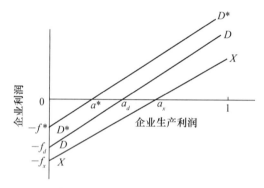

图 6.2　贸易开放的选择效应

另外,贸易开放对企业的业务量也会产生影响。一家企业的生产率越高,它的业务量就越大。图 6.3 中正斜率的虚线表示封闭经济下的企业业务量,正斜率的实线表示贸易开放下的企业业务量。贸易开

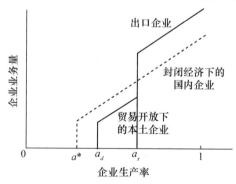

图 6.3　贸易开放的规模效应

放后,那些有能力出口的企业获得了更大的市场,它们的业务量普遍上升;出口企业的生产率越高,业务量就越大。同时,由于贸易开放导致国内市场上的产品价格下跌,那些只能在国内市场上销售的企业的业务量在贸易开放后普遍萎缩。上述这些效应被称为**贸易开放的规模效应**。

■■■ 贸易开放的产业生产率效应

上述这两个贸易开放效应有着极其重要的意义。产业生产率等于该产业中所有生产企业生产率的加权平均,权重是生产企业的业务量份额。在我们的例子中,贸易开放提高了手机业的进入门槛,由此淘汰了一批生产率较低的手机企业,这个贸易开放的选择效应使手机业的整体生产率得到了提高。同时,贸易开放提高了生产率较高的出口企业的业务量,降低了生产率较低的国内销售企业的业务量,这个贸易开放的规模效应也使手机业的整体生产率得到了提高。如前文所述,这个内生的产业生产率效应是梅里兹模型所特有的,它是打开新新贸易理论大门的那把钥匙。现在大门打开了,我们看到了贸易开放度的提高是如何通过选择效应和规模效应这两条渠道内生地提高了产业生产率。

在梅里兹模型中,贸易开放带来市场规模的扩大,使得差异化产品(手机)的价格下降、品种变多,由此产生的贸易收益和克鲁格曼模型所揭示的贸易收益相同,其来源是规模经济。梅里兹模型的重要意义在于,它证明了贸易收益不止于此。如前所述,在梅里兹模型中,贸易开放会通过与企业异质性相关联的选择效应和规模效应这两条渠道,促成资源在企业间的优化重置,内生地提高产业生产率,从而产生额外的贸易收益。这个**贸易开放的产业生产率效应**所产生的贸易收益是先前的贸易理论所没有揭示过的。

6.2 梅里兹模型的经验证据

■■■■ 企业异质性的经验证据

出口企业在诸多方面强于非出口企业是一个普遍现象。Bernard 和 Jensen(1995,1999)基于美国数据的研究发现:与非出口企业相比,同一产业内出口企业的规模更大,生产率更高,资本和技能密集度更高,工人的工资也更高。[①] 在美国制造业中,出口企业比非出口企业在规模上平均大两倍,在创造的增加值上平均高 11%。Lileeva 和 Trefler(2010)发现 1984—1996 年从事出口业务的加拿大制造企业比非出口制造企业在规模上大 58%,在生产率上高 7%。[②] Baldwin 等(2013)基于 1974—2010 年加拿大制造业数据的估计表明,出口企业的劳动生产率比非出口企业高 13%。[③] Dunne 等(1989)的研究表明,美国制造企业中大约有 1/3 的企业每五年进入或退出所在产业一次,退出企业的平均规模小于留下企业的平均规模。[④] Bernard 等(2007)发现,2000 年在美国经营的 550 万家企业中,只有 4% 是出口企业,而规模位于前10%的企业的出口额占了当年美国出口总额的 96%。[⑤] 上述这些经验证据为梅里兹模型基于企业异质性的理论假设和模型结论提供了支持。

① Bernard, Andrew B. and J. Bradford Jensen (1995), "Exporters, Jobs, and Wages in US Manufacturing: 1976-1987," *Brookings Papers on Economic Activity*, Microeconomics, 67-112; Bernard, Andrew B. and J. Bradford Jensen (1999), "Exceptional Exporter Performance: Cause, Effect, or Both?" *Journal of International Economics*, 47(1), 1-25.

② Lileeva, Alla and Daniel Trefler (2010), "Improved Access to Foreign Markets Raises Plant-Level Productivity for Some Plants," *Quarterly Journal of Economics*, 125(3), 1051-1099.

③ Baldwin, John R., Wulong Gu and Beiling Yan (2013), "Export Growth, Capacity Utilization, and Productivity Growth: Evidence from the Canadian Manufacturing Plants," *Review of Income and Wealth*, 59(4), 665-688.

④ Dunne, Timothy, Mark Roberts and Larry Samuelson (1989), "The Growth and Failure of U. S. Manufacturing Plants," *Quarterly Journal of Economics*, 104(4), 671-698.

⑤ Bernard, Andrew, J. Bradford Jensen, Stephen Redding, and Peter Schott (2007), "Firms in International Trade," *Journal of Economic Perspectives*, 21(3), 105-130.

▪▪▪ 产业生产率效应的经验证据

Trefler(2004)研究了加拿大在 1989 年签署了美加自由贸易协定后企业生产率的变化。[1]他发现，在关税削减幅度最大的加拿大产业中，产业生产率提高了 15%；在关税削减幅度最大的美国产业中，产业生产率提高了 14%。这些数值相当大，表明梅里兹模型所揭示的贸易开放通过内生地提高产业生产率所创造出的额外贸易收益，具有很强的现实重要性。

Trefler(2004)还发现，受关税削减影响最大的与进口竞争的加拿大本土企业的规模仅收缩了 5%，而受关税削减影响最大的美国出口企业的规模仅扩张了 6%。据此 Trefler 得出结论：美加自由贸易协定导致的产业生产率提高主要是源于选择效应（生产率较低企业的退出）而不是规模效应（出口企业生产规模扩大和本土企业生产规模缩小）。对其他国家的研究也发现了类似结果。例如 Pavcnik(2002)发现，智利在 20 世纪 70 年代末和 80 年代初实施贸易自由化政策后，其制造业的生产率提高了 19%，其中 2/3 是因为资源从生产率较低的企业重置到了生产率较高的企业。[2]

安特拉斯 2003 年发表了《企业、契约和贸易结构》一文，开辟了在企业层面研究国际贸易的一个新维度。[3]和梅里兹模型一样，安特拉斯模型沿用了新贸易理论的规模报酬递增和垄断竞争市场假设。不同于梅里兹模型聚焦于新贸易理论所忽略的企业之间生产率的不同，安特拉斯模型聚焦于新贸易理论所忽略的企业之间组织形式的不同。

6.3 安特拉斯的企业组织模型

① Trefler, Daniel (2004), "The Long and Short of the Canada-U. S. Free Trade Agreement," *American Economic Review*, 94, 870-895.

② Pavcnik, Nina (2002), "Trade Liberalization, Exit, and Productivity Improvement: Evidence from Chilean Plants," *Review of Economic Studies*, 69(1), 245-276.

③ Antràs, Pol (2003), "Firms, Contracts, and Trade Structure," *Quarterly Journal of Economics*, 118(4), 1375-1418.

和梅里兹模型一样,安特拉斯模型为在企业层面研究国际贸易现象构建了一个基础性的理论框架。新新贸易理论一般指梅里兹模型所开创的基于企业异质性的理论。虽然学术界尚无定论,但以企业层面国际贸易为研究对象的其他理论模型在广义上也应属于新新贸易理论。

▇▇▇▇ 产权理论的基本概念

安特拉斯模型是产权理论在国际贸易研究上的应用。罗纳德·科斯(Ronald Coase)1937年发表的《企业的本质》一文,开创了以**交易成本**为核心概念的产权理论。[①] 科斯揭示了交易成本对市场和企业之间边界的决定作用,他证明了当交易成本较低时,经济活动会由市场来组织;而当交易成本较高时,经济活动会内部化于企业这个组织形式中。

奥利弗·威廉姆森(Oliver Williamson)继承和发展了科斯的产权理论,特别是对**不完全契约**下的企业组织形式进行了深入的研究。[②]威廉姆森提出了**资产特定性**(asset specificity)的概念,例如上游企业所生产的零部件只能特定用于下游企业所生产的最终产品。威廉姆森指出,在不完全契约和资产特定性的情形下,存在一个"**套牢困境**"(holdup problem)。一方面,如果下游企业拒收上游企业已经生产出的特定零部件,上游企业就会面临套牢困境;另一方面,如果上游企业不按照下游企业的要求来生产其所需要的特定零部件,下游企业就会面临套牢困境。根据资产特定性和套牢困境的程度,联结上下游企业的组织形式会在垂直一体化(即上下游为同一企业)和外包(即下游企业向外部企业采购零部件)这两种形式之间做出选择。在威廉姆森理论的基础上,桑福德·格罗斯曼(Sanford Grossman)和奥利弗·哈特

---

① Coase, Ronald H. (1937), "The Nature of the Firm," *Economica*, 4(16), 386-405. 科斯因发现并阐明了交易成本和产权对经济的制度结构和运作的重要性而获得了1991年的诺贝尔经济学奖。

② Williamson, Oliver E. (1981), "The Economics of Organization: The Transaction Cost Approach," *The American Journal of Sociology*, 87(3), 548-577. 威廉姆森因其对经济治理的分析与埃莉诺·奥斯特罗姆(Elinor Ostrom)共同获得2009年的诺贝尔经济学奖。

(Oliver Hart)构建了一个不完全契约下企业组织形式选择的理论模型[①],本节介绍的安特拉斯模型是将格罗斯曼-哈特产权模型和克鲁格曼贸易模型有机结合起来的产物。

模型架构

在简化的安特拉斯模型中,假设 2 个国家(资本丰裕的美国和劳动力丰裕的墨西哥),2 个产业(资本密集型的汽车业和劳动密集型的电脑业),2 种生产要素(资本和劳动力)。每个产业分上游部分(零部件生产)和下游部分(最终产品生产)。最终产品是差异化产品,采用规模报酬递增的生产技术。每个产业中有众多的同质企业,它们之间展开垄断竞争。

以汽车业为例,假设企业 A 生产品牌 A 的汽车,在生产中需要使用特定零部件 B,这种零部件只对企业 A 有用。汽车企业 A 和汽车零部件企业 B 签订了一份关于这个特定零部件的供货契约,但基于不完全契约的假设,不存在可以将双方要求的方方面面都写清楚并具有法律效应的契约。这个特定零部件的供货关系的建立要求先发生一笔固定投资,这笔投资的多少决定了零部件质量的高低,而它在发生后就成为沉没成本不能被收回。此时汽车零部件企业 B 面临一个套牢困境:由于它所生产的汽车零部件是特定于汽车企业 A 的,如果生产出来后被汽车企业 A 以不符合质量要求拒收或压价,那么汽车零部件企业 B 就被套牢了。预计到这个套牢困境,汽车零部件企业 B 不会进行足额的固定投资来保证零部件的高质量。汽车企业 A 意识到汽车零部件企业 B 会因套牢困境而降低固定投资,所以它会选择分担一部分固定投资以保证零部件的高质量,但这只能减缓并不能消除汽车零部件企业 B 所面临的套牢困境。与此同时,汽车企业 A 也面临一个套牢困境:如果汽车零部件企业 B 交货的汽车零部件不符合质量要求,

---

第 6 章 新新贸易理论

141

那么汽车企业 A 就无法生产出符合质量要求的汽车,它也被套牢了。

在安特拉斯模型中,零部件是劳动密集型产品,所以它的生产放在劳动力成本较低的墨西哥较为划算。美国汽车企业 A 有两种企业组织形式可以选择。第一种是**外包模式**,就是和墨西哥企业签订一个外包契约,由它来生产和供应汽车零部件,由此发生的贸易在数据上表现为美国从墨西哥以独立企业间贸易(arm's length trade)的方式进口汽车零部件。第二种是**跨国公司模式**,就是在墨西哥建立自己的子公司来生产汽车零部件,由此发生的贸易在数据上表现为美国从墨西哥以企业内贸易(intrafirm trade)的方式进口汽车零部件。

理论推导

那么什么时候选择外包模式,什么时候选择跨国公司模式呢? 根据产权理论,这个选择取决于上下游之间的博弈结果。以汽车业为例,在外包模式下,汽车零部件企业 B 拥有独立的产权,一旦供货关系破裂,汽车企业 A 将得不到汽车零部件企业 B 已经生产出来的零部件。而在跨国公司模式下,汽车企业 A(母公司)拥有汽车零部件企业 B(子公司),一旦供货关系破裂,母公司仍然可以得到子公司已经生产出来的零部件。两相比较,最终产品企业在跨国公司模式下的讨价还价能力较强。根据产权理论,在这种情形下,产权归属于最终产品企业的跨国公司模式意味着较小的套牢困境,这是跨国公司模式的优点。

但是跨国公司模式也有其不足之处。虽然上下游一体化的组织形式减小了套牢困境,但由于在这种组织形式下没有独立产权的子公司的讨价还价能力较弱,从总收益中分到的份额较小,因此它会缺乏足够的激励来生产高质量的零部件。与之相比,在外包形式下,拥有独立产权的零部件企业的讨价还价能力较强,从总收益中分到的份额较大,因此它有较大的激励来生产高质量的零部件。根据产权理论,在这种情形下,产权归属零部件企业的外包模式会产生较高的总收益,这是外包模式的优点。

安特拉斯模型的一个重要假设是:在汽车或电脑的生产过程中,零部件生产是劳动密集型活动,最终产品生产是资本密集型活动。安特拉斯认为,对于汽车这样的资本密集型产业,用于保证汽车零部件质量的先期固定投资在数额上较大,因此套牢困境较大;与套牢困境的大小相比,零部件生产企业获得激励的重要性程度相对较低,所以资本密集型产业会选择更能减小套牢困境的跨国公司模式。而对于电脑这样的劳动密集型产业,用于保证电脑零部件质量的先期固定投资在数额上较小,因此套牢困境较小;相比而言,零部件生产企业获得激励的重要性程度相对较高,所以劳动密集型产业会选择更能提高零部件生产企业激励的外包模式。据此安特拉斯模型预测:一个产业的资本密集度越高,这个产业对跨国公司模式的采用就越多,该产业的贸易总额中企业内贸易所占的比重就越大。

■■■ 经验证据

基于美国 23 个制造业产业的数据支持了安特拉斯模型的预测。图 6.4 显示,美国制造业产业的资本密集度越高,该产业的企业内进口在进口总额中所占的份额越大。表 6.1 给出了图 6.4 中产业代码所对应的产业名称,以及绘制该图所用的每个产业的资本密集度数据和企业内进口占比数据。[①]

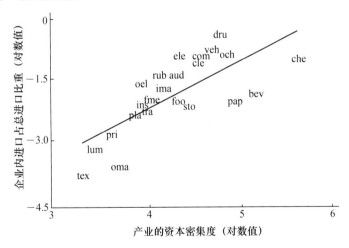

图 6.4 美国产业的资本密集度和产业进口中企业内进口占比之间的关系

---

① 资料来源:Antràs,Pol(2003),"Firms,Contracts,and Trade Structure," *Quarterly Journal of Economics*,118(4),1375-1418,图 1。

表 6.1　美国产业的资本密集度和产业进口中企业内进口占比(1987—1994 年均值)

产业代码	产业名称	资本密集度	企业内进口占比(%)
che	工业化学品	274	35.9
bev	饮料	166	15.1
pap	造纸	137	12.7
och	其他化学品	124	40.9
dru	药品	117	65.5
veh	机动车辆和设备	105	39.8
com	电脑和办公设备	94	36.7
cle	肥皂、清洁剂和盥洗用品	91	35.7
sto	石材、黏土和玻璃制品	81	11.8
ele	电子元器件及配件	74	37.3
foo	其他食品	73	13.9
aud	音频、视频和通信设备	69	23.8
ima	其他工业机械和设备	63	17.3
rub	橡胶制品	59	23.9
fme	金属制品	55	12.6
tra	其他运输设备	52	10.7
ins	仪器及相关产品	50	11.1
oel	其他电子电气机械	49	18.9
pla	塑料制品	46	9.1
oma	其他制造业	40	2.6
pri	印刷出版	35	6.1
lum	木材、家具	30	4.1
tex	纺织品和服装	26	2.3

6.4

安特拉斯-赫尔
普曼模型

上节介绍的安特拉斯模型沿用了克鲁格曼模型的同质企业假设。安特拉斯和赫尔普曼 2004 年发表了《全球采购》一文,将企业异质性这个新新贸易理论的标志性假设引入安特拉斯模型之中。[①]本节介绍安特拉斯-赫尔普曼模型(简称 AH 模型)。

---

①　Antràs, Pol and Elhanan Helpman (2004), "Global Sourcing," *Journal of Political Economy*, 112(3), 552-580.

模型架构

在 AH 模型中,企业的组织形式是基于两个维度来划分和定义的:第一个维度是生产地点,第二个维度是生产流程所有权。图 6.5 区分了四种企业组织形式:一体化国内企业形式(NV)、跨国公司形式(SV)、在岸外包形式(NO)以及离岸外包形式(SO)。

		生产地点	
		本国(N)	外国(S)
生产流程所有权	内部化(V)	一体化 国内企业(NV)	跨国公司(SV) (含离岸子公司)
	外包(O)	在岸外包(NO)	离岸外包(SO)

图 6.5 企业组织形式的类型

假设本国为美国,外国为墨西哥,最终产品为汽车。生产汽车需要投入**总部服务**(研发、营销等)和**中间产品**(汽车零部件)。总部服务是资本密集型的,零部件生产是劳动密集型的。假设总部服务只能在美国完成,而零部件既可以在美国生产,也可以离岸到墨西哥生产。零部件生产有两种模式可选:由美国汽车公司建立自己的子公司生产的**一体化模式**,由独立的汽车零部件公司生产的**外包模式**。

和安特拉斯模型一样,AH 模型应用了不完全契约的产权理论。假设在汽车企业和汽车零部件企业之间需要建立一个特定的供货关系。在不完全契约的假设下,不存在完全保证双方要求(包括零部件质量)的供货契约。假设美国拥有汽车企业,它在选择汽车零部件供应商时需要考虑两个方面。第一,选择是从美国本土还是从墨西哥获得零部件供应。选择墨西哥的好处是那里的劳动力成本较低,因此零部件价格较低。但与墨西哥零部件企业建立离岸供货关系需要先期支出一笔较高的固定成本(用于熟悉墨西哥法律规定等)。第二,选择是建立子公司还是外包给其他公司。建立自己的汽车零部件子公司能够降低交易成本,减小套牢困境(这被称为**内部化优势**);但在这个安排中子公司没有产权,能分到的收益较少,因此生产高质量汽车零部件的激励较小。相反,在外包模式下,汽车零部件企业(与一体化模式中的子公司相比)能分到的收益较多,因此生产高质量汽车零部件的激励较大;但在外包模式下,双方不属于同一公司,交易成本较高,对套牢困境的顾虑较多。因此,在外包和一体化这两种模式之间做选择时,需要权衡上述这两个方面。

■■■ 理论推导

AH 模型中的重要变量是总部服务和零部件生产在总成本中各自所占的份额。根据总部服务所占份额的大小,可以区分**总部密集型产业**和**零部件密集型产业**两种产业类型。AH 模型证明了总部密集型产业会选择一体化模式,而零部件密集型产业会选择外包模式。至于是选择在岸的一体化国内企业形式(NV)还是离岸的跨国公司形式(SV),取决于离岸形式能享受的低劳动力成本和在岸形式能节省的为建立离岸子公司所花费的固定成本之间的比较。而在岸外包和离岸外包之间的选择则取决于为建立供货关系所投入的固定成本的比较。如果离岸外包的固定成本与在岸外包相差不大,那么离岸外包的劳动力优势就会显现出来,离岸外包形式(SO)会被选择;反之,在岸外包形式(NO)会被选择。

AH 模型引入了梅里兹模型的企业异质性假设。在 AH 模型中,最终产品(汽车)企业是异质的,它们拥有不同的生产率。通过对成本和收益的比较,AH 模型推导出以下结论:第一,生产率较高的美国汽车企业会选择将汽车零部件生产离岸到墨西哥,生产率较低的美国汽车企业会选择在美国采购汽车零部件。第二,在选择将汽车零部件生产离岸到墨西哥的美国汽车企业中,生产率较高者会选择跨国公司模式,生产率较低者会选择离岸外包模式;而在选择在本地采购汽车零部件的美国汽车企业中,生产率较高者会选择在本地建立子公司的模式,生产率较低者会选择在岸外包模式。图 6.6 显示了 AH 模型所推导出的基于最终产品企业生产率水平的四种企业组织形式的选择结果。

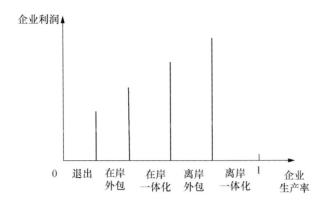

图 6.6　基于最终产品企业生产率的企业组织形式选择

经验证据

　　AH 模型基于跨国企业生产率的生产组织形式选择理论得到了实证支持。Kohler 和 Smolka(2012)基于西班牙数据的研究发现,采用在岸外包组织形式的西班牙企业的生产率最低,从其在外国的子公司进口投入品的西班牙企业(即采用离岸一体化组织形式的企业)的生产率最高,从没有从属关系的外国企业进口投入品的西班牙企业(即采用离岸外包组织形式的企业)的生产率居中[①];这些实证结果与图 6.6显示的 AH 模型的预测相吻合。Defever 和 Toubal(2013)基于 1999年法国跨国公司数据的研究显示,从独立企业进口零部件的法国跨国公司(即采用离岸外包组织形式的企业)的生产率比从附属企业进口零部件的法国跨国公司(即采用离岸一体化组织形式的企业)的生产率平均高出 20%。[②] 这个实证结果看似与图 6.6 显示的 AH 模型的预测相悖,但该差异是源于法国跨国公司对一体化模式和外包模式所需投入的固定成本的排序与 AH 模型所假设的排序正好相反。不同于AH 模型基于美国企业的假设,法国企业认为建立一体化模式的固定

　　① 　Kohler, Wilhelm K. and Marcel Smolka (2012), "Global Sourcing: Evidence from Spanish Firm-level Data." In Robert M. Stern (ed.), *Quantitative Analysis of Newly Evolving Patterns of International Trade*, 139-189, World Scientific Studies in International Economics.

　　② 　Defever, Fabrice and Farid Toubal (2013), "Productivity, Relationship-Specific Inputs and the Sourcing Modes of Multinationals," *Journal of Economic Behavior and Organization*, 94, 245-357.

成本低于建立外包模式的固定成本,所以生产率较高的法国跨国公司会采用离岸外包组织形式。

6.5 讨论和总结

国际贸易理论的创新和发展首先是由现实中出现的国际贸易新现象所驱动的。20 世纪后期,安德鲁·伯纳德(Andrew Bernard)和布拉德福德·詹森(Bradford Jensen)等采用企业和产品层面的国际贸易数据所做的实证研究提供了对微观层次上国际贸易现象的细致描述。已有的贸易理论无法解释这些微观层次的经验证据;无论是传统贸易理论还是新贸易理论,都不关注现实世界中企业之间存在的巨大差异。21 世纪初,随着基于企业异质性的梅里兹贸易模型的诞生,国际贸易研究转向了对异质企业、异质产品和异质企业组织形式等方面的探究,这些研究所构建的理论可统称为新新贸易理论。

本章介绍了新新贸易理论的主要内容。狭义而言,新新贸易理论指梅里兹开启的基于企业异质性的贸易理论。梅里兹模型沿用了克鲁格曼模型的规模报酬递增和垄断竞争假设,因此该理论有时被称为"新"新贸易理论。梅里兹模型之"新"在于引入了企业异质性这个新假设,并从这个新角度揭示了贸易开放的选择效应(生产率较高的企业从事出口业务,生产率较低的企业被国际竞争所淘汰)和规模效应(生产率较高的出口企业扩大其业务规模,生产率较低的本土企业迫于国际竞争压力缩小其业务规模)。通过这两个效应,贸易开放优化了资源在企业间的配置,内生地提高了产业生产率,由此带来了额外的贸易收益。这笔额外的贸易收益是梅里兹模型所揭示的,实证研究表明它在数量上相当大,有着不容忽视的重要意义。新新贸易理论最重要的一个贡献就是揭示了贸易开放能够通过内生地提高产业生产率带来额外的贸易收益。

21 世纪初国际贸易理论的另一个新突破是对企业内贸易的研究。构建贸易模型的传统做法是假设生产要素在国际上完全不流动,这样就可以聚焦在国家间的商品流动即国际贸易上。然而,20 世纪 70 年代后,随着国际资本流动的大幅提高,大量国际贸易业务由跨国公司所从事,其中一部分发生在跨国公司内部,被称为企业内贸易。已有的贸易理论无法对此提供有说服力的解释。在梅里兹模型诞生的同一年,聚焦于企业组织形式和企业内贸易的安特拉斯模型也诞生了。运用产权理论,安特拉斯模型解释了贸易企业在外包模式和跨国公司模式这两种企业组织形式之间的选择,推导出产业资本密集度越高,产业对跨国公司模式的采用就越多,产业贸易中企业内贸易所占比重就越大的结论。该结论得到了实证支持。此后,安特拉斯和赫尔普曼将企业异质性假设引入安特拉斯模型架构中,将企业组织形式选择和企业生产率联系起来,进一步提升了我们对国际贸易内容和形式的认知。

【新时代 新思考】

新时代中国经济的发展要求经济增长方式从数量型转向质量型,而提高生产率是实现高质量经济增长的必由之路。在学习了本章关于贸易开放通过促进资源在企业间的优化配置从而提高产业生产率的理论后,学生应进一步思考该理论对于中国贯彻高水平对外开放战略和推动经济实现质的有效提升的借鉴意义。要将中国建设成为一个现代化强国,需要利用好国内国际两种资源,建立起国内大循环和国际大循环相互促进的良性机制。本章所揭示的对外开放在优化资源配置和促进生产率提高上的作用机制,对于破解"如何实现发展"这个问题提供了一个有价值的视角。

专栏 6.1
新新贸易理论的诞生

21世纪初,国际贸易研究领域掀起了一个学术新高潮,以梅里兹和安特拉斯为代表的新生代国际贸易学者成功地构建了企业层面贸易模型的基础框架,为基于企业层面数据的实证研究提供了理论基础。这支迅速崛起的学术文献被称为新新贸易理论,它已经成为国际贸易学的一个主流理论。

新新贸易理论诞生的背景

20 世纪后期,随着企业和产品层次贸易数据可获得性的提高,采用国际贸易中企业和产品数据的实证研究开始涌现,它们提供了对微观层次上国际贸易现象的细致描述。数据表明,虽然出口在世界很多国家的 GDP 中占很大比例,但只有少数企业从事出口业务。数据也表明,同一产业中的企业在许多维度上存在巨大差异,且企业间差异呈现一定的规律性,例如出口企业较非出口企业在规模上较大,生产率上较高,资本和技能密集度较高等。已有的贸易理论无法解释这些微观层次的经验证据;无论是传统贸易理论还是新贸易理论,都不关注现实世界中企业之间存在的巨大差异。

梅里兹和新新贸易理论的奠基

梅里兹是一位法裔美国经济学家,1968 年 1 月 1 日出生。他在 1989 年获得哈弗福德学院的数学学士学位,1992 年获得马里兰大学学院公园分校的运筹学硕士学位,1997 年获得密歇根大学经济学硕士学位,2000 年获得密歇根大学经济学博士学位。

梅里兹 2003 年在《计量经济学杂志》上发表了《贸易对产业内再分配和产业总体生产率的影响》一文,创建了基于企业异质性的国际贸易模型。该模型成为国际贸易理论发展的一个新的里程碑。梅里兹模型引入了企业异质性,假设同一产业中的企业具有不同的生产率水平,其基本思想是,只有生产率较高的企业才能获得足够的利润来支付开拓出口业务所需先期投入的固定成本。

梅里兹目前是哈佛大学经济学教授。在加入哈佛大学之前,梅里兹是普林斯顿大学的教授。2008 年,英国《经济学人》杂志将梅里兹列为世界上最优秀的八位年轻经济学家之一。2015 年,梅里兹受邀在国际贸易学领域具有极高声望的俄林讲座上做了题为"异质企业的贸易和竞争"的演讲。

安特拉斯和新新贸易理论

安特拉斯是一位西班牙经济学家,1975 年 6 月 30 日出生于西班牙巴塞罗那。在美国新墨西哥州阿尔伯克基学院作为外国交换生修了一年高中课程后,安特拉斯进入西班牙巴塞罗那庞培法布拉大学,于 1998 年和 1999 年分别获得经济学学士和硕士学位。此后安特拉斯在美国麻省理工学院读博,于 2003 年获得经济学博士学位。

安特拉斯在他的博士论文中创建了一个模型,该模型运用产权理论解析了企业在国际生产中的组织形式选择,能够解释国际贸易中企业内贸易这个现象。2003 年,安特拉斯将其博士论文的主要内容以《企业、契约和贸易结构》为题发表在《经济学季刊》上。

博士毕业后,安特拉斯一直在哈佛大学担任经济学教授。2004 年,安特拉斯和赫尔普曼发表了《全球采购》一文,在安特拉斯模型架构中引入梅里兹模型的企业异质性假设,将企业组织形式选择和企业生产率联系起来,丰富和发展了新新贸易理论。

安特拉斯从 2015 年起担任《经济学季刊》的主编。他在 2015 年出版了《公司、契约和贸易结构》一书(由普林斯顿大学出版社出版),对该主题的研究做了一个综述。2018 年,安特拉斯受邀在俄林讲座上做了题为"全球价值链:蜘蛛和蛇的经济学"的演讲。

新新贸易理论的意义

梅里兹和安特拉斯等新一代国际贸易学者富有创意的研究开辟了国际贸易理论的一个新维度。这个新维度聚焦于同一产业中企业间存在的差异,强调企业而非产业在理解全球化时代各国所面临的挑战和机遇方面的重要性。在同一产业中,一些企业会无法应对国际竞争,而另一些企业则会蓬勃发展,由此驱动的企业间资源重置较之由比较优势驱动的产业间资源重置更为明显。

国际贸易理论的一个重要价值是阐述了贸易开放的收入分配效应。基于企业同质性假设的克鲁格曼模型无法告诉我们在规模报酬递增和垄断竞争市场情形下贸易开放的收入分配效应。从克鲁格曼模型我们可能会产生一个错觉：相较于传统贸易理论所揭示的基于比较优势的产业间贸易所带来的强烈的收入分配效应(HO 模型中的 SS 定理)，新贸易理论所揭示的基于规模经济的产业内贸易并不会带来强烈的收入分配效应。新新贸易理论将被新贸易理论所忽略的企业异质性纳入分析框架，为探究在规模报酬递增和垄断竞争市场条件下贸易开放所产生的收入分配效应开拓了分析空间。

在过去的几十年间，国际贸易的内涵和外延都发生了重大变化。历史上很长一段时间里国际贸易知识简单地表现为一国将某种产品出口到另一国和从另一国进口某种产品，由此产生了产业间贸易。20 世纪 70 年代以后，随着制造技术的发展，同一产业中的产品种类日趋丰富，国际贸易量中约有 1/3 属于产业内贸易，能够对产业内贸易做出解释的新贸易理论应运而生。21 世纪初诞生的新新贸易理论不仅是对新贸易理论的深化和细化，而且通过对企业层面存在的各种异质性的研究，创新和发展了国际贸易理论，提高并丰富了我们对国际贸易新业态的理解和认知。

本章提要

1. 以梅里兹模型为代表的新新贸易理论继承和发展了以克鲁格曼模型为代表的新贸易理论。新新贸易理论沿用了新贸易理论关于规模报酬递增的生产技术和垄断竞争的市场结构的假设，但摒弃了新贸易理论的企业同质性假设，代之以企业异质性假设。

2. 梅里兹模型揭示了一个选择效应：对于企业异质性的垄断竞争产业，贸易开放后选择做出口业务的企业是该产业中生产率最高的那些企业，选择只做国内业务的企业是生产率居中的那些企业，选择退出的是该产业中生产率最低的那些企业。

3. 梅里兹模型揭示了一个规模效应：对于企业异质性的垄断竞争产业，生产率较高的出口企业在贸易开放后生产规模扩大，而生产率较低的本土企业在贸易开放后生产规模缩小。

4. 在梅里兹模型中,通过与企业异质性相关联的选择效应和规模效应这两个渠道,贸易开放能够促成企业间资源的优化重置,内生地提高产业生产率,由此产生了源于产业生产率提高的额外的贸易收益,这是先前的贸易模型所没有揭示过的。

5. 安特拉斯模型研究新贸易理论所忽略的国际贸易中企业组织形式的选择。基于不完全契约下的产权理论,安特拉斯模型对不同产业的贸易总额中企业内贸易所占比重的不同提供了一个解释,即一个产业的资本密集度越高,这个产业中跨国公司模式的采用就越多,该产业的贸易总额中企业内贸易所占比重就会越大。

6. 安特拉斯-赫尔普曼模型将梅里兹模型的企业异质性假设引入安特拉斯模型架构中,将企业组织形式选择和企业生产率联系起来,揭示了国际贸易和国际直接投资中哪些因素内生地决定企业对不同组织形式的选择。

7. 安特拉斯-赫尔普曼模型发现,当一个发达国家的最终产品企业与一个发展中国家建立零部件生产契约的交易成本较低时,它就会选择在这个发展中国家建立子公司来做这个业务,或者将这个业务外包给发展中国家的企业。如果这个业务是由离岸子公司来做,那么这个南北贸易量的增加会以企业内贸易的形式在数据上表现出来。如果这个业务是由外包给发展中国家的企业来做,那么这个南北贸易量的增加会以企业间贸易的形式在数据上表现出来。

进一步阅读

梅里兹模型的原型发表于 Melitz(2003)。Baldwin(2005)讨论了梅里兹模型的基本结构,将由该模型开创的理论称为新新贸易理论。安特拉斯模型的原型发表于 Antràs(2003)。Antràs 和 Helpman(2004)将梅里兹模型的企业异质性假设引入安特拉斯模型,构建了将企业组织形式和企业生产率联系起来的安特拉斯-赫尔普曼模型。Helpman(2011)所著的《理解全球贸易》用非技术语言对国际贸易的主要理论做了通俗的介绍,该书在第 5 章介绍了梅里兹模型,在第 6 章第 6 节介绍了安特拉斯模型和安特拉斯-赫尔普曼模型。

Antràs, Pol (2003), "Firms, Contracts, and Trade Structure," *Quarterly Journal of Economics*, 118(4), 1375-1418.

Antràs, Pol and Elhanan Helpman (2004), "Global Sourcing," *Journal of Political Economy*, 112(3), 552-580.

Baldwin, Richard E. (2005), "Heterogeneous Firms and Trade: Testable and Untestable Properties of the Melitz Model," NBER Working Paper No. 11471.

Helpman, Elhanan (2011), *Understanding Global Trade*, Harvard University Press. (中文译本)《理解全球贸易》,田丰译,中国人民大学出版社 2012 年版。

Melitz, Marc J. (2003), "The Impact of Trade on Intraindustry Reallocations and Aggregate Industry Productivity," *Econometrica*, 71(6), 1695-1727.

练习与思考

一、即测即评

学完本章内容后,学生可扫描左侧二维码完成客观题测验(包含选择题和判断题),提交结果后即可看到答案及相关解析。

二、简答题

1. 什么是梅里兹模型中的生产率门槛? 生产率门槛在封闭经济均衡中较高,还是在国际贸易均衡中较高?

2. 什么是梅里兹模型中的选择效应? 选择效应对贸易收益有怎样的贡献?

3. 什么是梅里兹模型中的规模效应? 规模效应对贸易收益有怎样的贡献?

4. 在安特拉斯模型中,为什么资本密集型产业的企业内贸易占比会较高?

5. 在一个全球采购企业组织形式选择模型中,安特拉斯和赫尔普曼推导出了哪四种企业组织形式? 每种企业组织形式的选择基于的是怎样的企业生产率水平?

三、综合题

1. 在梅里兹模型中,封闭经济均衡时的产业生产率和国际贸易均衡时的产业生产率有什么不同?请从这个不同中推导出梅里兹模型所特有的基于产业生产率内生变化的贸易收益。

2. 在安特拉斯模型中,位于发达国家的最终产品企业(例如汽车企业)在什么情况下会选择将零部件生产业务外包给发展中国家的企业来做?又是在什么情况下会选择在发展中国家建立自己的子公司来做这个零部件生产业务?

3. 在安特拉斯-赫尔普曼模型中,位于发达国家的最终产品企业(例如汽车公司)的生产率决定了它所采取的跨国生产组织形式。生产率较高的最终产品企业会倾向于采取哪种跨国生产组织形式?为什么?生产率居中的最终产品企业会倾向于采取哪种跨国生产组织形式?为什么?生产率较低的最终产品企业会倾向于采取哪种跨国生产组织形式?为什么?

第 7 章
外包离岸理论

【本章简介】

  传统贸易理论研究的是最终产品的贸易,这和国际贸易的早期历史相吻合,那时运输和通信成本非常高,所以一个最终产品的整个生产过程,从产品研发、原材料投入、零部件生产,到将零部件组装成最终产品,再到为销售这个最终产品所提供的服务,都在同一个国家内完成,但只有最终产品进入国际市场。在整个生产过程中,每一个环节都提供了增加值,所以该生产过程被称为**价值链**。20 世纪 70 年代,技术进步导致运输和通信成本大幅下降,使得价值链上的诸多环节可以被放在不同的国家完成,这些环节所产生的中间产品和服务也就成为国际贸易业务。例如,一家美国汽车公司可以将某些零部件放在墨西哥生产,将金融服务放在英国伦敦完成,将售后电话服务外包给印度公司。汽车零部件从墨西哥出口到美国时产生了中间产品贸易,美国汽车公司从英国购买金融服务和从印度购买售后服务时产生了服务贸易。对于传统贸易理论而言,中间产品和服务贸易(可统称为**价值链贸**

易)是个新现象。20 世纪 80 年代后,国际贸易学界对**生产过程碎片化**所引发的价值链贸易展开了大量研究。在早期文献中,研究者关注的是发达国家将部分中间生产环节外包到发展中国家这一现象,并不区分是外包给独立的外国公司还是建立自己的外国子公司来完成这些中间生产环节。而在新近的文献中,"离岸"这个词汇被用来统称价值链环节从本国转移到外国这一活动,"外包"这个词汇则被用来定义将价值链环节交给其他独立公司来完成这一形式。

本章第 1 节给出外包和离岸等概念的明确定义,并介绍跨国公司的 OLI 理论。第 2 节讲解早期文献中一个广为人知的模型——芬斯特拉-汉森外包模型。第 3 节讲解新近文献中一个极富影响力的模型——格罗斯曼—罗西-汉斯伯格离岸模型。现实中的国际贸易企业需要克服包括信息障碍在内的种种贸易壁垒。第 4 节介绍几个与信息和数智技术革命相关的贸易理论,并对数智时代创新国际贸易理论做了展望(参见专栏 7.1 对数智时代国际贸易理论的探讨)。

【思政导引】

本章介绍国际价值链贸易及与之伴随的外包和离岸现象,它们是经济全球化深入发展的产物,表明世界各国的利益和命运更加紧密地联系在一起。本章讨论了国际贸易中跨国公司的角色,分析了外包和离岸活动对拥有不同技能的工人所获工资差距的作用,探讨了信息革命和数智革命对国际贸易内容和形式的影响。当前全球经济中出现了一股"筑墙设垒""脱钩断链"、单边制裁乃至极限施压的逆流。新时代的中国学生须深刻理解中国在全球经济新形势下所提出的着力提升产业链供应链韧性和安全水平、深度参与全球产业分工和合作、维护多元稳定的国际经济格局和经贸关系,以及构建更公平更和谐的新型全球化等主张。

新近的学术文献对"外包"和"离岸"这两个词汇做了明确的界定。**外包**(outsourcing)泛指企业将价值链的某些环节通过契约包给其他独立企业来完成,可以是包给国内独立企业(**在岸外包**),也可以是包给国外独立企业(**离岸外包**)。在新近的文献中,**离岸**(offshoring)被用来统称本国企业将

7.1

外包和离岸

价值链环节转移到外国去完成的活动,这些活动既可以由独立的外国公司来完成(**离岸外包模式**),也可以由本国企业的离岸子公司来完成(**跨国公司离岸模式**)。早期文献在使用"外包"这个词汇时有广义和狭义之分,广义的外包目前已被离岸这个词汇所替代,狭义的外包目前被称为离岸外包。

在弄清上述这些定义时需要区分两个"内外":一个是国家内外,一个是企业内外。离岸和在岸是基于生产地点处于国家内外的区分,而生产流程内部化和外包给其他独立企业是基于生产流程所有权属于企业内外的区分。从生产地点(本国、外国)和生产流程所有权(内部化、外包)这两个维度,可以区分出图 7.1 所示的四种企业组织形式(与图 6.5 相同):将部分生产流程交给离岸子公司的跨国公司形式,将所有生产流程放在本国企业内完成的一体化国内企业形式,将部分生产流程外包给其他独立的国内企业的在岸外包形式,以及将部分生产流程外包给独立的外国企业的离岸外包形式。

		生产地点	
		本国	外国
生产流程所有权	内部化	一体化国内企业	跨国公司(含离岸子公司)
	外包	在岸外包	离岸外包

图 7.1　企业组织形式的类型

▰▰▰ 国际贸易中跨国公司的角色

传统贸易理论通常假设生产要素在国家间不流动,这样就能将关注点聚焦在国家间的商品流动(即国际贸易)上。在第 4 章第 2 节我们介绍了蒙代尔发表于 1957 年的经典论文,他证明了在标准的 HO 模型中,如果资本在两个国家之间完全流动,那么这两个国家的生产要素价格将均等化,从而不再有基于比较优势的国际贸易。换句话说,国际贸易和国际资本流动之间是完全替代的关系。

即使在蒙代尔撰写该文的 20 世纪 50 年代,现实中的国际投资也要比蒙代尔模型中基于无风险利差的国际资本流动复杂得多。国际投资分为国际直接投资和国际间接投资两种类型。**国际直接投资**指对企业经营管理具有影响力的国际投资,在统计上以投资者掌握一定比例的股份(例如 10%)来界定。**国际间接投资**指对外国金融证券的投资,投资者对资金的实际使用不具有影响力,追求的是投资在金融市场上的回报率。对于国际间接投资的讨论属于国际金融的范畴,而国际直接投资则和国际贸易有着密不可分的关系。从事国际直接投资的企业被称为跨国公司。约有 1/3 的国际贸易发生在跨国公司内部,称为**企业内贸易**。[①]

国际直接投资分为水平型和垂直型两种。**水平型国际直接投资**指跨国公司在不同国家和地区建立子公司从事相类似的生产经营活动,例如日本企业在越南、印度和孟加拉国建立子公司生产彩电。**垂直型国际直接投资**指跨国公司在不同国家和地区建立子公司从事垂直分工的生产经营活动,例如某家美国企业在日本建立子公司研发手机,在中国台湾建立子公司生产芯片,在中国内地建立子公司装配手机,在中国香港建立子公司销售手机。垂直型国际直接投资所产生的就是采用跨国公司组织形式的离岸活动。

跨国公司 OLI 理论

OLI 理论是分析跨国公司的经典理论,由约翰·邓宁(John Dunning)在 20 世纪 70 年代末创建。这个理论包括 O、L、I 三个要素:O 指**所有权**(Ownership),L 指**区位**(Location),I 指**内部化**(Internalization)。[②]这个理论可以用于探讨离岸在什么情况下会采取跨国公司模式,在什么情况下会采取外包模式。

离岸的跨国公司模式指本国公司通过对外直接投资(FDI)在外国

---

① 据联合国贸易和发展会议(UNCTAD)2022 年发布的《贸易和发展报告(概述)》(第 19 页)的估计,大约 1/3 到 2/3 的全球贸易是公司内部贸易,即同一跨国公司的子公司或附属公司之间的贸易,其中许多处于不同的国家。

② Dunning, John H. (1977), "Trade, Location of Economic Activity and the MNE: A Search for an Eclectic Approach," in B. Ohlin, P. O. Hesselborn and P. M. Wijkman (eds.), *The International Allocation of Economic Activity*, Macmillan, 395-418; Dunning, John H. (1979), "Toward an Eclectic Theory of International Production: Some Empirical Tests," *Journal of International Business Studies*, 11(1), 9-31.

第 7 章　外包离岸理论

159

建立子公司,将生产过程的某些环节离岸到该国来完成。FDI 输出国是**跨国公司的母国**,FDI 输入国是**跨国公司的东道国**。根据 OLI 理论,只有母国公司在 O、L、I 这三个方面都具有优势,离岸才会采取跨国公司模式。首先,母国公司需要具有特定的所有权优势,例如拥有某项其他公司没有的技术。其次,母国公司的东道国需要有吸引离岸活动的区位优势,例如便宜的劳动力。最后,母国公司将此项活动放在公司内部做更有利,这就是所谓的内部化优势。如果离岸采取跨国公司模式,那么上面三个条件缺一不可。如果只有所有权优势而没有区位优势和内部化优势,那么母国公司会选择出口这种方式。如果拥有所有权优势和区位优势,但没有内部化优势,那么母国公司会选择包含技术转让的离岸外包模式。只有在具有所有权优势、区位优势的同时还具有内部化优势,离岸才会采取母国公司通过 FDI 在东道国建立子公司的模式。

7.2

芬斯特拉-汉森外包模型

本节介绍由罗伯特·芬斯特拉(Robert Feestra)和戈登·汉森(Gorden Hanson)在 1996 年发表的论文中所创建的模型,简称为 FH 模型。[①]该文使用的"外包"一词在新近的文献中已被"离岸"一词所替代,离岸既包括狭义的外包(现称离岸外包),也包括跨国公司将业务交给离岸子公司的形式。FH 模型没有区分这两种离岸组织形式,而是将它们作为同一现象以"外包"称之。出于保持文献历史原貌的考虑,我们在介绍 FH 模型时仍沿用外包这个称谓,而不是用离岸这个新称谓来替代。

模型架构

FH 模型沿用了传统贸易理论的新古典假设,即规模报酬不变的生产技术和完全竞争的市场结构。实际上,FH 模型是多恩布什、费希

---

① Feenstra, Robert C. and Gordon H. Hanson (1996), "Foreign Investment, Outsourcing and Relative Wages," in Robert C. Feenstra, Gene M. Grossman and Douglas A. Irwin (eds.), *Political Economy of Trade Policy: Essays in Honor of Jagdish Bhagwati*, MIT Press, 89-127.

尔和萨缪尔森在 1980 年构建的连续型 HO 模型(简称 DFS-HO 模型)的一个变形。[①] DFS-HO 模型中的连续型产品是最终产品,它们按资本密集度从低到高排列在 [0,1] 区间上,每个最终产品是这个区间上的一个点。DFS-HO 模型证明了在自由贸易均衡中,劳动力丰裕国会专业化于 [0,a) 这部分资本密集度较低的产品,资本丰裕国会专业化于 [a,1] 这部分资本密集度相对较高的产品,这里的 $a \in (0,1)$ 指的是在两个国家生产成本相等的边际产品。不同于 DFS-HO 模型,FH 模型中的连续型产品是**中间产品**,每个中间产品是 [0,1] 区间上的一个点,这些中间产品组装成一个最终产品。FH 模型的初衷是用于分析外包对不同技术水平工人之间工资差距的影响,所以模型中的 2 种生产要素是高技能工人(以 H 代表)和低技能工人(以 L 代表)。

假设 FH 模型中的 2 个国家是美国和墨西哥,美国是高技能工人丰裕国,墨西哥是低技能工人丰裕国。假设 2 个最终产品是服装和汽车。服装生产为低技能工人密集型,采用的是 HO 模型中的传统生产方法。汽车生产是将一系列作为中间产品的汽车零部件装配起来,每个中间产品的生产都需要投入高、低技能两种工人。我们定义中间产品 i 的**技能密集度**为生产该中间产品时所需要投入的高技能工人和低技能工人之比($h_i \equiv H_i/L_i$)。技能密集度最低的是诸如坐垫和脚垫之类的汽车内饰件,稍高一点的是诸如雨刮器和挡泥板等部件,再高一点的是诸如仪表盘和轮胎等部件,最高的是诸如发动机等部件。FH 模型将汽车零部件按照技能密集度(h_i)从低到高在 [0,1] 区间上排列。

在只有最终产品贸易而没有中间产品贸易的时代,所有汽车零部件都在美国生产并在美国组装成整车。汽车业是美国的比较优势产业,服装业是墨西哥的比较优势产业,两国间的贸易可以用标准的 HO

---

① 多恩布什、费希尔和萨缪尔森构建的连续型贸易模型有两个,此处提到的是 1980 年的 DFS-HO 模型,见 Dornbusch, Rudiger, Stanley Fischer, and Paul A. Samuelson (1980), "Heckscher-Ohlin Trade Theory with a Continuum of Goods," *Quarterly Journal of Economics*, 95(2), 203-224。另一个是 1977 年的 DFS-李嘉图模型,见 Dornbusch, Rudiger, Stanley Fischer, and Paul A. Samuelson (1977), "Comparative Advantage, Trade, and Payments in a Ricardian Model with a Continuum of Goods," *American Economic Review*, 67(5), 823-839。

贸易模型来描述。贸易开放如何影响美国和墨西哥工人的工资呢？以 w_H 代表美国高技能工人工资，w_L 代表美国低技能工人工资，这两个工资之比 $\omega \equiv w_H / w_L$ 是美国高、低技能工人的**相对工资**，也称为**工资差距**。同理可定义 ω^* 为墨西哥的工资差距。在标准的 HO 模型中，根据 SS 定理，美墨之间贸易开放的收入分配效应是：美国的工资差距扩大，墨西哥的工资差距缩小。但 20 世纪 80 年代的数据显示，美国和墨西哥的工资差距是同时扩大的，这是标准的 HO 模型所无法解释的。而从 FH 模型却能推导出：在美墨相互开放贸易从而美国将部分中间产品生产外包给墨西哥时，工资差距会在这两个国家同时扩大。

■■■■ 理论推导

下面我们来演示 FH 模型是如何推导出这个结论的。在美墨之间开放中间产品贸易时，美国会专业化于生产技能密集度较高的中间产品（例如汽车发动机），而将技能密集度较低的中间产品（例如汽车坐垫和灯具）离岸外包到墨西哥。在 FH 模型中，将最终产品组装活动放在美国还是放在墨西哥并不重要。如果汽车在墨西哥组装，那么高技能密集度的汽车零部件将从美国出口到墨西哥（这部分被记录为中间产品贸易），组装完成后墨西哥将汽车出口到美国，同时墨西哥还将服装出口到美国（它们被记录为最终产品贸易）。如果汽车在美国组装，那么低技能密集度的汽车零部件将从墨西哥出口到美国（这部分被记录为中间产品贸易），组装完成后美国将汽车出口到墨西哥，并从墨西哥进口服装（它们被记录为最终产品贸易）。

在 FH 模型中，外包使美国专业化于高技能密集度的汽车零部件的生产。因为生产这类零部件需要较多的高技能工人，所以外包使美国对高技能工人的需求上升。而低技能密集度的汽车零部件的生产和汽车组装需要雇用较多的低技能工人，所以这些活动的外包使美国对低技能工人的需求下降。所以外包使美国对高技能工人的相对需求上升了，在图 7.2 中表现为美国高技能工人的相对需求曲线上移。结果是，外包使美国的工资差距（ω）扩大了。

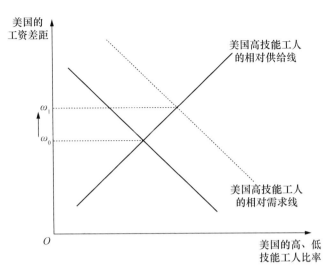

图 7.2 外包对美国工资差距的影响

　　我们再来讨论外包对墨西哥的影响。美国汽车公司将技能密集度较低的汽车零部件外包到墨西哥。虽然这些汽车零部件生产活动在美国属于技能密集度较低的生产活动,但在墨西哥与服装生产相比则属于技能密集度较高的生产活动。正因为如此,外包导致对墨西哥高技能工人的相对需求上升,在图 7.3 中表现为高技能工人相对需求曲线向上移动。结果是,外包使墨西哥的工资差距(ω^*)也扩大了。

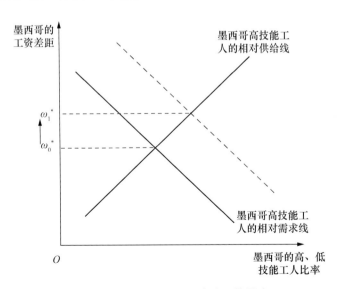

图 7.3 外包对墨西哥工资差距的影响

经验证据

从 FH 模型推导出外包活动使工资差距在母国（发达国家）和东道国（发展中国家）同时扩大的结论，它和 20 世纪 80 年代工资差距扩大既发生在美国等发达国家，又发生在墨西哥等发展中国家这一现象相吻合。图 7.4 显示 1967—2000 年美国制造业中以非生产性工人平均工资和生产性工人平均工资的比率衡量的工资差距。[①]在 1967—1979年的 13 年间，美国制造业的工资差距从 1.62 缩小到了 1.56。而在1980—2000 年的 21 年间，美国制造业的工资差距从 1.57 扩大到了1.77。表 7.1 列出了 1978—1988 年世界上 28 个国家的工资差距变化率。数据显示，在 9 个高收入国家中有 8 个国家的工资差距扩大了，在11 个中等收入国家中有 8 个国家的工资差距扩大了，在 8 个低收入国家中有 3 个国家的工资差距扩大了。根据许斌和李伟在 2008 年发表的论文，中国的工资差距在 1995—2000 年同样呈明显的扩大趋势（见图 7.5）。[②]

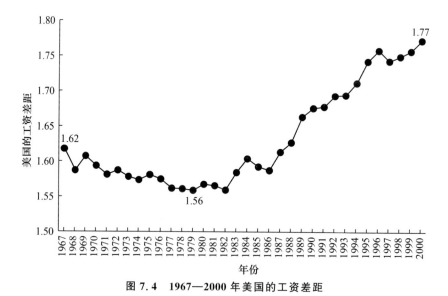

图 7.4　1967—2000 年美国的工资差距

---

① 非生产性工人的技能水平和教育程度较高，生产性工人的技能水平和教育程度较低，这两类工人的工资差距可以近似地衡量高技能工人和低技能工人的工资差距。

② Xu, Bin and Wei Li (2008), "Trade, Technology, and China's Rising Skill Demand," *Economics of Transition*, 16(1), 59-68. 在估算中国的工资差距时，高技能工人工资用大学文凭工作人员的平均工资来衡量，低技能工人工资用初中文凭以下工作人员的平均工资来衡量。

表 7.1 1978—1988 年工资差距变化率

高收入国家		中等收入国家		低收入国家	
加拿大	8.4%	委内瑞拉	10.7%	土耳其	−10.6%
瑞典	−1.9%	西班牙	5.5%	秘鲁	25.5%
澳大利亚	0.4%	爱尔兰	4.6%	哥伦比亚	−8.8%
丹麦	3.3%	希腊	−16.1%	危地马拉	13.4%
联邦德国	3.7%	墨西哥	18.7%	菲律宾	37.3%
奥地利	9.6%	葡萄牙	16.0%	埃及	−10.3%
英国	9.7%	塞浦路斯	11.5%	印度	−0.2%
芬兰	0.7%	乌拉圭	−1.1%	埃塞俄比亚	−13.0%
意大利	23.4%	马耳他	1.2%		
		智利	19.1%		
		韩国	−38.8%		
平均	6.4%	平均	3.5%	平均	4.2%

资料来源:Zhu,Susan Chun (2005),"Can Product Cycles Explain Skill Upgrading?" *Journal of International Economics*,66(1),131-155.

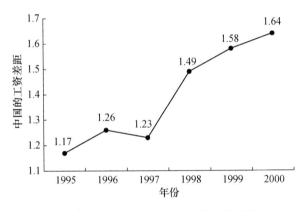

图 7.5 1995—2000 年中国的工资差距

需要指出的是,20 世纪 80 年代工资差距扩大既可能源于离岸外包活动的快速增加,也可能源于低技能工人替代型技术进步的大量应用,例如电脑替代了某些低技能工人的工作。经济学界对于 80 年代各国工资差距普遍上升背后的原因存在争议,参见许斌在 2008 年撰写的关于国际贸易和工资差距这个专题的学术文献综述。[1]

---

[1] 许斌(2008),《国际贸易与工薪差距》,载于丘东晓、许斌、郁志豪和鞠建东,《国际贸易与投资前沿》,上海世纪出版集团 2008 年版。

7.3 格罗斯曼—罗西-汉斯伯格离岸模型

研究离岸活动的近期文献中极富影响力的一篇论文是吉恩·格罗斯曼（Gene Grossman）和埃斯特班·罗西-汉斯伯格（Esteban Rossi-Hansberg）在 2008 年发表的《任务贸易：一个简单的离岸理论》。[①]该文构建了一个富有新意的离岸模型，为理解离岸现象提供了一个崭新的角度。本节将介绍这个模型（以下简称 GRH 模型）。

生产过程中的任务

GRH 模型引入了"**任务**"这个概念，将生产过程分解为一项项任务。从变量的内涵看，GRH 模型中的任务和 FH 模型中的中间产品活动并无实质性的不同；但从实际生产过程看，任务可以被视为生产过程碎片化的最小单位。理查德·鲍德温（Richard Baldwin）在 2016 年提出了生产过程的 TOSP 框架，将生产过程的最小单位定义为任务（Task），上面一层为职位（Occupation），再上面一层为阶段（Stage），最后才是产品（Product）。[②]由此可见，在国际贸易理论中引入任务这个概念是符合 20 世纪 80 年代后生产过程日益碎片化导致中间产品贸易和离岸活动大量增加这个现象的。

模型架构

假设 2 个国家（美国和墨西哥），2 个产业（汽车和电视机），2 种生产要素。和 FH 模型一样，两种生产要素为高技能工人（H）和低技能工人（L）。每个产业的生产过程可以分割为一系列**高技能任务**（简称 H 任务）和一系列**低技能任务**（简称 L 任务）。H 任务指研发和营销这样的需要投入较多高技能工人的任务，而 L 任务指电视遥控器生产这

---

① Grossman，Gene M. and Esteban Rossi-Hansberg（2008），"Trading Tasks：A Simple Theory of Offshoring，"*American Economic Review*，98(5)，1978-1997.

② Baldwin，Richard（2016），*The Great Convergence：Information Technology and the New Globalization*，Belknap Press.（中文译本）《大合流：信息技术和新全球化》，李志远、刘晓捷、罗长远译，格致出版社和上海人民出版社 2020 年版。

样的需要较多低技能工人的任务。假定 H 任务只能在美国做,而 L 任务中的某些部分可以从美国离岸到墨西哥。汽车业是高技能密集型产业,它的生产过程包含相对较多的 H 任务。电视业是低技能密集型产业,它的生产过程包含相对较多的 L 任务。美国向墨西哥的离岸是将汽车业和电视业中的一部分 L 任务转移到墨西哥去做。和 FH 模型一样,GRH 模型也不区分离岸的两种企业组织形式,即美国公司将某些 L 任务交给其在墨西哥的子公司来做的跨国公司模式,以及将这些 L 任务外包给墨西哥的独立公司来做的离岸外包模式。

GRH 模型的一个重要假设是:不同任务的离岸成本不同。假设每项 L 任务是区间 $[0,1]$ 上的一个点,任务 i 从美国离岸到墨西哥的成本为 $\beta t(i)$,这里的 β 是离岸成本中对所有离岸任务都适用的部分,它会随着运输和通信技术的提高而下降;而 $t(i)$ 是离岸成本中特定于任务 i 的部分,任务 i 按照 $t(i)$ 从低到高排列。

为什么美国公司会考虑将一部分 L 任务离岸到墨西哥呢?这是因为墨西哥的低技能工人工资(用 w^* 表示)低于美国的低技能工人工资(用 w 表示)。如图 7.6 所示,如果 β 足够小,那么离岸成本线 $\beta t(i)$ 和美国、墨西哥低技能工人相对工资线(w/w^*)在区间 $[0,1]$ 上会有一个交点 A,它对应的是**边际任务** θ。由此可知,美国离岸到墨西哥的 L 任务是那些离岸成本相对较小的 L 任务,即图 7.6 中处于 $[0,\theta)$ 区间的 L 任务。对于那些处于 $[\theta,1]$ 区间的 L 任务,因其离岸成本相对较高,所以这些任务不会被离岸到墨西哥,它们还是会在美国完成。为简化

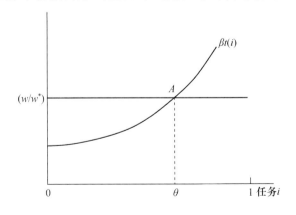

图 7.6　GRH 离岸模型

起见,假设汽车生产过程中的边际 L 任务和电视机生产过程中的边际 L 任务在[0,1]区间上处于相同的位置,都是 θ。

GRH 模型和 FH 模型看似相似,实际上却有着本质的差别。在 FH 模型中,从美国离岸到墨西哥的生产活动,在美国完成时用的是美国的技术,离岸到墨西哥后用的是墨西哥的技术。而在 GRH 模型中,从美国离岸到墨西哥的任务,离岸到墨西哥后用的还是美国的技术,不是墨西哥的技术,这里隐含着美国向墨西哥进行了技术转移。在离岸的两种企业组织形式中,如果是跨国公司形式,GRH 模型的隐含假设是美国母公司将生产技术内部转移给了墨西哥子公司;如果是离岸外包形式,GRH 模型的隐含假设是美国公司将完成这些外包任务的生产技术用某种方式(如技术许可证)转移给了在墨西哥的承担该外包任务的独立公司。在 GRH 模型中,将所有任务合在一起的组装任务在哪个国家完成并不重要。我们假设汽车和电视机都在美国组装完成,这样仅从最终产品角度看,美国经济就是一个 2×2 的标准的 HO 模型架构,这有助于后面的理论推导。

▰▰▰ 模型特征

GRH 模型是不同于传统贸易模型的新型模型。在李嘉图模型中,国际贸易发生是基于国家之间技术水平的不同,技术在国家之间不流动和不转让。在标准的 HO 模型中,国际贸易发生是基于国家之间资源禀赋的不同,国家之间不存在技术水平的差异;我们可以认为有一个隐含假设,即技术在国家间完全流动从而消除了国家之间在技术水平上的差异。而 GRH 模型恰恰是既假设国家之间存在技术水平的差异(从而不同于标准的 HO 模型和诸如 FH 模型这样的 HO 模型的变形),又假设国家之间会有技术转让(从而不同于李嘉图模型)。GRH 模型抓住了离岸的一个重要特征:离岸看似只是发达国家的企业将某些低技能密集型生产任务外移到工资较低的发展中国家去的活动,但在现实世界中,离岸常常伴随着发达国家向发展中国家的生产技术转移。格罗斯曼和罗西-汉斯伯格赋予了离岸活动一个极其重要的特征:离岸不仅仅是生产活动的外移,而且伴随着技术的外移。

理论推导

从离岸伴随着技术转让这个新角度,GRH 模型推导出了一些新颖的结论。随着运输和通信技术的进步,离岸成本整体下降(模型中的 β 下降),在图 7.7 中表现为 L 任务成本线整体下移,使得边际任务从 θ_0 上升到 θ_1,这意味着美国的汽车业和电视业扩大了向墨西哥离岸的 L 任务的范围。请开动脑筋想一下:离岸给墨西哥的 L 任务越多,美国企业生产汽车和电视机所需投入的 L 任务的总成本就越低(因为墨西哥的工人工资低)。所以向墨西哥离岸 L 任务的增加,就相当于美国企业在汽车和电视机生产过程中发生了**"低技能劳力节约型"技术进步**,而这又相当于美国的低技能工人总量增加了,这是一个**"等价关系"**(参见第 4 章第 4 节关于技术进步类型的介绍)。

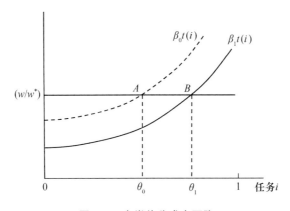

图 7.7　离岸外移成本下降

GRH 模型中设定的美国经济有着 2×2 的 HO 模型架构,即汽车和电视机 2 个最终产品,高、低技能工人 2 种生产要素。根据罗伯津斯基定理,在汽车和电视机价格给定的情形下,美国低技能工人总量的增加会使低技能密集型的电视业扩张,而使高技能密集型的汽车产业收缩。正是低技能密集型的电视业的扩张,使得美国经济对低技能工人的相对需求上升了,结果是推高了美国低技能工人的工资。再重复一下前面提到的等价关系:美国向墨西哥离岸 L 任务的增加相当于美国企业发生了"低技能劳力节约型"技术进步,而这又相当于美国的低技能工人总量增加了。所以 GRH 模型得出了一个出人意料的结论：美国向墨西哥离岸 L 任务的增加,对美国低技能工人工资的影响是使它上升而不是下降！换句话说,美国向墨西哥离岸活动的增加不但不会让美国的低技能工人受损,反而会让他们受益！这种可能性在 FH 模型中是不存在的,它和人们的直觉也完全相悖。

想一想　在美国公司将由美国低技能工人做的工作外包给墨西哥低技能工人去做后,为什么美国低技能工人的工资反而会上升？

▪▪▪▪ 离岸的生产率效应和价格效应

GRH 模型之所以得出发达国家(美国)将低技能工人工作离岸到发展中国家(墨西哥)会提高而不是降低发达国家(美国)低技能工人工资这个出人意料的结论,原因在于该模型中的离岸伴随着技术转让。在 GRH 模型中,当美国企业将某些 L 任务离岸到墨西哥时,它也将相关的美国技术转移给了在墨西哥做这些 L 任务的企业。这样做的结果是:美国企业的这些 L 任务的完成,既能受益于墨西哥的低劳动力成本,又能保持和在美国时一样的技术效率。出于这个原因,离岸对美国企业而言相当于发生了"低技能劳力节约型"技术进步[1],它间接地提高了美国低技能工人的生产率水平。美国低技能工人的生产率水平提高了,他们的工资也就随之提高了。格罗斯曼和罗西-汉斯伯格构建的这个离岸模型最重要的创新点,就是揭示了这个**离岸的生产率效应**。

需要指出的是,这个生产率效应是在最终产品价格给定的情形下(也就是开放小国情形下)推导出来的。对于美国这样的大国,离岸活动的增加不仅会产生生产率效应,还会产生价格效应。如前所述,美国向墨西哥离岸 L 任务的增加相当于美国发生了"低技能劳力节约型"

---

[1]　假设美国的汽车生产函数为 $Y = F(L/a, H/b)$。GHR 模型中的 L 任务离岸就相当于这个生产函数中的 a 下降了。请注意,只有当离岸到墨西哥的 L 任务仍然用美国技术完成时,a 的下降才不会改变美国生产汽车的技术方法 $F(.)$。

技术进步,而这又相当于美国的低技能工人总量得到了增加。根据罗伯津斯基定理,这会导致美国的电视业扩张和汽车业收缩,从而美国市场上汽车相对于电视机的价格上升。根据 SS 定理,随着高技能密集度的汽车相对于低技能密集度的电视机相对价格的上升,美国高技能工人的相对工资(也就是工资差距)将上升,这是离岸 L 任务在美国产生的**离岸的价格效应**。

所以说,对 GRH 模型的理解不能止于其揭示的生产率效应。确实,发现离岸的这个生产率效应是 GRH 模型的重要贡献,它拓宽了我们对离岸效应的认识。但是在 GRH 模型中生产率效应并非离岸的唯一效应,对于美国这样的大国,还必须考虑离岸产生的价格效应。在 GRH 模型中,L 任务离岸在美国产生的生产率效应是使工资差距缩小,而它在美国产生的价格效应则是使工资差距扩大,两者孰大孰小在理论上取决于诸多因素(参见第 4 章第 4 节中对利默-克鲁格曼之争的解析以及许斌在 2001 年发表的论文[①]),只有弄清楚这些因素才能确定离岸对工资差距的净效应。

▚▚▚ 经验证据

当学术界尚在关注始于 20 世纪 80 年代的工资差距单边扩大现象时,这个趋势在 90 年代后期中断了。如图 7.8 所示,从 90 年代后期开始,美国制造业的工资差距不再呈单边扩大趋势,而是呈上下波动走势。回想一下前面介绍的 FH 模型,它预测外包活动的增加会推动美国工资差距扩大,这和美国在 80 年代和 90 年代大部分年份的数据是一致的,但是 FH 模型不能提供与 90 年代后期以来美国工资差距上下波动的数据相一致的理论解释。相反,GRH 模型的预测是离岸活动的增加既可能推动美国的工资差距扩大,也可能缩小美国的工资差距。在 GRH 模型中,离岸通过生产率效应这个渠道对工资差距产生

[①] Xu, Bin (2001), "Factor Bias, Sector Bias, and the Effects of Technical Progress on Relative Factor Prices," *Journal of International Economics*, 54, 5-25. 该文在消费者偏好和生产技术的一般性假设下,对 2×2×2 贸易模型架构中不同类型的技术进步如何影响相对要素价格(工资差距)做了完整的推导。

的影响,与通过价格效应这个渠道对工资差距产生的影响,在作用的方向上正好相反。所以 GRH 模型为解释离岸活动在不同条件下对高、低技能工人之间工资差距的不同效应提供了空间。

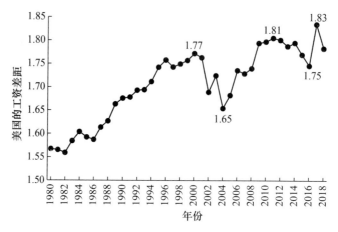

图 7.8　1980—2018 年美国制造业的工资差距

前面我们用 GRH 模型分析了 L 任务的离岸效应。GRH 模型的一个重要假设是离岸的发生取决于任务的离岸成本。虽然将 L 任务离岸到低技能工人工资较低的发展中国家似乎顺理成章,但是 GRH 模型中那些离岸成本较高的 L 任务仍必须在发达国家完成。同样道理,将 H 任务放在高技能工人丰裕的发达国家看似必然,但那些离岸成本较低的 H 任务仍有可能离岸到发展中国家更有效率地完成。随着信息技术的突飞猛进和数字智能(简称数智)时代的到来,一些 H 任务(例如医疗诊断)的离岸成本大幅下降,这些任务完全可以离岸到发展中国家,由那里的高技能者来完成(例如远程医疗诊断)。如果将 GRH 模型中的 L 任务离岸改为 H 任务离岸,那么离岸对美国企业而言相当于发生了"高技能劳力节约型"技术进步,它间接地提高了美国高技能工人的生产率水平,美国高技能工人的工资也就随之提高了,这是将技能密集度较高的任务从发达国家离岸到发展中国家后在发达国家所产生的生产率效应。芬斯特拉在其 2009 年的著作《全球经济下的离岸外移:微观经济结构与宏观经济影响》中指出:20 世纪 90 年代以来发达国家大幅增加了向印度等国的服务外包,其中有不少属于高技能工人的任务(参见专栏 7.2);他猜测服务外包活动在 90 年代的大幅增加可能是导致美国工资差距在 90 年代末以来呈上下波动走势的一个重要原因；他认为 GRH 模型的一个重要贡献是，为研究服务外包对工资差距的作用提供了理论框架。[①]

外包和离岸活动对应的是全球价值链贸易。传统贸易理论关注基于国家比较优势的产业间贸易，而价值链贸易模糊了以国家定义的比较优势，更多反映的是以国际生产网络定义的各国比较优势的组合。更重要的是，全球价值链贸易不仅是商品和服务的国际流动，而且伴随着知识、信息和技术的国际流动。上一节介绍的 GRH 模型的独

7.4 信息和数智时代的贸易理论

到之处正是在于，它假设了发达国家企业在将生产活动离岸给发展中国家企业的同时向后者转移了生产技术。从 20 世纪 80 年代开启的由计算机和互联网驱动的**信息革命**，到 21 世纪开启的由大数据和人工智能驱动的**数智革命**，都为贸易理论的创新提供了新的视角。[②]本节首先介绍现有文献中研究国际交易信息成本的贸易理论，然后介绍关于信息革命对国际价值链贸易作用的一些观点，最后讨论关于数智革命对国际贸易的内容和形式可能产生的影响。附录 7.1 对数智时代的国际贸易理论做了一些前瞻性的探讨。

▆▆▆ 国际贸易交易网络理论及其实证

国际贸易是由买者和卖者在市场上相遇而完成的，这种交易隐含着**信息成本**。不同的交易方式所隐含的不同信息成本会对国际贸易的数量和类型产生影响。

---

① Feenstra, Robert C. (2009), *Offshoring in the Global Economy: Microeconomic Structure and Macroeconomic Implications*, MIT Press. （中文译本）《全球经济下的离岸外移：微观经济结构与宏观经济影响》，孟雪译，格致出版社和上海人民出版社 2011 年版。

② 关于科技革命阶段的划分存在不同的说法。本书采纳的划分方法是：以蒸汽动力为标志的第一次科技革命，以电力为标志的第二次科技革命，以计算机和互联网为标志的第三次科技革命，以大数据和人工智能为标志的第四次科技革命。第三次和第四次科技革命合起来可被视为广义的数字革命。广义的数字革命的前一部分是以计算机和互联网为标志的信息革命，后一部分是以大数据和人工智能为标志的数智革命。

以詹姆斯·劳赫(James Rauch)为代表的国际贸易学者在 20 世纪 90 年代末开启了对国际贸易交易网络的研究。在一篇发表于 1999 年的论文中,劳赫将商品归类为**同质品**(homogeneous goods)和**异质品**(differentiated goods)。[①]在国际贸易中,同质品交易成功的信息成本较低,而异质品交易成功的信息成本较高。

如何实证信息成本对国际贸易类型的作用? 劳赫认为这可以从国际贸易交易网络中看出。当国际贸易交易网络发挥作用时,异质品的交易成功率就会提高,反映在国际贸易中异质品比重的增加上。劳赫和维托·特林达德(Vitor Trindade)2002 年发表了《国际贸易中的华人网络》一文,以世界华人关系网为研究对象。[②]根据交易网络理论,世界华人关系网可以起到降低国际贸易信息成本的作用,这会在与华人有关的国际贸易产品类型上体现出来。劳赫和特林达德的实证分析是基于对引力公式的估计,他们在引力公式中加入了两个刻画华人关系网的变量。第一个变量是贸易双方各自人口中华人比重的乘积,这个变量用于衡量国际贸易交易中属于华人间交易的概率。第二个变量是贸易双方各自的华人人口数量的乘积,这个变量用于衡量这两个国家的华人之间潜在的贸易联系程度。在控制了一系列关于语言、贸易条约、殖民统治历史和经济发展水平的其他变量后,劳赫和特林达德在他们使用的一个包括 63 个国家和地区的样本中发现华人关系网对异质品国际贸易量的促进作用显著高于其对同质品国际贸易量的促进作用。该实证结果支持了国际贸易中信息成本会对贸易类型产生重要影响这一观点。

托马斯·切尼(Thomas Chaney)在 2014 年发表了《国际贸易的网络结构》一文,对国际贸易中的信息成本和交易网络的作用做了进一步的分析。[③]切尼关注出口企业对交易伙伴的搜寻,他比较了直接寻找

---

① Rauch, James E. (1999), "Networks versus Markets in International Trade," *Journal of International Economics*, 48(1), 7-35.
② Rauch, James E. and Vitor Trindade (2002), "Ethnic Chinese Networks in International Trade," *Review of Economics and Statistics*, 84(1), 116-30.
③ Chaney, Thomas (2014), "The Network Structure of International Trade," *American Economic Review*, 104(11), 3600-3634.

贸易新伙伴和通过贸易圈中的熟人寻找新伙伴这两种方式。梅里兹模型假设进入出口市场需要先行支出一笔固定成本，但该成本被假设为对所有出口市场都相同。切尼关注出口的信息成本，该成本对处于不同地理位置的出口市场是不同的。基于这个假设，切尼构建了一个理论模型并从中推导出了一些新的结论。第一，一家在 A 国开展了出口业务的企业，在今后会更倾向于在 A 国相邻的国家开拓新的出口业务。更一般地说，一家企业已有的国际交易网络决定了它之后开拓的新出口市场的地理分布。第二，随着出口市场地区数量的增加，出口企业所在地与出口市场所在地之间的平均地理距离会加速上升。这意味着，一家企业的出口所达到的地理区域越多，它的出口数量受地理距离的影响就越小。切尼用 1986 年和 1992 年法国企业的数据做了实证研究，获得了支持上述理论推论的经验证据。切尼的研究有助于对国际贸易引力公式中所包含的地理距离变量所起的作用做出理论解释。

信息革命和国际价值链贸易

20 世纪后期，个人电脑和互联网的普及使得信息流动成本大大降低了。加上运输物流成本的下降和贸易政策壁垒的下降，发达国家的企业开始将生产过程拆分成价值链环节并在全球配置，由此产生了新的贸易内容（中间产品和服务贸易）和新的贸易形式（离岸外包和企业内贸易）。对于这些新变化，以国家为单位的传统贸易理论难以解释。这是本章介绍的外包离岸理论和上一章介绍的新新贸易理论兴起的一个重要背景。

随着信息革命的全球扩散和全球供应链的建立，知识和技术的国际流动性大幅提高。发达国家的知识和技术向位于全球供应链上的新兴发展中国家扩散，由此缩小了它们之间的收入差距。这个现象被 Baldwin（2016）称为"大合流"（The Great Convergence）。[①]同时，在信息

---

① Baldwin，Richard E. （2016），*The Great Convergence：Information Technology and the New Globalization*，Belknap Press.（中文译本）《大合流：信息技术和新全球化》，李志远、刘晓捷、罗长远译，格致出版社和上海人民出版社 2020 年版。

技术应用上落后的发展中国家遭遇了"信息鸿沟"。国际价值链贸易无疑带来了强烈的收入分配效应。本章介绍的芬斯特拉-汉森外包模型推导出了工资差距随外包活动增加（源于贸易开放度的提高）而扩大的结论，而格罗斯曼—罗西-汉斯伯格离岸模型揭示了离岸活动可能伴随着技术转移，因此在评估贸易开放的收入分配效应时，需要考虑技术转移所带来的生产率效应和离岸活动所带来的价格效应这两者之间的相对大小。

■■■■ 数智时代的国际贸易

21世纪开启的由大数据和人工智能驱动的数智革命使知识传播成本进一步下降，这会使国家之间的技术差距趋于缩小；但同时，由于技术具有正外部性特征，技术流动的集聚效应又会使国家之间的技术差距趋于扩大，产生技术鸿沟。

数智时代的技术创新可能会对生产过程碎片化产生种种独特的影响。在智能翻译技术达到一定水平后，阻碍国际贸易的语言壁垒将大幅下降甚至不复存在。某些数智技术，例如远程智能（RI），将会使生产过程进一步碎片化，使"微工作"的"微外包"成为可能。但另一些数智技术，例如3D打印，将会使生产过程走向整合而不是碎片化。这些技术变化的组合必将对国际贸易的内容和形式产生深刻的影响。

Baldwin（2016）在《大合流：信息技术和新全球化》一书中提出了一个重要观点，就是数智技术的发展将带来**劳动力在国际上的虚拟流动**，即产生虚拟移民。[1] 在国际贸易理论中，生产要素流动扮演着重要的角色。在传统贸易理论框架下，国际贸易和国际资本流动之间存在替代性，这个替代性源于两者都基于比较优势这个共同基础。在本章介绍的外包离岸模型中，国际贸易和国际资本流动之间存在互补性，跨国公司离岸投资量的增长会导致中间产品和服务贸易量的增长，这个互补性源于跨国公司的所有权优势和东道国的区位优势之间的强

---

[1] Baldwin, Richard E. (2016), *The Great Convergence: Information Technology and the New Globalization*, Belknap Press. （中文译本）《大合流：信息技术和新全球化》，李志远、刘晓捷、罗长远译，格致出版社和上海人民出版社2020年版。

强结合。Baldwin(2016)认为经济全球化的内涵是企业的全球"套利"活动,最早是从国际贸易中套利,之后是从国际资本流动中套利,再后面是从国际知识和技术流动中套利,到了数智时代将是从劳动力的虚拟流动中套利。[①] 可以确定的是,随着数智时代在广度和深度上的发展,国际贸易领域必将迎来一波新的学术浪潮(附录 7.1 对数智时代的国际贸易理论做了初步探讨)。

7.5 讨论和总结

本章讨论国际贸易的一个新现象,即商品和服务的离岸生产所带来的中间产品和服务的贸易。由于运输和通信成本的下降及贸易自由化程度的提高,生产过程的国际分割成为当今世界经济的重要特征,其结果是中间产品和服务的国际贸易量在世界贸易总量中的占比显著上升。生产过程的国际分割并不是简单地使中间产品和服务的占比增加,而是涉及国际贸易的一系列深层次问题。第一,由于过去对国际贸易的研究主要以最终产品为对象,因此需要探讨以中间产品和服务贸易为对象的新型贸易理论及其政策含义。第二,由于生产过程的国际分割和跨国公司密切相关,因此需要探讨企业以何种方式获得中间产品和服务的决策过程以及由此引致的企业组织形式和贸易类型。对于今天的国际贸易学生而言,这些与生产过程国际分割相关的新的国际贸易学知识是不可或缺的。

从更广的角度看,离岸是国际分工的一种形式,它与运输和通信技术的进步密切相关。本章讨论了基于信息成本的国际贸易交易网络理论,该理论深入到了贸易商层次,揭示了贸易商网络对国际贸易的产品类型和地区分布类型的作用。本章还探讨了信息革命和数智革命对国际贸易内容和形式的影响。随着数智技术向纵深发展,劳动力国际虚拟流动可能会给国际分工带来本质上的变化,国际供应链的

---

① Baldwin,Richard E. (2016),*The Great Convergence:Information Technology and the New Globalization*,Belknap Press. (中文译本)《大合流:信息技术和新全球化》,李志远、刘晓捷、罗长远译,格致出版社和上海人民出版社 2020 年版。

碎片化和整合化这两个相反的趋势可能同时呈现,企业异质性的内涵及其贸易效应可能发生重要的变化,由此可能催生出新一代的国际贸易理论(参见附录 7.1)。

【新时代 新思考】

本章介绍了价值链贸易、生产过程碎片化、外包、离岸、任务贸易、数智革命等新概念。对于新时代的中国学生,在学习了这些概念后,应努力将它们与当前全球经济格局的新变化联系起来,与中国推动的国内国际双循环战略联系起来,与中国政府的全球经济治理主张联系起来,与中国关于对外开放中确保国家自主性和互利共赢的原则联系起来。在经济全球化陷入低谷而数智技术迅猛发展的大背景下,对本章内容的学习有助于学生深刻理解中国致力于推进高水平对外开放和加快建设贸易强国的战略意义。

专栏 7.1
工资差距扩大源自离岸活动增长吗?

世界各国的工资差距在 20 世纪 80 年代和 90 年代普遍呈扩大趋势。这个工资差距扩大趋势背后的原因是什么呢? 研究表明,最主要的两个原因是经济全球化和信息技术革命。经济全球化有很多方面,在 80 年代后离岸活动的迅猛发展成为该时间段经济全球化的一个突出现象。本章第 2 节的芬斯特拉-汉森外包模型做出了一个理论预测:贸易自由化所带来的离岸活动的增长会使工资差距在发达国家和发展中国家同时扩大。在这个时间段还发生了信息技术革命,它使电脑在工作场所得到普遍的使用。如果电脑的使用导致对高技能工人的相对需求增加,那么信息技术革命也会推动工资差距扩大。

根据经济学理论,离岸活动的增长和电脑使用的普及这两个因素都能够扩大工资差距。但理论不能告诉我们哪个因素在实际经济运行中起了作用以及起了多少作用;这个问题只有实证研究才能回答。芬斯特拉和汉森用美国 1979—1990 年的数据对此进行了估计。[1]他们用一个产业中间产品进口额占总中间产品购买额(包括国内市场购买)的比重来衡量离岸密度,用电脑等信息技术资本占总资本的比重来衡量信息技术密度,结果发现美国离岸活动量的增加对于美国工资差距扩大的贡献度为 21％～27％,而信息技术应用的提高对于美国工资差距扩大的贡献度为 29％～32％。[2]由此他们得出结论:离岸活动和信息技术应用都是导致美国工资差距在此期间显著扩大的重要因素。

芬斯特拉-汉森外包模型预测离岸活动的增加同时推动了发达国家和发展中国家工资差距的扩大,这个预测得到了实证研究。在墨西哥,工资差距在 1964—1985 年间是缩小的,但在 1985—1994 年间呈显著扩大趋势。研究发现,在后一时期美国公司在美墨边境投资建立了许多加工出口工厂,将大量制造业中间产品离岸给它们生产。这些离岸生产活动拉高了对墨西哥高技能工人的需求,导致了墨西哥工资差距的扩大。中国是世界制造业产品离岸的重要目的地。中国的工资差距在 20 世纪 90 年代中期以后迅速扩大,跨国公司离岸活动的增加很可能是一个重要原因。由于缺乏数据,目前尚无关于离岸活动增加对中国工资差距扩大贡献度的估计。许斌和李伟在 2008 年发表的论文(本章第 2 节引用过)运用世界银行从中国五个大城市抽取的 1 500 家企业的数据,研究了这些企业对高技能工人的相对需求呈上升趋势背后的原因。他们发现 1998—2000 年在华外资企业的增加使中国高技能工人的相对需求上升了约 22％。该时间段中国对外贸易量中超过一半是跨国公司的进出口,其中很大一部分与离岸活动有关。由此推断,离岸活动的增长很可能是中国工资差距扩大的重要原因之一。

① Feenstra, Robert C. and Gordon H. Hanson (1999), "The Impact of Outsourcing and High-Technology Capital on Wages: Estimates for the U. S. , 1979-1990," *Quarterly Journal of Economics*, 114(3), 907-940.

② 引自 Feenstra, Robert C. and Alan M. Taylor (2014), *International Trade*, 3rd edition, Worth Publishers. (中文译本)《国际贸易》(第三版),张友仁等译,中国人民大学出版社 2017 年版。

专栏 7.2
国际服务外包和印度的角色

20 世纪 90 年代后,国际服务外包蓬勃发展,成为发达国家公众媒体的焦点。根据世界银行的数据,全球服务贸易额占 GDP 的比重由 1990 年的 7.72% 上升至 2019 年的 13.48%,服务贸易占全球 GDP 的比重稳步上升,尤其是以知识和信息为核心的服务贸易在全球贸易中的地位日益提升。1975 年,发达国家对外投资的 45% 集中于制造业;而到了 1997 年,发达国家对外投资中的 57% 集中于服务业。随着现代科技的发展,不仅制造产品实现了流水线作业,服务产品也变得数字化和标准化,因此国际服务外包成为许多企业降低成本、提高质量和实现规模经济的重要途径。经常被引用的国际服务外包例子包括:电话售后服务被离岸到了印度的客户服务呼叫中心;软件开发、会计、法律甚至医疗诊断等服务被离岸到了一些发展中国家。从这些例子可以看到,国际服务外包活动的很大一部分属于高技能密集型,这和低技能密集型为主的商品离岸活动形成了鲜明的对比。

国际服务外包的理论分析

如何理解由国际服务外包带来的高技能密集型服务从发展中国家出口到发达国家这个贸易类型? 国际贸易理论的基石之一是比较优势原则。在李嘉图模型中,一个国家出口劳动生产率相对较高的产品。以印度和美国的双边贸易为例,印度在服务业和制造业上的劳动生产率的绝对水平都低于美国,因此印度高技能工人和低技能工人的工资都低于美国。但两相比较,印美之间在高技能工人劳动生产率上的差距要小于在低技能工人劳动生产率上的差距,因此印度在某些高技能密集型的服务产业上具有比较优势。比较优势原则告诉我们,如果一个国家可以通过进口更便宜地获得一种商品或一项服务,则会带来贸易收益。发达国家将某些高技能服务外包到发展中国家的做法是符合比较优势原则的。

虽然国际服务外包可以用比较优势理论来解释,但它所具有的独特性使得建立在对国际商品离岸活动研究基础上的一些理论模型不再适用。本章第2节介绍的芬斯特拉–汉森外包模型预测发展中国家出口低技能密集型产品,但这个模型不能用来解释发展中国家出口某些高技能密集型服务这个现象。为什么这个模型对这类服务贸易没有解释力? 一个重要原因是它没有考虑生产成本以外的其他成本因素。例如对于印度而言,由于它在交通等基础设施方面相当薄弱,因此印度和中国相比在吸引制造业离岸活动方面处于劣势。但是印度在通信等基础设施方面相对较强,特别是拥有大量的英语人口,因此印度与其他发展中国家相比在吸引服务业离岸活动方面具有优势。中印两国资源禀赋的不同决定了它们所吸引的离岸活动内容的不同。

需要指出的是,高技能密集型服务离岸的收入分配效应肯定会不同于低技能密集型商品离岸的收入分配效应。如果某些高技能密集型服务从发达国家离岸到发展中国家,那么势必会对发达国家的劳动力市场产生不同于低技能密集型商品离岸带来的压力。长期而言,高技能密集型服务的离岸能够提高发达国家的企业竞争力并创造出更多高技能工作机会,由此增加对高技能工人的需求。但从短期来看,高技能工作的离岸会降低发达国家对高技能工人的需求,使他们成为经济全球化的输家。在传统贸易模型中我们得出的结论是,经济全球化会使一个国家的丰裕要素所有者受益;但在国际服务外包模型中,发达国家的丰裕要素所有者即高技能工人可能会受损,这对基于传统贸易模型的思维是一个挑战。国际贸易问题本质上是利益分配问题。当国际服务贸易使原来支持经济全球化的发达国家的高技能工人转而反对经济全球化时,这个变化的含义是深刻的。正是出于这个原因,国际服务外包引起发达国家公众媒体的广泛关注。

■■■■ 国际服务外包的数量规模

国际服务外包虽然增长速度较快,但总量尚小。根据国际货币基金组织的国际收支统计数据,对于电脑相关服务和包括会计在内的其他服务的进口占美国 GDP 的比重,1983 年为 0.1％,1993 年为 0.2％,2003 年为 0.4％。英国的这个比重稍高,1983 年为 0.9％,1993 年为 0.7％,2003 年为 1.2％。此外,尽管发达国家对发展中国家的服务外包是公众关注的焦点,但是大部分的服务外包是在发达国家之间进行的。2002 年,商业服务外包额最大的七个国家依次为美国(410 亿美元)、德国(390 亿美元)、日本(250 亿美元)、荷兰(210 亿美元)、意大利(200 亿美元)、法国(190 亿美元)和英国(160 亿美元)。根据玛丽·阿米蒂(Mary Amiti)和魏尚进(Shang-Jin Wei)在发表于 2005 年的论文中所提供的数据,商业服务外包的接受国家按数额排列最大的五个依次为美国(590 亿美元)、英国(370 亿美元)、德国(280 亿美元)、法国(210 亿美元)和荷兰(200 亿美元);印度排在第六位(186 亿美元),中国排在第十四位(100 亿美元)。[1]从这些数据可以看出,发达国家既是离岸服务的最大进口者,又是离岸服务的最大出口者,其中美国和英国等发达国家是离岸服务贸易的顺差国。由此我们可以判断,服务外包除了有劳动力成本方面的考虑,还会考虑诸如利用离岸服务生产国所具有的特定资源和接近消费市场等方面的因素。

■■■■ 服务外包中印度的角色

在国际服务外包市场上,美国、日本和欧洲发达国家是最主要的服务外包发包地,而印度则以服务外包业务的重要承接地而举世闻名。2004—2019 年,印度服务贸易额在 GDP 中的占比基本保持在 12％,高于中国的 6％。从 2004 年开始,印度服务贸易一直处于顺差

---

① 资料来源:Amiti, Mary and Shang-Jin Wei (2005),"Fear of Service Outsourcing: Is It Justified?" *Economic Policy*,20(42),308-347.

状态,且保持逐年增长的态势。印度服务贸易顺差主要源于计算机和信息服务,顺差额在 2005 年就已突破 200 亿美元,在 2017 年达到 712 亿美元。[①]

印度人均电脑拥有量低于发展中国家的平均水平,其国内的软件需求很小,因而印度的软件业走的是出口导向型的道路。印度的服务外包之所以发展迅速,与其国内有利的政策和制度条件有很大的关系。从 20 世纪 80 年代末开始,软件业被印度政府确认为优先发展产业。为了鼓励软件业的发展,印度建立了众多的软件科技园,园内有先进的硬件设施,并且得到政府在税收、信贷和出口等方面的各种优惠政策。软件业对印度 GDP 的贡献率高达 8%,该产业仅在 2018—2019 财年就创造了 1 770 亿美元的收入和 1 350 多亿美元的出口。欧美软件发包商在选择承包商时对东道国的管理水平、法律法规,特别是知识产权保护程度有着严格的要求。为了吸引欧美软件发包商,印度政府积极调整了国内知识产权的相关条例和政策,加强了对知识产权的保护,在国际上树立了较好的声誉。印度还特别重视对软件人才的培育,每年从大学中毕业的软件技术人员大约有 17 万人之多。这些技术熟练且价格低廉的软件人才给印度的软件外包带来了优势。印度 IT 公司开创了全球交付模式,分布式团队可以无缝地协同工作,交付复杂的软件项目。如今,五百多家全球公司在印度设立了研发中心。不仅是美国和欧洲国家,还有来自亚洲地区的公司,包括中国、印度尼西亚、韩国和日本,都在印度开展了业务。

值得一提的是,印度是全球位列第八的数字经济大国,其数字经济增加值在 2019 年达到了 5 856 亿美元。印度数字服务贸易也呈稳步增长态势。根据联合国贸易和发展会议的数据,2019 年印度数字交付服务贸易出口额占其服务贸易出口总额的 69%,而同期全球平均水平为 52%。2010—2019 年,印度数字交付服务贸易出口额呈稳

---

① 郭霞、朴光姬,《印度数字服务贸易发展特征及中国应对策略》,《南亚研究》2021 年第 2 期。

步增长态势,由 830 亿美元增至 1 479 亿美元,年均增长率为 6.6%,约占印度服务贸易出口总额的 70%。[①]

本章提要

1. 生产和服务的外包/离岸是世界经济中日益重要的一项活动。外包泛指企业将价值链的某些环节通过契约包给其他独立企业来完成,包给国内独立企业的称为在岸外包,包给国外独立企业的称为离岸外包。在新近的文献中,离岸一词被用来统称本国企业将价值链环节转移到外国去完成的活动,这些活动若由独立的外国公司来完成就是离岸外包,若由本国企业的离岸子公司来完成则称为跨国公司离岸,后者对应垂直型国际直接投资。

2. 离岸是生产过程国际分割的结果。国家之间生产成本的差异是离岸的重要驱动力。离岸使国际中间产品贸易的重要性提高。在早期关于离岸活动的文献中,芬斯特拉-汉森外包模型采用了多域 HO 模型架构将其应用于描述中间产品生产的国际分工,从中推导出商品离岸活动的增长导致贸易双方的工资差距(高技能工人工资和低技能工人工资之比)同时扩大的结论,这个理论预测符合 20 世纪 80 年代和 90 年代全球各国工资差距普遍扩大的趋势。

3. 20 世纪 90 年代后国际服务外包活动兴起。由于离岸到印度等发展中国家的服务中有很多属于高技能劳动力密集型活动,这使得基于商品外包特征的芬斯特拉-汉森外包模型失去了解释力。格罗斯曼—罗西-汉斯伯格离岸模型开辟了离岸理论的新方向,它抓住了离岸可能伴随着技术转让这个现实特征。在格罗斯曼—罗西-汉斯伯格离岸模型中,一项生产任务是否从发达国家离岸到发展中国家,不但取决于两国之间生产成本差异的大小,而且取决于这项任务离岸成本的高低。这解释了为什么有些低技能劳动力任务不被离岸,而有些高技

---

① 郭霞、朴光姬,《印度数字服务贸易发展特征及中国应对策略》,《南亚研究》2021 年第 2 期。

能劳动力任务(如高技能密集型服务)却被离岸这个现象。

4. 离岸活动对应的是全球价值链贸易。全球价值链贸易不仅是商品和服务的国际流动,而且伴随着知识、信息和技术的国际流动。国际交易的信息成本会影响国际贸易的数量和类型。在国际贸易中,同质品交易所需信息成本较低,异质品交易所需信息成本较高。当国际贸易交易网络发挥作用时,异质品的交易成功率就会提高,从而增加异质品在国际贸易中的比重。

5. 出口的信息成本对处于不同地理位置的出口市场是不同的。一家企业已有的国际交易网络决定了它之后开拓的新出口市场的地理分布,企业会更倾向于在与其传统出口市场地理上相邻的国家拓展新的出口业务。随着出口区域数目的增加,出口企业所在地与出口区域之间的平均地理距离会加速上升。一家企业出口达到的地理区域数目越多,它的出口数量受地理距离的影响就越小。

6. 20 世纪 80 年代开启了由互联网和移动互联网驱动的信息革命。正是由于信息和通信成本的大大降低,加上运输物流成本的下降和贸易政策壁垒的下降,发达国家的企业能够将生产过程拆分成价值链环节直至细分成生产任务在全球进行离岸配置,由此产生了中间产品和服务贸易这个新的贸易内容,以及离岸外包和企业内贸易这类新的贸易形式。

7. 21 世纪开启了由大数据和人工智能驱动的数智革命。数智时代的技术创新可能对生产过程碎片化产生种种独特的影响。诸如远程遥控和智能翻译这样的数智技术将使生产过程进一步碎片化,使"微工作"的"微外包"成为可能。而诸如 3D 打印这样的数智技术将使生产过程走向整合而不是碎片化。数智时代涌现的新技术必将对国际贸易的内容和形式产生深刻的影响。

进一步阅读

在 Feenstra 和 Taylor (2014)所著的《国际贸易》本科教材(第 3 版)第 7 章("产品与服务外包"),以及 Krugman、Obstfeld 和 Melitz

（2018）所著的《国际贸易》本科教材（第 11 版）第 8 章（"全球经济中的公司：出口决策、外包与跨国公司"），有对外包和离岸这个专题的讨论。Helpman（2011）所著的《理解全球贸易》用非技术语言对国际贸易的主要理论做了通俗的介绍，该书第 6 章（"离岸与外包"）对离岸和外包的理论和实证文献做了介绍。以上材料可供感兴趣的读者阅读。Feenstra（2009）所著的《全球经济下的离岸外移：微观经济结构与宏观经济影响》对有关离岸的理论和实证文献做了综述，可供研究生水平的读者阅读。在国际贸易交易网络文献中，Rauch（1999）是一篇经典论文，Chaney（2014）则是新近发表的一篇有影响力的论文。Baldwin（2016）所著的《大合流：信息技术和新全球化》对技术发展和全球化的历史、现状和未来做了富有创意的思考，非常值得一读。

Baldwin，Richard（2016），*The Great Convergence：Information Technology and the New Globalization*，Belknap Press. （中文译本）《大合流：信息技术和新全球化》，李志远、刘晓捷、罗长远译，格致出版社和上海人民出版社 2020 年版。

Chaney，Thomas（2014），"The Network Structure of International Trade," *American Economic Review*，104(11)，3600-3634.

Feenstra，Robert C.（2009），*Offshoring in the Global Economy：Microeconomic Structure and Macroeconomic Implications*，MIT Press. （中文译本）《全球经济下的离岸外移：微观经济结构与宏观经济影响》，孟雪译，格致出版社和上海人民出版社 2011 年版。

Feenstra，Robert C. and Alan M. Taylor（2014），*International Trade*，3rd edition，Worth Publishers. （中文译本）《国际贸易》（第 3 版），张友仁等译，中国人民大学出版社 2017 年版。

Helpman，Elhanan（2011），*Understanding Global Trade*，Harvard University Press. （中文译本）《理解全球贸易》，田丰译，中国人民大学出版社 2012 年版。

Krugman，Paul R.，Maurice Obstfeld and Marc J. Melitz（2018），*International Trade：Theory and Policy*，11th edition，Pearson Education. （中文译本）《国际贸易》（第 11 版），丁凯等译，中国人民大学出版社 2021 年版。

Rauch，James E.（1999），"Networks versus Markets in International Trade," *Journal of International Economics*，48，7-35.

一、即测即评

学完本章内容后,学生可扫描右侧二维码完成客观题测验(包含选择题和判断题),提交结果后即可看到答案及相关解析。

二、简答题

1. 从生产地点(本国、外国)和生产流程所有权(内部化、外包)这两个维度,可以区分出哪四种企业组织形式?

2. 在哪种离岸模式下会发生企业内贸易?

3. OLI 理论中的三个要素是什么? 在什么条件下企业会选择出口模式? 在什么条件下企业会选择对外直接投资模式?

4. 简述芬斯特拉-汉森外包模型与标准的赫克歇尔-俄林模型的联系和区别。

5. 在芬斯特拉-汉森外包模型中,当贸易开放导致离岸活动增加时,为什么工资差距在两个国家同时扩大?

6. 在格罗斯曼—罗西-汉斯伯格离岸模型中,发达国家将低技能工人任务离岸到发展中国家,就相当于发达国家的生产过程中发生了低技能劳力节约型技术进步。为什么?

7. 为什么世界华人关系网能够促进中国和其他国家之间的贸易活动?

三、综合题

1. 假设本国是低技能工人丰裕的国家,外国是高技能工人丰裕的国家。两国生产自行车和汽车两种产品,其中自行车属于低技能工人密集型产品,汽车属于高技能工人密集型产品。

(1) 当两国开展自由贸易时,它们的生产和贸易类型会是怎样的?

(2) 汽车的零部件分为高端零件和低端零件两种,分别属于高技能工人密集型和低技能工人密集型。假设低端汽车零件生产中高技能工人的密集度比自行车要高。如果在两国之间发生国际外包,它们的生产和贸易类型会怎样?

（3）画图说明国际外包将对两国国内的工资差距产生怎样的影响。

2. 假设 A 国是高技能工人丰裕的国家，B 国是低技能工人丰裕的国家。两国生产自行车和汽车两种最终产品，它们都由零部件组装完成。假设自行车属于低技能工人密集型产品，用于组装自行车零部件的生产需要完成较多的低技能工人任务；汽车属于高技能工人密集型产品，用于组装汽车的零部件生产需要完成较多的高技能工人任务。

（1）在格罗斯曼—罗西-汉斯伯格离岸模型中，在什么条件下 A 国会将低技能工人任务离岸到 B 国去完成？A 国有没有可能将所有低技能工人任务都离岸到 B 国去完成呢？

（2）A 国有没有可能将某些高技能工人任务离岸到 B 国去完成？为什么？

（3）如果 A 国将部分低技能工人任务离岸到 B 国去完成，这对 A 国的工资差距会产生怎样的影响？

附录 7.1
数智时代国际贸易理论初探

第 8 章
动态贸易理论

【本章简介】

本书迄今为止介绍的理论模型都是专注于某一时点的静态模型。和所有其他经济现象一样,国际贸易会随时间变化而呈现一个动态过程。作为现代国际贸易学之父,李嘉图对贸易的动态效应早有领悟,他在 1817 年出版的《政治经济学及赋税原理》一书中构想了一个动态贸易模型,在这个模型中,资本所有者将当期所获利润投入下期以扩大再生产,资本积累为经济增长提供了推动力。李嘉图的这个模型显示,贸易开放能够推高资本丰裕国家(当时的英国)的资本收益率,加速该国的资本积累从而推动其经济增长,由此带来动态贸易收益(参见专栏 8.1)。

本章第 1 节介绍在传统贸易理论框架下对动态比较优势的讨论,用的是比较静态分析方法,就是对两个静态均衡做比较。而要深入分析贸易开放的动态效应,需要采用动态分析方法。为一个国家的总体经济构建动态模型的经济学领域是经济增长理论,该领域的研究经历了新古典经济增长理论和内生经济增长理论两个阶段。本章第2节介绍在新古典经济增长理论框架中贸易开放的经济增长效应,第3节介绍在内生经济增长理论框架中贸易开放的经济增长效应。随着新新贸易理论将企业异质性引入贸易模型,基于企业异质性动态变化所产生的贸易开放动态效应受到关注。本章第4节介绍将新新贸易理论和内生经济增长理论相结合的研究成果。

【思政导引】

在一个国家长期动态发展过程中,基于技术进步的产业结构和贸易结构升级是实现可持续经济增长的关键。技术进步是新时代中国经济发展的重要驱动力,对本章内容的学习有助于理解技术进步的过程和对外开放在其中所起的作用。本章内容对于"怎样实现发展"这个问题有借鉴意义,但对"为谁发展"这个问题缺乏足够的讨论,这是西方经济理论的通病。在学习本章内容时,学生应有意识地去思考在现有的国际经济秩序下世界各国实现共同发展所面临的阻碍,深刻领会中国政府关于建立更加平等均衡的新型全球发展伙伴关系的主张。

8.1 传统贸易模型中的动态比较优势

传统贸易理论采用的是静态模型,关注的是某个时点的国际贸易均衡。回顾本书第1章中李嘉图模型的例子,中美两国在生产服装和饮料上的劳动生产率是既定的,假设中国在这两个生产活动上的劳动生产率都低于美国。从李嘉图模型推导出了一个重要结论:国际贸易的基础不是绝对优势,而是比较优势。虽然中国在服装和饮料生产上的劳动生产率都低于美国,但中国在服装生产上对美国的劳动生产率劣势相对较小,因而中国在服装生产上拥有比较优势,在自由贸易下中国向美国出口服装,从美国进口饮料。很显然,这是对某个时点上中美经贸关系的分析,中国在服装生产上的比较优势是在这个时点上的**静态比较优势**。

我们很自然会问:随着时间的推移,中国在服装和饮料生产上的劳动生产率会如何变化。假如中国在服装生产上的劳动生产率提高得较慢,而在饮料生产上的劳动生产率提高得较快,而美国在服装和饮料生产上的劳动生产率没有发生变化,那么在之后的某一时点,中国的比较优势就不再是服装生产,而是饮料生产了,在那个时点的自由贸易均衡中,中国会向美国出口饮料而不是服装,会从美国进口服装而不是饮料。这个假想的例子说明了动态分析的重要性。一个国家的比较优势会随着时间的推移而发生变化,因此我们需要在国际贸易分析中引入**动态比较优势**这个重要的概念。

▋▋▋▋ HO 模型中的产业升级

我们将 HO 模型作为探讨动态比较优势的起点。HO 模型中有资本和劳动力两种生产要素,资本和劳动力数量的增长会导致产业扩张,从而带来国民经济的增长。

假定韩国在 1960 年的资本和劳动力数量分别为 K_0 和 L_0,因此资本丰裕度为 $k_0 \equiv K_0/L_0$。韩国有两个产业:劳动密集型的服装业和资本密集型的钢铁业。假设韩国是一个开放小国,它是世界市场的服装价格和钢铁价格的接受者。回想一下 HO 模型中的罗伯津斯基定理,该定理揭示了开放小国要素数量的变化对产业结构的影响。在图 8.1 中,X 代表钢铁产量,Y 代表服装产量,曲线 AA 代表 1960 年时韩国的生产可能性边界,E_0 代表 1960 年的生产点,E_0 点上的切线斜率的绝对值就是韩国所面对的世界市场上钢铁和服装的相对价格。

假设 1960—1970 年韩国的资本和劳动力数量都有增长。如果它们呈平衡增长,那么生产可能性边界会如图 8.1(a) 所示向外同比例扩展,结果是钢铁和服装产量在 1960—1970 年间同比例增长。如果在此期间资本的增长快于劳动力的增长,那么生产可能性边界就会如图 8.1(b) 所示,在向外扩展时资本密集型的钢铁业的扩展幅度会更大。E_1 代表 1970 年的生产点,这里假定世界市场上钢铁和服装的相对价格在此期间没有发生变化(E_0 点上的切线斜率和 E_1 点上的切线斜率相同)。在图 8.1(b) 中,比较 1960 年的生产点 E_0 和 1970 年的生产点

E_1,韩国的钢铁产量增加了,服装产量下降了。

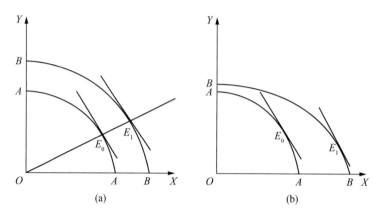

图 8.1　生产要素数量增长对开放小国产业结构的影响

在现实世界中,资本的增长速度通常快于劳动力的增长速度,因而资本和劳动力比率(资本丰裕度)会随着时间的推移而提高,这个过程被称为**资本深化**。运用图 8.1(b),我们可以想象一个资本深化和产业结构变化的动态过程:随着韩国资本丰裕度的提高,韩国的资本密集型产业(钢铁业)会不断扩大,劳动密集型产业(服装业)则会不断缩小,这反映了 HO 模型中开放小国的动态比较优势的演变。

在前面我们曾学习过,在标准的 HO 模型中,贸易开放只会让一个国家的比较劣势产业缩小,但不会让它消失,这个特征被称为不完全专业化。在上面的例子中,随着韩国资本丰裕度的提高,韩国会生产更多的钢铁和更少的服装,但不会只专业化生产钢铁而不生产服装。在 HO 模型中,自由贸易均衡具有不完全专业化特征的前提是贸易双方的资本丰裕度差别不大。就像本书第 4 章第 2 节中所定义的,此时的自由贸易下的世界经济等同于一体化经济,所有国家都处在同一个要素价格均等化区域中,即"单域"。

单域 HO 模型在讨论发展中国家的经济增长时具有局限性。虽然该模型解释了发展中国家的经济增长会伴随着资本密集型产业的扩张和劳动密集型产业的缩小,但它不能解释在这个产业升级过程中工资相对于资本价格上升这个被普遍观察到的现象。经济发展历史表明,一个国家的发展历程通常表现为从生产低端产品(例如纺织品)到生产中端产品(例如电视机)再到生产高端产品(例如智能手机)的产业升级过程,在这个过程中工资的增长快于资本价格的增长。本书第 4 章第 3 节介绍的**多域 HO 模型**描述了这个过程。

假设世界上有三种产品,按资本密集度从低到高排列依次为 X、Y、Z。图 8.2 画出了这三种产品的等产量线(XX、YY、ZZ),图中从原点出发的射线衡量的是这个国家的资本丰裕度(k_1、k_2、k_3、k_4)。在第 4 章第 3 节我们曾用这张图来描述一个静态的多域 HO 模型,用它来说明资本丰裕度不同的国家会专业化于生产哪种产品。现在我们将这张图应用于单个国家,用它来描述该国产业升级的动态过程。我们看到,随着该国资本丰裕度的提高(图中的射线变陡,资本丰裕度从 k_1 上升到 k_2,再上升到 k_3,再上升到 k_4),它所专业化的产业会从劳动密集型产业 X 升级到资本密集度较高的产业 Y,再升级到资本密集度更高的产业 Z。图 8.2 中与等产量线相切线的斜率(绝对值)衡量的是工资和资本价格之比。我们看到,随着该国资本丰裕度的提高,其生产结构向资本密集度较高的产业升级,这个过程会伴随着工资相对于资本价格的上升,这和经济发展进程常被观察到的工资增长快于资本价格增长的现象相吻合。

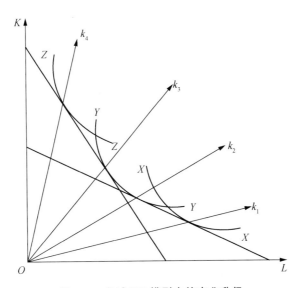

图 8.2　多域 HO 模型中的产业升级

以上对资本深化的产业升级效应的推导采用的是比较两个静态均衡的方法,用这种方法所做的分析称为**比较静态分析**。比较静态分析能够告诉我们的是,当一个国家的资本丰裕度从 k_1 上升到 k_2 再上升到 k_3 时(如图 8.2),该国的工资和资本价格的比率会不断上升,也就是资本价格和工资的比率会不断下降。但比较静态分析无法告诉我们,这个过程是会一直持续下去,还是会停下来?随着一个国家资本丰裕度的不断提高,该国的资本价格和工资的比率会不断下降直至归零,此时经济增长率是不是也归零,这个零经济增长点就是动态均衡点吗?对这些问题的分析需要建立在动态模型之上,这将是下面几节的内容。

8.2 新古典增长模型中的贸易开放

经济增长理论是研究一国经济随时间动态变化的经济学领域。经济增长理论重点研究在长期动态均衡稳定状态(steady state)时能够实现的经济增长率。经济增长理论最关注的是平衡增长路径,即所有经济变量按相同速度增长的情形。[1]

■■■ 索洛模型

罗伯特·索洛(Robert Solow)1956 年发表了《对经济增长理论的一个贡献》一文,构建了日后以他的名字命名的**索洛模型**,开创了**新古典经济增长理论**。[2]

经济增长模型的出发点是**总体生产函数**,它的一个简化表述是 $Y=F(K,L)$。该等式的左边是总产出 Y,一般用实际 GDP 来衡量。该等式的右边是方程 $F(.)$,它的变量是生产要素投入量,这里只考虑资本(K)和劳动力(L)两种生产要素,当然还可以包括土地等其他生产

---

① 经济增长理论关注平衡增长路径的原因在于这种情形既符合长期均衡的定义,又符合经验事实。例如,平衡增长路径意味着科研人员增长率和人口增长率相等。如果不是平衡增长路径,假设科研人员增长率高于人口增长率,那么在将来的某一天科研人员数量就会超过人口数量,这显然是不可能的。

② Solow, Robert M. (1956), "A Contribution to the Theory of Economic Growth," *Quarterly Journal of Economics*, 70(1), 65-94. 索洛因其对经济增长理论的贡献在 1987 年获得了诺贝尔经济学奖。

要素。方程 $F(.)$ 表示生产要素投入和产出之间的关系。狭义而言，$F(.)$ 指的是技术(technology)；广义而言，$F(.)$ 指的是决定投入产出关系的所有因素，除技术之外，重要的还有制度(institution)。

在索洛模型中，当期产出中的一部分转化为储蓄被用于投资。投资是个流量，它成为新增资本后提高了下期的资本存量。索洛模型采用了新古典假设：一是规模报酬不变，即要素投入增长 n 倍的结果是产出增长 n 倍；二是要素边际产出递减(边际收益递减律)，即在其他生产要素投入量不变的情况下，某种生产要素投入量的增加所能带来的产出增量会越来越少。[①] 根据边际收益递减律，随着资本的不断积累，资本边际收益率不断下降最终归零，因此在索洛模型中，长期稳态均衡的经济增长率等于零。

索洛模型中能否实现正的长期经济增长率呢？回答是可以有，但只能来自生产函数 $F(.)$ 的改善。索洛 1957 年发表了《技术变革和总体生产函数》一文，计算出了扣除资本和劳动力投入量增长对产出增长贡献后剩下的产出增长率，后被命名为"**索洛残差**"(Solow residual)。[②]索洛残差常被认为衡量了技术的改进，即**技术进步**，这是狭义的理解。广义而言，索洛残差代表了除去已被衡量的生产要素投入量增长对经济增长贡献之外的所有未知因素作用的总和，它既包括技术进步因素，也包括制度变化因素，还包括其他影响投入产出关系的因素，所以它被摩西·阿布拉莫维茨(Moses Abramovitz)戏称为"对我们无知的衡量"(measure of our ignorance)。[③]由于索洛残差反映了投入的所有生产要素的总体生产率，因此它又被称为**全要素生产率**(TFP)。

▓▓▓ 新古典增长模型中的贸易开放效应

在索洛模型中，长期经济增长只能来自技术进步(狭义而言)，而技

---

① 规模报酬不变的数学表述为 $nY = F(nK, nL)$。边际产出递减(以资本为例)的数学表述为 F 对 K 的一阶偏导大于零($\partial F/\partial K > 0$)，二阶偏导小于零($\partial^2 F/\partial K^2 < 0$)。

② Solow, Robert M.（1957），"Technical Change and the Aggregate Production Function," *Review of Economics and Statistics*，39(3)，312-320.

③ Abramovitz, Moses (1956)，"Resource and Output Trends in the United States Since 1870," *American Economic Review*，46(2)，5-23.

术水平在索洛模型中是个外生变量。①索洛模型没有解释技术进步来自何处,因而在贸易开放和技术进步之间也就没有任何联系。回顾本书第4章第2节中萨缪尔森的"天使寓言",它告诉我们HO模型的自由贸易世界等同于一体化世界。如果这个一体化世界按照索洛模型运行,那么这个世界的长期经济增长率等于零。换言之,贸易开放并不能将世界的长期经济增长率提高到零以上。

在新古典增长理论框架下,贸易开放的长期经济增长效应为零这个魔咒能不能被打破呢?贾米·文图拉(Jaume Ventura)1997年发表了《增长和相互依存》一文②,证明了在标准的HO模型架构中,如果一个小国开放贸易,它的长期经济增长率可以保持为正。回顾本书第4章第1节的开放小国HO模型,那里推导出了一个非常独特的结论:一个开放小国的生产要素价格不是由其国内生产要素市场的供求关系所决定的,而是由世界市场的产品价格所决定的。在索洛模型中,整个国家经济被抽象为一个产业,它的生产函数为$Y=F(K,L)$,资本积累(K的增长)会受制于边际收益递减律,这也是资本积累无法带来长期经济增长的原因。但在开放小国HO模型中有两个产业,当资本积累发生时,根据罗伯津斯基定理,资本密集型产业的生产规模会扩大,劳动密集型产业的生产规模会缩小,这个产业结构的调整能够吸收掉新增资本而不影响资本价格。也就是说,开放小国不受资本边际收益递减律的约束。文图拉模型与本章第1节中用多域HO模型描述的开放小国产业升级过程是一脉相承的,但文图拉模型是一个完整的动态模型,其结论来自动态分析而不是比较静态分析。可以说,文图拉模型是将新古典贸易理论(HO模型)和新古典经济增长理论(索洛模型)结合起来用于论证贸易开放具有长期增长效应的一个成功尝试,因而这个模型被老一代国际贸易学家罗纳德·芬德利(Ronald Findlay)誉为很可能是分析发展中国家通过对外开放来实现长期经济增长最为贴切

---

① 索洛模型中的总体生产函数可以用柯布-道格拉斯函数表述为$Y=AK^aL^{1-a}$,这里的A代表该国的技术水平(狭义而言),在索洛模型中它是一个外生变量。

② Ventura, Jaume (1997), "Growth and Interdependence," *Quarterly Journal of Economics*, 112 (1), 57-84.

的理论框架。[①]

在以索洛模型为代表的新古典增长理论中，资本积累能够带动经济增长，但这个增长效应只发生在从旧的稳态均衡向新的稳态均衡转型的阶段，一旦达到新的稳态均衡，经济增长率就归零。新古典增长理论中一国经济若有长期增长，则只能来自技术进步（广义而言还包括使全要素生产率提高的其他因素，如制度改进）。但新古典增长理论没有回答技术进步如何产生这个问题。

8.3

内生增长模型中的贸易开放

经济增长理论在 20 世纪 80 年代末和 90 年代进入了一个新时期。由保罗·罗默（Paul Romer）和小罗伯特·卢卡斯（Robert Lucas Jr.）所开创的新一代增长模型在微观层次上纳入了产生技术进步的机制，使得索洛模型中作为外生变量的技术进步得以内生化，因此他们所创建的理论被称为**内生增长理论**。[②]

罗默模型

罗默 1990 年发表了《内生技术变化》一文，构建了一个基于技术创新的增长模型。[③] 和新贸易理论一样，新增长理论（这是对内生增长理论的早期称呼）抛弃了新古典假设。罗默模型引入了一个研发部门，企业通过研发来获得**新创意**（new idea），拥有新创意的企业能够生产一个新的产品品种并享受垄断利润，对垄断利润的追求成为技术创新的动力。罗默假设**新创意生产函数**为：

---

① Findlay, Ronald (1996), "Modeling Global Interdependence: Centers, Peripheries, and Frontiers," *American Economic Review*, *Papers and Proceedings*, 86(2), 47-51.

② 内生增长理论最早的两篇论文是：Romer, Paul M. (1986), "Increasing Returns and Long-Run Growth," *Journal of Political Economy*, 94(5), 1002-1037; Lucas, Robert E. Jr. (1988), "On the Mechanics of Economic Development," *Journal of Monetary Economics*, 22 (1), 3-42。

③ Romer, Paul M. (1990), "Endogenous Technological Change," *Journal of Political Economy*, 98 (Part I), S71-S102. 罗默因将技术创新纳入长期宏观经济分析中而与威廉·诺德豪斯（William Nordhaus）共同获得 2018 年诺贝尔经济学奖，后者的贡献是将气候变化纳入长期宏观经济分析中。

$$\dot{A} = \delta L_A A \qquad\qquad (8.1)$$

该等式左边的 $\dot{A}$ 代表新创意数量,该等式右边包括研发效率参数(δ)、研发人员数目(L_A),以及现有新创意总和,或称**知识存量**(A)。新创意生产函数的关键假设是:知识存量对新创意的开发有一个正外部作用,它被称为**知识溢出**(knowledge spillover)。知识溢出效应类似于新贸易理论和新经济地理学中的产业外部性,它可以被理解为牛顿所称的"站在巨人肩膀上"的效应。从等式(8.1)可以得到新创意的增长率 $\hat{A} \equiv \dot{A}/\delta L_A$。[①]

考虑一个平衡增长动态均衡。平衡增长意味着所有变量的增长率都相同,因此长期经济增长率 g 等于新创意增长率 $\hat{A}$。同理,研发人员增长率等于人口增长率,因此在平衡增长动态均衡中研发人员数目是人口数量的一个固定比例:$L_A = \alpha L$。由此我们得到这个国家的长期经济增长率为 $g = \delta \alpha L$。对这个结论可以做如下解释:长期经济增长源自技术创新,技术创新的动力是对垄断利润的追求;而从新创意中获得多少垄断利润取决于市场规模的大小,它由人口数量来衡量。以罗默模型为代表的早期内生增长模型有一个特征,即长期经济增长率随市场规模而提高,这个特征被称为"**规模效应**"。

■■■ 格罗斯曼–赫尔普曼模型

在罗默模型的框架下,格罗斯曼和赫尔普曼构建了一个开放型内生增长模型。[②]一方面,他们采用了克鲁格曼在新贸易理论开篇中的模型构造,只是将垄断竞争差异化产品从最终产品改成了中间产品,这些差异化中间产品组装成一个最终产品。另一方面,他们采用了罗默包含知识溢出的新创意生产函数,假设一个新的差异化产品的创造(新创意)会受益于现有差异化产品的总数(知识存量)。和罗默模型一样,在格罗斯曼–赫尔普曼模型中,一个国家能够生产的新差异化产品

---

① 经济学文献中通常用 A 上加一点表示 A 的增量,用 A 上加一个帽子表示 A 的增长率。

② Grossman, Gene and Elhanan Helpman (1990), "Comparative Advantage and Long-run Growth," *American Economic Review*, 80(4), 796-815.

的数量取决于该国的研发人员数量;在平衡增长稳态均衡中,研发人员数量与人口数量成正比。就像克鲁格曼模型中贸易开放使(以人口数量衡量的)市场规模扩大从而使全世界的差异化产品种类增多一样,在格罗斯曼-赫尔普曼模型中,贸易开放同样会产生一个"规模效应",只不过在格罗斯曼-赫尔普曼模型中贸易开放增加的是全世界中间产品的种类,而中间产品种类的增加意味着知识溢出的增加。根据新创意生产函数,知识溢出的增加能够加快新创意的产出,从而提高长期经济增长率。由此,格罗斯曼-赫尔普曼模型得出了贸易开放能够推动长期经济增长的结论,这与索洛模型中贸易开放不能影响长期经济增长的结论形成了鲜明的对照。在索洛模型中,技术进步是个外生变量,包括贸易开放在内的政策只能影响转型路径上的经济增长,不能影响长期经济增长率。

长期经济增长和转型阶段经济增长

格罗斯曼-赫尔普曼模型之所以得出贸易开放能够推动长期经济增长的结论,是因为它采用了罗默模型中蕴含"规模效应"的新创意生产函数。查尔斯·琼斯(Charles Jones)对"规模效应"提出了质疑,认为它与经验证据不符。在 1995 年发表的《内生增长模型的时间序列测试》一文中[1],琼斯指出美国的研发人员数量在第二次世界大战后的几十年间有显著的增长,但美国的经济增长率在这个时期并没有呈现任何增长趋势。琼斯构建了一个"去规模效应"增长模型,从中推导出长期经济增长率等于(外生的)人口增长率,这个结论回归了索洛的新古典增长理论关于贸易开放等政策只能影响转型阶段的经济增长率,不能影响长期经济增长率的结论(参见附录 8.1 对琼斯构建的"去规模效应"增长模型的介绍)。

长期经济增长指处于稳态均衡时的(永久性的)经济增长,**转型阶段经济增长**指从一个稳态均衡向另一个稳态均衡的转型阶段的(过渡

---

① Jones,Charles (1995),"Time Series Tests of Endogenous Growth Models," *Quarterly Journal of Economics*,110(2),495-525.

性的)经济增长。虽然两者的理论内涵不同,但从实际作用来看,长期经济增长和一个持续很长时间的转型阶段的经济增长所产生的作用可以是等量齐观的,因此我们不能拘泥于理论定义而否定或贬低转型阶段经济增长的重要性。诚如琼斯和迪特里希·沃尔拉特(Dietrich Vollrath)所著《经济增长导论》第三版中所言:"关于政策对经济增长的影响是永久性的还是过渡性的之间的区别是有误导性的。我们真正感兴趣的是这种影响会持续多久。"[1]从这个视角看,尽管在去掉规模经济后的格罗斯曼-赫尔普曼模型中贸易开放不再影响长期经济增长率,但是贸易开放仍然影响转型阶段的经济增长率,这个转型阶段的增长效应仍然具有重要意义。

■■■■ 贸易开放和收入趋同

关于转型阶段经济增长有一个**收入趋同效应**:初始人均收入较低的经济体会增长较快,初始人均收入较高的经济体会增长较慢,因而各经济体的人均收入水平在一个持续较长时间的转型阶段中会趋同。这个收入趋同效应也被称为"**赶超效应**"。经验证据显示,在美国各州之间,以及在以发达国家为主的经合组织国家之间,存在人均收入趋同现象。但在全世界近百个经济体的样本中则不存在人均收入趋同现象(参见专栏 8.2)。

在一篇被广为引用的论文中,杰弗里·萨克斯(Jeffrey Sachs)和安德鲁·沃纳(Andrew Warner)提供了贸易开放有助于人均收入趋同的经验证据。[2]他们将世界上的经济体分成两组:贸易开放组和贸易封闭组。他们发现,在贸易开放组中存在人均收入趋同现象。如图 8.3 所示,1970 年时人均 GDP 较低的开放经济体有韩国(KOR)、中国台湾(TWN)、新加坡(SGP)和中国香港(HKG)(它们被称为亚洲"四小龙"),以及泰国(THA)、马来西亚(MYS)、印度尼西亚(IDN)、塞浦路

① Jones, Charles I. and Dietrich Vollrath (2013), *Introduction to Economic Growth*, 3rd edition, W. W. Norton & Company, Inc.(中文译本《经济增长导论》(第三版),刘霞译,格致出版社和上海人民出版社 2018 年版,第 146 页。

② Sachs, Jeffrey D. and Andrew Warner (1995), "Economic Reform and the Process of Global Integration," *Brookings Papers on Economic Activity*, 1, 1-95.

斯（CYP）和毛里求斯（MUS），这些经济体在 1970—1989 年间增长较快；1970 年时人均 GDP 居中的开放经济体有西班牙（ESP）、葡萄牙（PRT）、希腊（GRC）、爱尔兰（IRL）、日本（JPN）、芬兰（FIN）等，这些经济体在 1970—1989 年间的增长率居中；而 1970 年时人均 GDP 较高的开放经济体有瑞士（CHE）、美国（USA）、丹麦（DNK）、瑞典（SWE）、新西兰（NLD）、澳大利亚（AUS）、加拿大（CAN）、德国（GER）和法国（FRA）等，这些经济体在 1970—1989 年间增长较慢。与此形成鲜明对照的是，如图 8.4 所示，在贸易封闭组中不存在人均 GDP 趋同现象，因为有大量经济体（位于图 8.4 的左下角）不但初始人均 GDP 很低，而且在 1970—1989 年间的增长率也很低，甚至是负增长［哥斯达黎加（CRI）、南非（ZAF）、墨西哥（MEX）和巴拿马（PAN）等］。

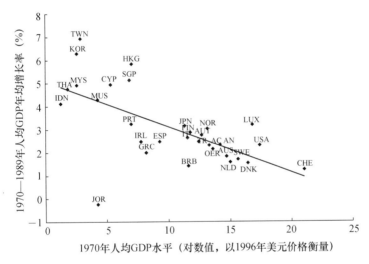

图 8.3　经济增长率和初始经济水平的关系（31 个开放经济体）

▊▊▊ 国际知识流动的作用

为什么格罗斯曼–赫尔普曼模型中贸易开放能够推动经济增长？为什么萨克斯和沃纳的数据显示贸易开放经济体之间存在人均收入趋同现象？仔细推敲后我们发现，这些理论结论或经验证据的成立都指向**国际知识流动**这个前提条件。格罗斯曼–赫尔普曼模型假设贸易开放后知识在国家之间完全流动，产生**国际知识溢出**。伴随着贸易开

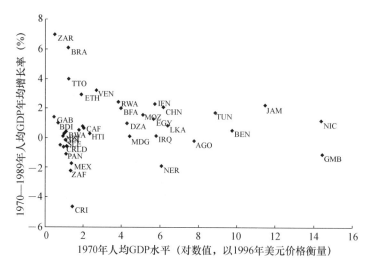

图 8.4 经济增长率和初始经济水平的关系(39 个封闭经济体)

放度的提高,知识开放度也提高了,知识总量不再限于国内知识,而是涵盖了全球知识。企业从国际知识溢出中获得了更高的创新能力,从而能以较低的研发成本来开发出一个新的产品品种。格罗斯曼-赫尔普曼模型证明了,如果贸易开放没有伴随着国际知识溢出,那么它只会使大国的产品创新速度加快从而提高其经济增长率,同时它会使小国的产品创新速度减缓从而降低其经济增长率;相反,如果存在国际知识流动和溢出,即使没有国际贸易,各国的经济增长率在经济开放后也会提高。由此可知,在以格罗斯曼-赫尔普曼模型为代表的开放型内生增长模型中,国际知识流动和溢出,而非国际贸易,才是对外开放产生经济增长效应的关键所在。

同样,萨克斯和沃纳从区分贸易开放组和贸易封闭组中所获得的经验证据反映的不仅是贸易开放的作用,还有伴随贸易开放而发生的国际知识流动和溢出的作用。不难想象,如果开放所产生的效应只局限在贸易领域(例如出口更多农产品和进口更多消费品)而没有带来新知识从技术先进经济体向技术落后经济体的流动,那么贸易开放度的提高就不会促进技术落后经济体的经济增长率,从而在贸易开放组群体中也就不会产生人均收入趋同效应。

想一想 为什么在美国各州之间和在经合组织国家之间发现了人均

收入水平趋同现象？

考察贸易开放所产生的长期动态效应的一个新角度是在新新贸易理论模型中将企业异质性动态化,这方面研究的代表作是托马斯·桑普森(Thomas Sampson)2016 年发表的《动态选择:关于进入、贸易和增长的一个知识流动理论》一文。[①] 本节对桑普森模型做一个简要的介绍。

8.4

动态企业异质性
内生增长模型

模型架构

考虑 2 个国家(中国和美国)、1 个产业(手机业),1 种生产要素(劳动力)。手机是差异化产品,其生产技术具有规模报酬递增的特征,其市场结构为异质企业之间展开的垄断竞争。简化起见,假设模型中的两个国家完全相同,下面的讨论以中国为例,但它也适用于美国。

在每个给定时点,桑普森模型和梅里兹模型完全相同。假定中国有许多潜在的手机生产企业,它们的生产率不同。我们用 a_i 来代表企业 i 的生产率。在没有进入手机业时,任何企业都不知道自己的生产率是多少。要进入手机业,企业首先需要花费一笔固定投资 f_d。进入后企业 i 知道了它的生产率 a_i,也就知道了它生产手机会获得的利润 π_i,等于手机销售收入减去生产手机的可变成本以及进入手机业时花费的固定成本 f_d。用 a_d 代表边际企业的生产率,生产率低于 a_d 的那些企业选择退出手机业,生产率等于或高于 a_d 的那些企业选择留下来生产手机。

出口会遭遇贸易壁垒成本 t。要成为出口企业,首先需要花费一个固定成本 f_x。在贸易开放后,那些生产率等于或高于 a_x 的企业会成为出口企业(同时也在国内市场上销售),那些生产率在 a_d 和 a_x 之间的企业会成为只在国内市场上销售的国内企业,而那些生产率低于

---

① Sampson,Thomas (2016). "Dynamic Selection:An Idea Flows Theory of Entry, Trade and Growth,"*Quarterly Journal of Economics*,131(1),315-380.

a_d 的企业会选择退出手机业。

■■■■ 动态生产率效应

每家想进入手机业的企业首先都需要投入研发资金 R 来开发一个手机品种,开发出的新技术为这家企业所专有(假设受到永久专利保护),而研发产生的新创意会成为知识溢出。桑普森假设新进入企业并不只是从生产率最高企业的知识溢出(即最前沿的创意)中获得灵感,而是从产业中所有企业的知识溢出(即企业创意的分布)中获得灵感。因此,手机业的知识溢出量取决于产业中现有企业的**生产率分布**。经验证据显示,大部分新进入某个产业的企业并不拥有该产业的最前沿技术,桑普森的上述假设与此相符。

现在将这个静态模型动态化。假设随着时间的推移,这个产业会有新的企业进入。桑普森模型引入了一个关键假设:得益于现有企业产生的知识溢出,新进入企业的生产率分布整体上升了。由此每拨新进入企业能够获得更多的知识溢出(也就是站在越来越高的巨人的肩膀上)。由此,桑普森模型将梅里兹模型所揭示的静态生产率效应转化成**动态生产率效应**。

现在考虑贸易开放的情形。假定时间 t_0 时贸易壁垒成本 t 下降。随着贸易开放度的提高,市场竞争加剧提高了该产业的进入门槛,使得进入的生产企业的整体生产率提高了;而贸易壁垒成本 t 的下降提高了出口企业的利润,导致出口企业扩大生产规模,这也使手机业的整体生产率得到提高,因为计算产业整体生产率的权重是企业规模,而规模扩大较多的正是生产率较高的出口企业。对当期新进入该产业的企业而言,前期进入企业整体生产率的提高意味着更多的知识溢出,由此当期新进入企业的整体生产率也提高了。这样,在桑普森模型中,贸易开放能够带来动态生产率效应,从而带来**动态贸易收益**。桑普森模型的重要意义在于,它证明了贸易开放产生的贸易收益不仅有梅里兹模型所揭示的源于当期生产率效应的静态贸易收益,而且还有源于长期生产率效应的动态贸易收益。

值得一提的是,在桑普森模型中,贸易开放的长期经济增长效应并不是取决于贸易开放带来的市场规模的扩大（即琼斯所质疑的"规模效应"），而是取决于贸易开放带来的产业整体生产率的提高。同样值得一提的是，要得出贸易开放推动长期经济增长这个结果，需要假设知识的流动和溢出，桑普森的论文《动态选择：关于进入、贸易和增长的一个知识流动理论》很好地反映了这一点。

8.5 讨论和总结

　　本章是对国际贸易动态效应的理论探讨。之前所介绍的理论模型都是静态的，是在某个时间点上所给定的各种条件下（包括技术水平、资源禀赋、企业生产率分布、企业组织形态、市场结构等）讨论国际贸易的特征和效应。随着时间的推移，这些条件会发生变化，从而使国际贸易呈现出动态特征和产生出动态效应。如果不了解国际贸易的动态特征和动态效应，那么对国际贸易现象的理解和对相关政策效应的评估将是不完整的，甚至会产生误判。

　　运用比较静态分析方法，可以从传统贸易模型中推导出一些国际贸易的动态效应，例如技术进步和资本积累会使生产可能性边界外移，使生产结构、收入分配和国民福利随之变化，而贸易开放对这个过程会产生影响。而对长期动态效应的完整推导需要采用长期经济增长理论中的动态模型，包括以索洛模型为代表的新古典增长模型。伴随着长期增长理论自身的发展，内生增长模型成为研究国际贸易动态效应的主要分析框架。开放型内生增长模型是对以克鲁格曼模型为代表的新贸易理论的发展，从中可推导出贸易开放的规模效应，即企业创新能力（开发新的差异化产品的能力）能够从更大规模的生产中获得更多的知识溢出，从而提高长期经济增长率。然而早期的内生增长模型中的规模效应与经验证据不符，在"去规模效应"的后期内生增长模型中，贸易开放并不能带来长期经济增长效应，而是带来在经济转型过程中的增长效应。当然，如果经济转型过程持续时间很长，那么这个转型阶段的经济增长效应与长期经济增长效应在所起作用上并没有多大差别。

关于动态贸易效应的一项新研究是将新新贸易理论中的企业异质性动态化的桑普森模型。该模型将梅里兹模型中贸易开放在当期产生的生产率效应和下期新进入企业的创新能力联系了起来，即新进入企业会从前期进入企业那里获得知识溢出，而贸易开放提高了前期进入企业的整体知识溢出，从而使新进入企业的整体生产率得到提高。桑普森模型揭示了贸易开放不但产生了传统贸易理论中基于比较优势的静态贸易收益、新贸易理论中基于规模经济的静态贸易收益、新新贸易理论中基于当期生产率效应的静态贸易收益，而且产生了基于动态生产率效应的动态贸易收益。

我们注意到，贸易开放产生经济增长效应的前提是存在国际知识流动和溢出。知识具有的公共品性质能够带来溢出效应。李嘉图模型假定存在劳动生产率的国际差异，其隐含假设是知识和技术在国家间流动存在阻碍。标准的 HO 模型假定各国技术水平相同，其隐含假设是国家间知识和技术的完全流动；但 HO 模型只有在考虑了国家之间的技术差异后才能对数据拥有一定的解释能力（参见第 4 章附录 4.1）。所以知识和技术的国际流动存在阻碍仍是一个现实，而国际贸易理论必须解释生产率国际差异及其动态变化背后的原因。桑普森模型通过建立跨期知识溢出机制将贸易开放和长期经济增长率联系了起来，在这个方向上向前迈进了一步。而构建基于国家层面、产业层面和企业层面技术异质性及其动态变化的国际贸易理论，仍是一个有待进一步挖掘的课题。

【新时代 新思考】

将中国建设成为一个现代化强国，是新时代中国政府治国理政的目标。实现这个目标需要有新的经济发展方式来支撑，需要有新的发展理念来指导。本章介绍了技术创新和开放体系对于提高全要素生产率和实现可持续经济增长的作用，掌握这方面的知识有助于更好地理解中国政府所倡导的建设创新引领的产业体系和全面开放体系的发展理念。中国政府所倡导的新发展理念具有更深的内涵和更广的外延，除了创新驱动和对外开放，还包括建设协调联动的城乡区域发展体系,竞争有序的市场体系,效率公平兼顾的收入分配体系,环境友好的绿色发展体系,以及充分发挥市场作用、更好发挥政府作用的经济体制。在学好本章内容的基础上,学生应努力提升对新时代中国政府所倡导的新发展理念的全方位认知。

专栏 8.1
李嘉图构想的动态贸易模型

本书第 1 章所介绍的李嘉图模型是一个静态贸易模型。根据这个模型,如果英国废除限制农产品进口的《谷物法》,和世界其他国家开展自由贸易,那么英国将获得贸易收益。在这个静态贸易模型中,贸易收益是一个国家开放贸易后所获得的静态收益。经验证据表明,静态贸易收益在数值上并不是很大。据一项估计,它占 GDP 的比率在美国为 0.57%,欧盟为 0.61%,日本为 0.85%,发展中国家的平均值为 1.4%。[①]因此,从静态贸易模型中所推导出的贸易收益对贸易开放政策的支持力度不够。

李嘉图意识到了国际贸易动态效应的重要性,在《政治经济学及赋税原理》一书中构想了一个动态贸易模型。[②]在这个模型中,农产品的生产需要投入劳动力和土地,工业品的生产只需要投入劳动力。资本所有者将"工资基金"投入农业或工业中去追求最高的利润回报,而将获得的利润又投入下一期的生产中。李嘉图假定土地所有者会将获得的地租用于消费,而不像资本所有者那样将获得的利润用于再投资。在封闭经济条件下,随着工资基金的逐步积累,工业品生产得到扩大,因而工业品价格不断下降,直至利润率等于零使经济增长归于停滞。而在贸易开放条件下,如果这个国家是一个开放小

---

① 克鲁格曼、奥伯斯法尔德和梅里兹:《国际贸易》(第 11 版),丁凯等译,中国人民大学出版社 2021 年版,第 228 页。

② 李嘉图早在 1815 年就已经阐述了这个动态贸易模型的思想,相关文章收录于 *The Works and Correspondences of David Ricardo*(1951),P. Sraffa(ed.),Cambridge University Press,Volume 4,1-42,转引自 Findlay,Ronald(1984),"Growth and Development in Trade Models," in *Handbook of International Economics*,Volume 1,R. W. Jones and P. B. Kenen (eds.),North Holland,187-191。

国,那么工业品的价格由世界市场确定,并不会随着该国资本积累和工业部门的扩大而下降。如果该国在工业品上具有比较优势,那么贸易开放会提高该国工业品的相对价格,从而提高该国工业部门的利润率。由于资本所有者会将所获得的利润投入下一期的生产中去,因此贸易开放通过提高资本所有者可以获得的利润为经济增长提供了推动力,使这个国家获得动态贸易收益。这种动态贸易收益比静态贸易收益在数值上更大,因而为贸易开放政策提供了更强有力的支持。

在这个动态的李嘉图模型中,资本积累导致一个国家在工业品上的比较优势得以增强,成为该国经济长期增长的动力。但贸易开放会使在工业品上有比较劣势的国家进一步专业化于农产品,从而削弱该国长期经济增长的动力。对于世界经济整体而言,由于世界土地量是既定的,因此资本积累会使工业品相对于农产品的价格随着时间的推移而不断下降,从而长期均衡中的经济增长率为零。

专栏 8.2
收入趋同假说的经验证据

经济增长理论中有一个收入趋同假说:人均收入低的经济体会比人均收入高的经济体增长得快,从而各经济体的人均收入水平在长期内趋同。

现实世界中存在收入趋同吗? 图 8.5 的纵轴显示 98 个经济体在 1960—1985 年间的人均 GDP 的年均增长率,而横轴显示 1960年的人均 GDP 水平。如果收入趋同假说成立,那么 1960 年时贫穷经济体应增长得较快,而富裕经济体应增长得较慢,图 8.5 中的 98个点应该分布在一条负斜率线左右。显然图 8.5 不支持收入趋同假说。虽然有一些 1960 年时的贫穷经济体在此后增长迅速,其中包括"东亚奇迹"经济体,但是也有许多贫穷经济体增长缓慢甚至是负增长。

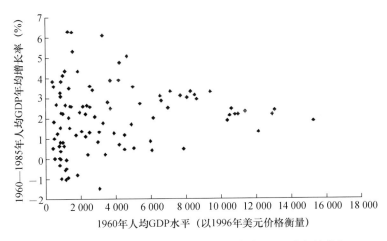

图8.5 经济增长率和初始经济水平的关系(98个经济体)

资料数据:Penn World Table 6.1。

但收入趋同假说对于美国各州和经合组织成员国是成立的。图
8.6 显示美国 48 个州 1880—1990 年人均收入的增长率(纵轴)和
1880 年人均收入的对数值(横轴)。我们看到 1880 年时较穷的州[例
如北卡罗来纳州(NC)、南卡罗来纳州(SC)、佐治亚州(GA)]在之后
的一个世纪中增长较快,而当年较富的州[例如内华达州(NV)、马萨
诸塞州(MT)、亚利桑那州(AZ)]在之后的一个世纪中增长较慢,美国
各州的人均收入逐渐趋同。图 8.7 显示 20 个经合组织成员国在
1960—1985 年人均 GDP 的年均增长率(纵轴)和 1960 年人均 GDP
的对数值(横轴)。除土耳其(TUR)外,这 20 个国家基本上处在一条
负斜率线的周围。显然,在经合组织国家中存在趋同现象:经济水平
较低的国家[例如希腊(GRC)和葡萄牙(PRT)]增长较快,而经济水
平较高的国家[例如瑞士(CHE)和美国(USA)]增长较慢。

为什么在美国各州之间和在经合组织国家之间存在经济水平的
趋同现象?主要原因在于它们之间存在商品、劳动力、资本和信息的
自由流动。据此推理,提高国家之间的开放度有助于实现经济水平
的趋同。本章第 3 节介绍了萨克斯和沃纳 1995 年发表的一篇论文,
他们将世界上的经济体分成两组:贸易开放组和贸易封闭组,并在贸
易开放组中发现了经济水平的趋同现象(见图 8.3),但在贸易封闭组

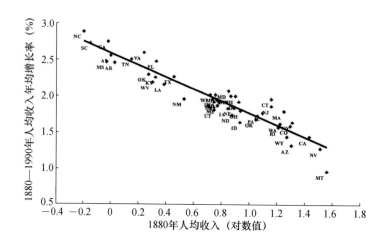

图 8.6　经济增长率和初始经济水平的关系(美国 48 个州)

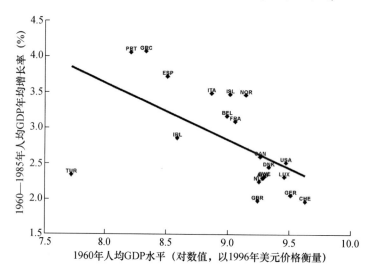

图 8.7　经济增长率和初始经济水平的关系(20 个经合组织国家)

中没有发现趋同现象(见图 8.4)。虽然这个经验证据所隐含的增长
效应是转型阶段经济增长效应而不是长期经济增长效应,但它足以
支持贸易开放有助于经济增长这个观点。

1. 国际贸易通过促进经济增长能够带来动态贸易收益。虽然对于贸易政策是否影响长期均衡中的经济增长率存在争议,但发展中国家处在向长期均衡的转型阶段。在这一阶段贸易政策对经济增长能够产生重大影响。

2. 经济增长源于生产要素投入的增长和生产要素效率的提高。生产要素投入的作用受边际收益递减律的制约而无法持久。对于小国而言,贸易开放能够使其生产要素价格由世界市场决定,从而摆脱边际收益递减律的制约。

3. 长期经济增长最终取决于生产要素效率的提高,后者主要取决于技术进步。国际贸易扩大了技术应用的市场从而增加了技术创新的动力。同时,国际贸易促进了技术的国际扩散,加快了发展中国家技术水平的提高,由此促进了它们的经济增长和收入水平与发达国家收入水平的趋同。

4. 国际知识流动和溢出是对外开放产生经济增长效应的关键所在。当贸易开放度的提高伴随着知识开放度的提高时,知识总量不再限于国内知识,而是涵盖了全球知识。企业从国际知识溢出中获得了更高的创新能力,从而带来更高的技术进步率和经济增长率。

5. 关于动态贸易效应的一项新研究是将新新贸易理论中的企业异质性动态化的桑普森模型。该模型将梅里兹模型中贸易开放在当期产生的生产率效应和下期新进入企业的创新能力联系了起来,揭示了动态生产率效应以及由此带来的动态贸易收益。

6. 国际贸易的动态效应和一个国家的比较优势相关。对于在高技术产业具有比较优势的国家,贸易开放使其高技术产业得到扩大和发展,有助于其技术进步和经济增长。而对于在高技术产业不具有比较优势的国家,贸易开放会不利于高技术产业在这些国家的生存和发展,由此影响这些国家的技术进步和经济增长。从理论上讲,贸易开放对经济增长的净效应可能为负。虽然对于贸易的增长效应的实证结果存在争议,但封闭经济不利于经济增长是经济学界的共识。

　　理解国际贸易对经济增长的作用需要掌握有关的经济增长理论。Jones 和 Vollrath(2013)是为本科生写的经济增长初级教材,其中文译本由格致出版社和上海人民出版社于 2018 年出版,推荐阅读。经济增长理论的经典文献包括 Solow(1956,1957)、Lucas(1988)、Romer(1990)和 Jones(1995)。Findlay(1984)在《国际经济学手册》第一卷中所撰写的文献综述能够帮助我们了解 20 世纪 80 年代前关于国际贸易和经济增长关系的有关研究。Acemoglu(2009)撰写的《现代经济增长导论》第 19 章对 20 世纪 90 年代后有关国际贸易和经济增长关系的研究做了综述,该书的中文译本由中信出版社于 2019 年出版。

Acemoglu, Daron (2009), *Introduction to Modern Economic Growth*, Princeton University Press. (中文译本)《现代经济增长导论》,唐志军等译,中信出版社 2019 年版。

Findlay, Ronald (1984), "Growth and Development in Trade Models," in R. W. Jones and P. B. Kenen (eds.), *Handbook of International Economics*, Vol. I, North Holland.

Jones, Charles I. (1995), "R&D-Based Models of Economic Growth," *Journal of Political Economy*, 103(4), 759-784.

Jones, Charles I. and Dietrich Vollrath (2013), *Introduction to Economic Growth*, 3rd edition, W. W. Norton & Company, Inc. (中文译本)《经济增长导论》(第三版),刘霞译,格致出版社和上海人民出版社 2018 年版。

Lucas, Robert E., Jr. (1988), "On the Mechanics of Economic Development," *Journal of Monetary Economics*, 22(1), 3-42.

Romer, Paul M. (1990), "Endogenous Technological Change," *Journal of Political Economy*, 98 (Part I), S71-S102.

Solow, Robert M. (1956), "A Contribution to the Theory of Economic Growth," *Quarterly Journal of Economics*, 70(1), 65-94.

Solow, Robert M. (1957), "Technical Change and the Aggregate Production Function," *Review of Economics and Statistics*, 39(3), 312-320.

练习与思考

一、即测即评

学完本章内容后,学生可扫描右侧二维码完成客观题测验(包含选择题和判断题),提交结果后即可看到答案及相关解析。

二、简答题

1. 为什么在索洛模型中贸易开放不能影响长期经济增长率?

2. 请解释为什么开放小国有可能取得正的长期经济增长率。

3. 请举例说明知识溢出在内生增长模型中所扮演的角色。

4. 在格罗斯曼-赫尔普曼模型中,贸易开放是通过什么渠道影响经济增长的?

5. 请解释长期经济增长和转型阶段经济增长在理论内涵上的不同。

6. 萨克斯和沃纳的数据显示贸易开放经济体之间存在人均收入趋同现象。如何在理论上解释这个经验证据?

7. 请解释国际知识流动和国际知识溢出的联系和区别。

8. 请简要说明梅里兹模型中的静态生产率效应是通过什么机制转化成了桑普森模型中的动态生产率效应。

三、综合题

1. 假设一个小国原来只能生产农产品和初级纺织品。当这个小国决定对外开放贸易时(时间 $t=0$),它的比较优势是农产品。随着该国在某些方面发生变化,在时间 $t=1$ 时它的比较优势变成了初级纺织品。通过初级纺织品出口,该国的经济收入得到增长,导致某些方面发生了新的变化。在时间 $t=2$ 时该国开始出口中级纺织品。

(1) 请画图描述该国在时间 $t=0$ 时的产业结构和贸易类型。

(2) 你认为该国在哪些方面发生变化后,它的比较优势从农产品变成了初级纺织品?请画图描述该国从时间 $t=0$ 到时间 $t=1$ 的产业结构变化和贸易类型变化。

(3) 请用一个经济增长模型来说明该国发生了哪些变化后才从一

个初级纺织品出口国变成了一个中级纺织品出口国。在这个过程中该国的工资相对于资本价格会呈现怎样的变化趋势？

（4）请运用增长理论分析该国如何能从中级纺织品出口国升级为高级纺织品出口国。这个转型要取得成功，关键因素是什么？

2. 请举例说明国际知识流动对国际贸易产生经济增长效应的作用。如果一个国家只参与国际贸易，而不对国际知识流动开放，那么这个国家贸易开放度的提高能够促进经济增长吗？如果一个国家对国际知识流动开放，但不参与国际贸易，那么这个国家国际知识流动开放度的提高能够促进经济增长吗？

3. 请运用你所学过的贸易模型，说明贸易开放产生贸易收益的各种不同渠道。什么是李嘉图模型中贸易收益的来源？什么是 HO 模型中贸易收益的来源？什么是克鲁格曼模型中贸易收益的来源？什么是梅里兹模型中贸易收益的来源？什么是芬斯特拉-汉森外包模型中贸易收益的来源？什么是桑普森模型中贸易收益的来源？

附录 8.1
"去规模效应"增长模型

第三部分
国际贸易政策

第 9 章
传统贸易政策工具

【本章简介】

　　本书的前两部分专注于讲解国际贸易理论。对于每一个理论模型,我们通常会比较两个极端的状态:封闭经济均衡和自由贸易均衡。通过这样的比较,我们得以理解和认识国家之间开展贸易的原因、贸易的类型以及贸易的种种效应。然而在今天的世界中并没有一个国家处在完全封闭或完全开放的状态;每个国家都或多或少地参与国际贸易,但同时又或多或少地对所参与的国际贸易活动进行一定的干预。有鉴于此,本书的第三部分(第9章至第12章)将关注贸易政策,即对国际贸易活动的政府干预。我们首先介绍一个国家在干预国际贸易活动时可能会采用的政策工具(第9章和第10章),然后讨论一个国家是否应该采取贸易政策以及会采取什么样的贸易政策(第11章),最后讨论全球贸易制度架构对一个国家所能实行的贸易政策的约束和影响(第12章)。

本章讲解进口关税、进口配额和出口补贴这三个最为常用的传统贸易政策工具。之前在介绍贸易理论时我们会关注两大问题：一个国家从贸易开放中所获得的贸易收益，以及贸易开放在这个国家内部所产生的收入分配效应。贸易政策是对自由贸易的偏离。在分析一个贸易政策工具时，我们同样关注这两大问题：第一，这个贸易政策工具会对一个国家的国民福利产生怎样的影响；第二，它会在这个国家内部产生怎样的收入分配效应。

【思政导引】

本章介绍包括进口关税、进口配额和出口补贴在内的传统贸易政策工具。本章内容能够帮助学生获得关于这些贸易政策工具如何影响国民福利以及各类要素所有者之间收入分配的基本结论。在当前错综复杂的国际形势下，厘清国际经济关系的脉络包括贸易政策所起的作用很有必要。在学习本章内容时，学生应超越其分析方法的局限，从更高的高度去深入探讨实现各国利益协调的贸易政策框架，深刻领会中国政府关于推动建立更加平等均衡的新型全球伙伴关系以合作应对全球性挑战的主张。

9.1

进口关税

进口关税是一个国家对进口商品所征收的税，它可以是从价税，也可以是从量税。举个例子，如果对进口红酒在其价格上征收 100% 的关税，那就是**从价税**；如果对进口红酒每瓶征收 100 元的关税，那就是**从量税**。历史上进口关税曾是一个国家财政收入的重要来源，也曾是贸易保护最重要的手段。虽然进口关税的作用如今已大大降低（参见专栏 9.1 对美国实施钢铁关税历史的介绍），但对于进口关税作用的分析仍是我们理解其他贸易政策的基础。

封闭经济均衡

我们用大家熟悉的微观经济学的供给需求图来分析进口关税的作用。考虑世界上的一个小国,该国指的是世界市场价格的接受者,它不具有任何能够影响世界市场价格的力量。假定该国有许多农户生产小麦,国内小麦市场处于完全竞争状态,不存在任何影响国内市场上小麦价格的垄断力量。图 9.1 显示了该国的封闭经济均衡,小麦的市场价格为 P_A,小麦的生产数量和消费数量相等,都是 Q_A。

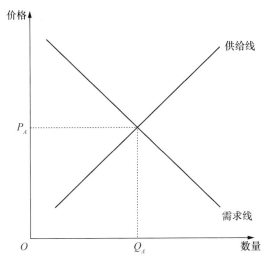

图 9.1 封闭经济均衡

自由贸易均衡

如果这个国家完全开放其小麦市场,情况会怎样?假定世界市场上小麦价格为 P^*。对于一个小国来说,它的小麦供给和需求不会影响世界市场价格 P^*。假设该国在小麦上处于比较劣势,那么它的封闭市场小麦均衡价格 P_A 必然高于世界市场价格 P^*,因此世界市场价格线处于该国的封闭均衡价格下方,如图 9.2 所示。当该国的小麦市场完全开放时,小麦价格从 P_A 下降到 P^*,国内需求量上升到 Q_D^*,国内供给量下降到 Q_S^*。国内需求量和国内供给量之间的差距 $M^* = Q_D^* - Q_S^*$,就是该国在自由贸易条件下的小麦进口量。

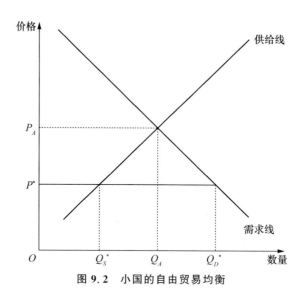

图 9.2　小国的自由贸易均衡

进口关税均衡

现在考虑该国对小麦征收进口关税,如果征收的是从量税 t,国内小麦价格会上升到 $P=P^*+t$。如果征收的是从价税 τ,国内小麦价格会上升到 $P=P^*(1+\tau)$。该国进口商在世界市场上为每单位小麦支付 P^*,进口的这些小麦通过本国海关时必须支付进口关税,因此这些小麦在国内市场上的售价不能低于世界市场价格加上关税,否则做进口小麦生意就会亏损。在进口关税保护下,国内小麦生产者的竞争力上升了,因为它们生产的小麦现在可以在世界市场价格加上关税这个较高的价格上与进口小麦竞争。如图 9.3 所示,和自由贸易的情况相比,国内供给量从 Q_S^* 提高到了 Q_S,国内需求量从 Q_D^* 下降到了 Q_D。因此,进口量从 $M^*=Q_D^*-Q_S^*$ 下降到了 $M=Q_D-Q_S$。

以上分析表明,进口关税会使国内价格提高,国内需求量下降,国内供给量上升。进口关税能够起到减少进口量的作用。

进口关税的福利效应

进口关税使谁获益,使谁受损?对于国民福利而言,进口关税是有利还是有弊?为了回答这些问题,我们需要引入衡量福利水平的两个概念:消费者剩余和生产者剩余。**消费者剩余**指消费者愿意支付的金

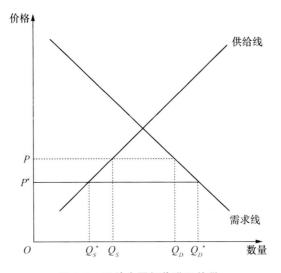

图 9.3　开放小国征收进口关税

额超过消费者实际支付的金额的那部分。在图 9.4 中,需求线上的每一点反映消费者愿意支付的价格。在市场价格等于 P 时,消费者剩余等于三角形 YPX 的面积。与此类似,**生产者剩余**是生产者出售产品所得金额超过生产成本的那部分。在图 9.5 中,供给线上的每一点反映生产者在相应产量上的边际成本。在市场价格等于 P 时,生产者剩余等于三角形 ZPX 的面积。我们定义**社会总剩余**为消费者剩余和生产者剩余之和,它是**国民福利**的度量指标。社会总剩余上升表示国民

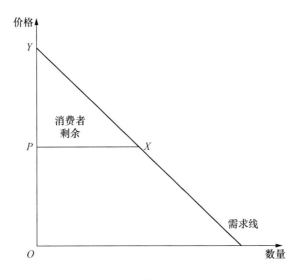

图 9.4　需求线和消费者剩余

福利上升,而社会总剩余下降则表示国民福利下降。

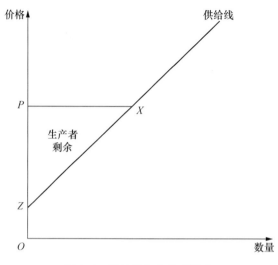

图 9.5　供给线和生产者剩余

　　现在我们用这些经济福利的度量指标来分析进口关税的福利效应。图 9.6 中,我们用字母 A 至 G 表示相对应的图形面积。在自由贸易条件下,国内商品价格等于世界市场商品价格 P^*。这时消费者剩余等于 $A+B+C+D+E+F$,生产者剩余等于 G。社会总剩余为两者之和 $A+B+C+D+E+F+G$。在该国征收进口关税后,国内商品价格上升到 P。这时消费者剩余等于 $A+B$,和自由贸易时相比减少了 $C+D+E+F$,由此可知进口关税使国内消费者受损。关税条件下生产者剩余等于 $C+G$,和自由贸易时相比增加了 C,由此可知进口关税使国内生产者受益。政府从关税中获得了多少收益?单位进口商品征收的关税等于 $P-P^*$,总进口数量为 M,所以政府的**关税收入**等于 $(P-P^*)M$,在图 9.6 中等于 E。因为政府的关税收入最终会分配给该国国民,所以它也包括在社会总剩余中。关税条件下的社会总剩余等于消费者剩余 $(A+B)$、生产者剩余 $(C+G)$ 和政府关税收入 (E) 之和,和自由贸易时相比减少了 D 和 F。由此我们得出结论:进口关税使小国的国民福利下降。[①]

　　进口关税造成的国民福利损失在图 9.6 中显示为 D 和 F 两部分,

---

　　① 这个结论不适用于大国。我们将在第 11 章第 1 节讨论大国实施关税政策的福利效应。

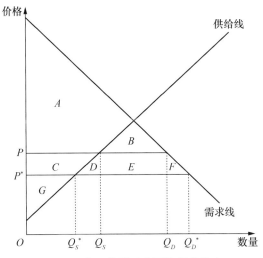

图 9.6 进口关税对小国的福利效应

其原因在于进口关税扭曲了该国的资源配置。在需求方面，进口关税使商品价格提高，消费者不得不放弃消费量 $Q_D^* - Q_D$。消费者从这部分消费量中可以获得的效用对应于三角形 F 的斜边（需求线上的一部分），而对这个国家来说获得这部分消费量的成本对应于三角形 F 的底边（即世界市场价格线），所以三角形 F 的面积衡量了进口关税造成的**消费扭曲所带来的无谓损失**。在供给方面，进口关税使商品的价格提高，吸引生产边际成本高于世界市场价格的生产者生产 $Q_S - Q_S^*$。这部分生产量的边际成本对应于三角形 D 的斜边（供给线上的一部分），而这个国家本可以从世界市场上以价格 P^* 获得这些商品，所以三角形 D 的面积衡量了进口关税造成的**生产扭曲所带来的无谓损失**。在经济学文献中，这些用于衡量经济扭曲所带来的无谓损失的三角形被称为**哈伯格三角形**（Harberger's triangle），它是以美国经济学家阿诺德·哈伯格（Arnold Harberger）的名字命名的。

　　进口配额是一个国家对某种进口商品在数量上所设的限制（参见专栏 9.2 对全球纺织品进口配额历史的介绍）。作为例子，考虑一个进口小麦的小国。如图 9.7 所示，在自由贸易条件下，该国生产的小麦数量 Q_S^* 不足以满足国内需求量 Q_D^*，所

9.2

进口配额

以需要进口 $M^* = Q_D^* - Q_S^*$（图中粗体虚线的长度）。当该国实施进口配额时，小麦的进口数量被限制为 $M < M^*$（M 为图中粗体实线的长度）。如果小麦价格还是 P^*，那么国内小麦市场会出现供不应求的状况，使得国内小麦价格上升。从图 9.7 中可以看出，进口配额 M 的作用相当于进口关税（$P - P^*$）的作用：它使国内需求量下降，国内供给量上升，国内价格上升。

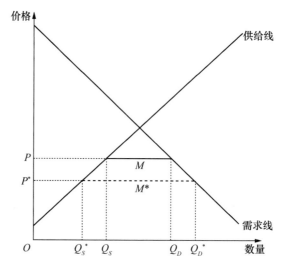

图 9.7　开放小国实施进口配额

进口配额的福利效应

虽然进口配额的价格和数量效应等同于进口关税，但进口配额的福利效应和进口关税相比有所不同。我们可以用分析进口关税福利效应的图 9.6 来分析进口配额的福利效应。在图 9.6 中，进口配额使消费者剩余从 $A+B+C+D+E+F$ 下降到 $A+B$，使生产者剩余从 G 上升到 $C+G$，这和进口关税的效应相同。在进口关税情况下，政府获得了关税收入 E。

想一想　在进口配额情况下，谁获得了 E？

要知道谁获得了 E，必须了解政府是如何实施进口配额政策的。如果政府将进口许可证发放给一些进口商，那么这些进口商在世界市

场上以价格 P^* 买进,再在国内市场上以价格 P 卖出,每单位获得差额 $(P-P^*)$,总收入等于 $(P-P^*)M$。这项由于拥有进口许可证而获得的收入被称为**进口配额租金**。由于只要拥有进口许可证就可以获得租金,因此进口商势必开展**寻租活动**,通过游说政府官员来争取获得进口许可证。如果寻租活动处于完全竞争状态,那么相当于进口配额租金的费用将会被花费在游说政府官员的活动中,这种活动造成了社会资源的无谓损失。在这种情况下,进口配额政策使国民福利受到的损失就不止 $D+F$,而是 $D+E+F$。当然,如果政府对进口许可证进行拍卖,它仍然可以获得相当于 E 的拍卖收入;在这种情况下,进口配额造成的国民福利损失等于 $D+F$,与进口关税下的福利效应相同。

前面两节讨论了限制进口的两种贸易政策工具。本节介绍一种鼓励出口的贸易政策:**出口补贴**(参见专栏 9.3 对世界各国农产品出口补贴的介绍)。和进口关税一样,出口补贴可以是基于出口商品价格的从价补贴,也可以是基于出口商品数量的从量补贴。

自由贸易均衡

设想世界上的一个小国。和前面两节不同,我们现在假定这个小国在生产小麦上有比较优势,因此小麦的封闭经济均衡价格 P_A 低于世界市场价格 P^*,如图 9.8 所示。当该国对世界贸易完全开放时,较高的世界市场价格激励该国生产更多小麦,使得小麦的供给量从 Q_A 上升到 Q_S^*。而较高的价格抑制了国内需求量,使之从 Q_A 下降到 Q_D^*。国内供给量超过国内需求量的部分即 $Q_S^* - Q_D^*$ 正是该国的出口数量。

出口补贴均衡

现在考虑该国对小麦实施出口补贴的情况。假定农户从每单位小麦出口中可以获得的补贴等于 S。这时国内小麦价格必须等于多少

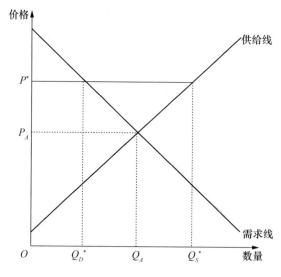

图 9.8　小国的自由贸易均衡

才能使生产小麦的农户愿意在国内市场上出售小麦？因为农户从每单位小麦出口中可获得收入 P^*+S，所以他们只有在国内小麦价格 $P=P^*+S$ 时才会愿意同时在国内外市场上销售。由此可见，出口补贴政策会使国内市场价格从 P^* 上升到 P，如图 9.9 所示。价格上升刺激了国内生产，使得产量从 Q_S^* 上升到 Q_S。与此同时，价格上升抑制了国内需求，使得消费量从 Q_D^* 下降到 Q_D。出口补贴政策达到了刺激出口的目的，出口量从 $Q_S^*-Q_D^*$ 增加到了 Q_S-Q_D。

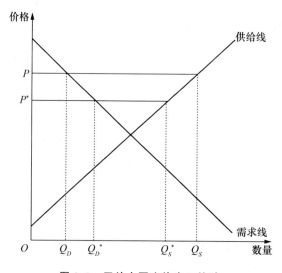

图 9.9　开放小国实施出口补贴

出口补贴的福利效应

出口补贴使谁获益,使谁受损? 它对国家整体福利水平会产生怎样的影响? 我们仍然使用消费者剩余和生产者剩余来分析这些问题。图 9.10 显示,在自由贸易价格为 P^* 时,消费者剩余等于 $A+B+C$,而生产者剩余等于自由贸易价格线以下和供给线以上的三角形 F。在实施了出口补贴政策后,国内价格上升到 P,因此消费者剩余下降为 A,消费者受损了;而生产者剩余上升到了 $B+C+D+F$,国内生产者获益了。

想一想 政府实施出口补贴的资金从哪里来?

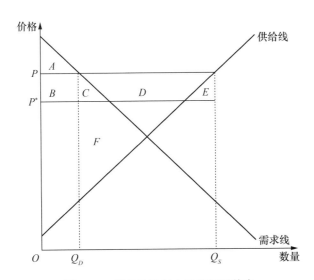

图 9.10 出口补贴对小国的福利效应

图 9.10 显示,出口补贴总额等于 $(P-P^*)(Q_S-Q_D)$,也就是 $C+D+E$。这项用于出口补贴的资金只能来自对国内其他经济部门的税收收入。所以在出口补贴实施后,国民福利的变化量等于消费者剩余的下降量 $-B-C$ 加上生产者剩余的上升量 $B+C+D$ 减去出口补贴的支出量 $C+D+E$,结果等于 $-C-E$。由此我们得出结论:出口补贴政策使该国的国民福利水平下降,其下降量等于 $C+E$。

为什么国民福利下降了 $C+E$? 这是因为出口补贴政策造成了资

源配置的扭曲。出口补贴实施后,国内价格上升,国内消费者不得不减少消费,由此所造成的消费方面的福利损失等于 C。而国内价格上升使更多资源从其他产业转移到这个收到补贴的产业,所增加的产量的边际成本等于三角形 E 的斜边(供给线上的一部分),而生产该产业的商品所需资源的价值相当于世界市场上该商品的价格 P^*,由此造成的生产方面的福利损失等于 E。

9.4 讨论和总结

现实世界中的贸易政策错综复杂,涉及政治、经济、法律和社会等诸多层面。对于认识一个复杂的现象,建立一个简单直观的分析参考点是很有帮助的。本章为讨论贸易政策建立了一个简单且直观的分析框架:拥有完全竞争市场的开放小国的局部均衡静态分析框架。假设完全竞争市场使得经济中由于垄断等非竞争性力量所造成的资源配置扭曲得以被抽象掉,这样就可以聚焦于贸易政策的福利效应。假设开放小国是为了抽象掉贸易政策对世界市场的影响,因为大国的贸易政策会改变世界市场的供求关系,使得贸易政策的效应复杂化。局部均衡分析聚焦于贸易政策在其针对的商品市场上的作用,而不考虑这个政策对其他商品市场的作用。静态分析着眼于贸易政策对某一时点的影响,而不考虑这个政策的动态效应。毫无疑问,基于上述这些假设所得出的结论在现实世界中并不一定成立。但是从这个简单模型所得出的结论树立了一个基准点。当我们考虑复杂的现实世界时,我们所要研究的是它和这个基准点的距离有多远,这比没有基准点的研究要有效得多。

本章讨论了进口关税、进口配额和出口补贴这三个传统的贸易政策工具。前两个工具用于限制进口,后一个工具用于鼓励出口。应用开放小国的局部均衡分析框架,我们从三个政策工具的福利分析中得出了一个共同的结论:自由贸易政策使这个小国的国民福利达到最大,而任何偏离自由贸易的政策都会带来资源配置的扭曲并由此造成国民福利的损失。这个结论为讨论贸易政策的福利效应建立了一个起点。

【新时代 新思考】

本章运用数学分析工具推导出了传统贸易政策的作用。数学分析方法是新时代中国学生需要学习和掌握的基本功。同时必须认识到,现实世界并不像数学关系那么单纯,对经济问题乃至所有其他问题的分析需要有历史思维、辩证思维、法治思维、创新思维、底线思维、战略思维和系统观念。建立这样的全方位科学思维能力不是一蹴而就的,但首先需要树立这个意识,通过不断学习、不断思考和不断实践来培养和提高自己的全方位科学思维能力。

专栏 9.1
美国钢铁关税的历史演进

钢铁业历来是美国政府给予保护最多的产业之一。美国钢铁业在 1890 年超过英国后开始领先于世界。然而日本和欧洲在 20 世纪 60 年代重建起了它们的钢铁业。日本的钢铁生产成本在 1958 年降到了美国以下,而欧洲的钢铁生产成本在 1964 年也降到了美国以下。同时,日本和欧洲通过采用更先进的炼钢技术在生产效率和产品质量方面开始超越美国,美国逐渐丧失它在钢铁业上的领先优势。1959年,美国爆发了历时 116 天的钢铁工人大罢工,导致美国国内钢铁供给量骤减,促使美国的钢铁消费企业把目光投向了日本和欧洲以求获得稳定的供货来源。从 1959 年开始,美国由钢铁净出口国转变为净进口国。

钢铁进口量的持续增加使得美国钢铁企业的日子越来越不好过,而落后的技术和高昂的劳动力成本不断地压缩着它们的市场份额和利润水平。如何才能摆脱困境?摆在美国钢铁企业面前的有两条出路:第一,实施技术革新,降低单位劳动力成本,解决多年遗留的老问题,提高自身竞争力;第二,谋求政府保护,通过贸易保护措施将外国竞争者拒之门外。美国的钢铁巨头们选择了后者。他们通过院外游说和选票政治向政府施压,其策略非常成功。在 1969 年尼克松政府第一次实施钢铁贸易保护措施之后的三十多年间,美国政府针对钢铁业的贸易保护几乎从未中断(见表 9.1)。

表 9.1 1969—2021 年美国对钢铁业的贸易保护措施

时间	贸易保护措施	针对国家(组织)
1969—1974	自愿出口限制协定	日本、欧共体
1978—1982	触发价格机制	欧共体
1982—1992	自愿出口限制协定	欧共体
1992—2001	反倾销税和反补贴税	日本、欧共体、墨西哥、加拿大
2002—2003	对 12 种主要的进口钢铁产品征收 8％～30％不等的关税	日本、欧盟、中国、韩国、俄罗斯等
2018—2021	对进口钢材征收 25％的关税	加拿大、欧盟、韩国、墨西哥、巴西、日本、中国、俄罗斯和土耳其等

▪▪▪ 布什政府对钢铁产品征收进口关税

2002 年 3 月 5 日,时任美国总统乔治·W. 布什(George W. Bush)宣布从当年 3 月 20 日起对 12 种主要的进口钢铁产品征收 8％～30％不等的进口关税,为期三年。该关税产生于如下背景:从 20 世纪末开始,国际钢铁业出现了产能严重过剩的现象,导致钢铁价格下跌。在 1997—2001 年的五年时间里,美国国内的钢材价格下跌了 40％,这沉重地打击了美国钢铁业,导致 30 多家钢铁企业申请破产。美国钢铁业将矛头指向进口产品,要求政府提高进口关税并收紧进口配额,用以保护美国国内钢铁企业。2002 年正逢美国中期选举,钢铁业拥有的政治影响力再次显现出威力。美国的钢铁业主要集中在西弗吉尼亚、宾夕法尼亚和俄亥俄这三个州,这些州的钢铁工人及其家属的选票对共和党能否夺回在众议院中的主导权至关重要。出于政治利益的考虑,布什政府出台了对进口钢材征收高额关税的贸易保护措施。

布什政府的决定遭到了美国国内钢铁消费行业和世界主要钢铁出口国的强烈反对。在利益各方的博弈之下,美国政府于 2003 年 12 月宣布取消对进口钢铁产品加征的高额关税。

特朗普政府对钢铝征收进口关税

2018 年 3 月 9 日,时任美国总统唐纳德·特朗普(Donald Trump)援引《1962 年贸易扩展法》第 232 条款(该条款允许总统限制对国家安全至关重要的商品的进口)签署了对进口钢铁和铝分别征收 25% 和 10% 关税的法令。美国商务部数据显示,按 2018 年 1 月进口额排名,美国进口钢材的十大主要来源地依次为加拿大、欧盟、韩国、墨西哥、巴西、日本、中国台湾、中国大陆、俄罗斯和土耳其。作为谈判策略,特朗普暂时豁免了针对加拿大、欧盟、韩国、墨西哥、巴西、阿根廷和澳大利亚的关税。但谈判并未取得令特朗普满意的成果,于是美国宣布从当年 6 月 1 日起对加拿大、欧盟和墨西哥开征 25% 的钢铁关税和 10% 的铝关税,这引发了加拿大、欧盟和墨西哥以报复措施回应。加拿大宣布对不超过 166 亿加元的美国商品加征进口关税。欧盟对包括威士忌、摩托车等在内价值 28 亿欧元的美国商品征收额外的进口关税。墨西哥宣布对进口自美国的钢铁、猪肉和波本威士忌酒等商品加征关税。

2019 年 5 月 17 日,美国宣布与加拿大和墨西哥达成协议,美国取消针对加拿大、墨西哥的钢铝关税,加拿大、墨西哥取消对美国商品征收的报复性关税。随着新冠疫情在 2020 年的全球大暴发,美国钢铁业的供给能力骤降。而时任美国总统乔·拜登(Joe Biden)为应对疫情推出了 2 万亿美元的基础设施建设计划,推高了对钢铝的需求预期。分析人士认为,若拜登政府不取消特朗普任内所批准实施的钢铝关税,美国市场对钢铝的需求量将无法得到满足。2021 年 10 月,美国和欧盟达成协议,美国豁免从欧盟进口的钢铁关税(前提是这些钢铁完全在欧盟生产)。美国商务部长吉娜·雷蒙多(Gina Raimondo)表示,前总统特朗普批准征收的钢铝关税对于未被豁免的钢铝出口国将继续有效,美欧双方达成协议是为了"面对我们共同的挑战,即全球产能过剩"①。

---

① 引自英国《金融时报》2021 年 11 月 1 日的报道。

专栏 9.2
全球纺织品配额时代的终结

2006 年世界纺织品贸易总额达到 5 300 亿美元,占世界贸易总额的 4.5%。欧洲和美国是最大的纺织品进口地,而中国是最大的纺织品出口国。从 20 世纪 60 年代起,纺织品贸易一直处在配额管理之下,历时 40 余年,直到 2005 年全球纺织品配额被取消为止。

纺织品配额始于 1961 年,当时日本、中国香港和印度等地的纺织业迅速发展,廉价的纺织品大量涌入欧美市场。为了保护国内产业,欧美开始考虑实施限制措施。1961 年,在美国的积极推动下,主要棉纺织品进口国和出口国签署了《短期棉纺织品协定》,对进口棉纺织品实行数量限制。协定一年期满后,各方又签署了为期五年的《长期棉纺织品协定》,据此纺织品出口国实施自愿出口限制。《长期棉纺织品协定》期满后延期两次,实施期直至 1973 年才结束。

进入 20 世纪 70 年代后,人造纤维和羊毛制品在纺织品贸易中所占比重大幅提高,导致欧美发达国家要求缔结一项适用范围更广的多边贸易协定。1973 年,在 GATT 的主持之下,42 个纺织品贸易国经过艰苦的谈判达成了《国际纺织品贸易协定》,也称《多种纤维协定》(Multifiber Arrangement, MFA)。《多种纤维协定》把纺织品的范围从棉纺织品扩大到了化纤产品,并把配额管理作为国际纺织品贸易管理的主要方式。《多种纤维协定》自 1974 年 1 月 1 日起生效,之后三次延期,实施时间长达 21 年。

《多种纤维协定》实际上是发达国家对发展中国家纺织品出口的单向限制,发展中国家为此蒙受了巨大的损失。发展中国家一直要求废止《多种纤维协定》,将纺织品贸易纳入自由贸易的轨道。1986 年乌拉圭回合多边贸易谈判启动后,纺织品贸易成为主要的议题之一。经发展中国家和发达国家反复谈判,《纺织品和服装协定》(Agreement on Textiles and Clothing, ATC)最终达成。该协定计划通过十年时间逐步取消纺织品贸易配额,最终实现纺织品贸易自由化。这一目标分四个阶段实现:第一阶段,1995 年 1 月 1 日起取消不低于

1990 年进口量 16％的纺织品配额。第二阶段,1998 年 1 月 1 日起取消不低于 1990 年进口量 17％的纺织品配额。第三阶段,2002 年 1 月 1 日起取消不低于 1990 年进口量 18％的纺织品配额。第四阶段,2005 年 1 月 1 日起取消所有剩余的 49％的纺织品配额。2005 年年初对纺织品的所有配额限制被取消,国际纺织品贸易步入后配额时代。

专栏 9.3
世界各国的农产品出口补贴

2002 年 9 月,世界第五大棉花生产国巴西向 WTO 起诉,指控美国对其棉农实行的出口补贴违反了 WTO《农业协定》中有关出口补贴的条款。美国是世界第二大棉花生产国和最大的棉花出口国。巴西方面称,在 1999 年 8 月至 2003 年 7 月期间,美国为本国棉农提供了约 125 亿美元的巨额补贴。WTO 于 2004 年 4 月和 6 月对此案做出初裁和终裁,认定美国每年提供了 30 多亿美元的棉花出口补贴,其数额超过了 WTO 所允许的补贴量,属于非法补贴,应予取消。此后美国也向 WTO 提起了上诉。这是 WTO 受理的第一起农产品出口补贴争端。

农产品出口补贴在美国具有悠久的历史。第二次世界大战后,由于劳动生产率的提高,美国的粮食供给急剧增加,而国内市场容量却又有限。为了稳定粮食价格、保证农民收益,美国政府于 1954 年开始通过出口补贴来鼓励粮食出口,开拓国际市场,以消除国内粮食严重过剩所导致的大量库存积压。20 世纪 60 年代初,美国所出口的农产品有 80％享受了出口补贴。其后由于国际市场对农产品的需求增加导致价格上升,美国逐渐减少了对农产品的出口补贴。美国曾在 1974 年宣布停止农产品出口补贴以求换取其他国家削减贸易壁垒。但到了 80 年代,世界农产品价格大幅下降,美国又恢复了出口补贴政策。2002 年美国出台了新的农业法,在 1996 年制定的农业法的基础上再次增加了对农业的支持和补贴。2003 年美国农业预算中包含了 5.41 亿美元的出口补贴计划,其方式包括市场进入项目、出口促进项目、奶制品出口激励项目和外国市场开发合作项目等。[①]

和美国一样,欧盟国家也对农业采取各种保护措施。1962 年,当时的欧共体开始实行共同农业政策,对出口实行差价补贴。20 世纪 70 年代,欧共体国家在主要农产品上几乎都是净进口。但到了 80 年代,欧共体国家在小麦、糖、肉和奶制品等农产品上实现了净出口,这在很大程度上归因于欧共体所实施的共同农业政策。虽然欧共体的农业产值只占其 GDP 的 1.4%,但实施共同农业政策所使用的经费却始终占欧共体总预算的一半左右。目前欧盟和美国是世界上最大的农产品贸易组织(国家),约占世界农产品贸易份额的 30%。

农产品保护是一个极其敏感的问题。正是在农业领域的重大分歧导致了 2003 年 WTO 坎昆部长级会议的失败,而它也是多哈回合贸易谈判数度搁浅的重要原因。农产品的自由贸易进程很难推进和农业的特性有一定的关系。农产品不仅是人们解决温饱、维持生命的基础,也是工业化发展的重要支持力量。因为农业在一国经济中发挥着不可替代的作用,所以各国都把农产品特别是粮食的安全问题作为重要目标。农业的生产在很大程度上受自然条件的影响,而农产品的需求又具有刚性,这种特殊的供求关系极易造成农产品价格的波动,影响农民收益。在发达国家,农业从业人员形成了强大的利益集团,通过游说等活动对政府政策施加影响以求从农产品保护中获得利益。和制造业等产业相比,农业一直游离于世界贸易规则之外,对农业的贸易保护造成的资源配置扭曲尤其严重。根据美国农业部 2021 年的一项研究,取消农业关税预计将导致全球农产品贸易值增加 11.09%,全球福利每年增加 563 亿美元。[②]

---

① 参见陈茉莲,《美国农产品补贴政策及启示》,《宏观经济管理》2003 年第 6 期。

② 资料来源:Beckman, Jayson (2021), "Reforming Market Access in Agriculture Trade: Tariff Removal and the Trade Facilitation Agreement," Economic Research Report No. 280, U.S. Department of Agriculture.

本章提要

1. 世界各国对国际贸易活动都进行一定程度的干预。传统的贸易政策工具包括进口关税、进口配额和出口补贴。

2. 进口关税是一个国家对进口商品所征的税收。当一个开放小国对某种商品实施进口关税后，该商品的国内价格会上升，这会刺激该商品的国内供给，同时抑制该商品的国内需求，从而达到减少该商品进口数量的政策目的。

3. 对一个拥有完全竞争市场的开放小国而言，实施进口关税会使其国内消费者的福利下降、国内生产者的福利上升，而整个国家的国民福利水平会因此下降。进口关税扭曲了消费者的消费行为，使消费者对于承受进口关税的商品消费不足；进口关税同时扭曲了生产者的生产行为，使过多的资源用于生产受进口关税保护的商品。进口关税对资源配置的扭曲是该政策导致国民福利下降的原因。

4. 进口配额是一个国家对进口数量设限的政策。当一个开放小国对某种商品实施进口配额后，该商品的国内价格会上升，相当于该国实施了进口关税。和进口关税一样，进口配额会使国内消费者的福利下降、国内生产者的福利上升，而整个国家的国民福利水平会因此而下降。和进口关税由政府获得不同的是，进口配额所带来的租金为拥有进口许可证的进口商所获得，由此导致的寻租活动会使国民福利较之进口关税的情况有进一步的损失。

5. 出口补贴是一个国家对出口实施补贴的政策。当一个开放小国对某种商品实施出口补贴后，该商品的国内价格会上升，这会刺激该商品的生产，同时抑制其国内消费，从而达到增加该商品出口数量的政策目的。

6. 对一个拥有完全竞争市场的开放小国而言，实施出口补贴会使国内消费者的福利下降、国内生产者的福利上升，而整个国家的国民福利水平会因该政策所造成的资源配置扭曲而下降。

进一步阅读

对于进口关税、进口配额和出口补贴政策在开放小国和完全竞争市场条件下的局部均衡静态分析在任何一本国际贸易的本科教材中都有相似的阐述,其主要内容在本章已有充分的讲解。Feenstra 和 Taylor 所著《国际贸易》(第 3 版)本科教材第 10 章讨论了出口关税和出口配额政策,值得一读。如果对垄断市场条件下的关税和进口配额有兴趣,可以阅读 Krugman、Obstfeld 和 Melitz(2018)所著《国际贸易》(第 11 版)本科教材第 9 章的附录。这两本教材还介绍了运用进口需求曲线和出口供给曲线分析贸易政策的方法,可供有兴趣的读者参考。

Feenstra, Robert C. and Alan M. Taylor (2014), *International Trade*, 3rd edition, Worth Publishers. (中文译本)《国际贸易》(第 3 版),张友仁等译,中国人民大学出版社 2017 年版。

Krugman, Paul R., Maurice Obstfeld and Marc J. Melitz (2018), *International Trade: Theory and Policy*, 11th edition, Pearson Education. (中文译本)《国际贸易》(第 11 版),丁凯等译,中国人民大学出版社 2021 年版。

练习与思考

一、即测即评

学完本章内容后,学生可扫描左侧二维码完成客观题测验(包含选择题和判断题),提交结果后即可看到答案及相关解析。

二、简答题

1. 什么是进口关税?进口关税有哪几类?为什么进口关税对当今世界的最贫穷国家仍然重要?

2. 为什么进口关税的征收会同时造成生产性扭曲损失和消费性扭曲损失?

3. 征收进口关税和实行进口配额对国家福利的影响有何相同点和不同点?

4. 请分析政府通过发放进口许可证实施进口配额这种方法的

利弊。

5. 进口关税和进口配额这两项政策,哪项会吸引寻租活动?

6. 实施出口补贴的资金从何而来? 在评估出口补贴的福利效应时,要不要考虑出口补贴的资金来源?

7. 你同意自由贸易是一个小国最好的贸易政策选择吗? 为什么?

三、综合题

1. 请画图说明征收进口关税和实施进口配额的福利效应有什么不同。

2. 假设 X 国对汽车的需求曲线和供给曲线如下图所示,X 国是一个小国。

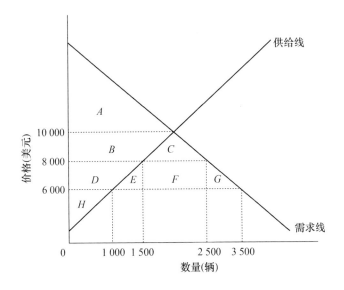

(1) 如果 X 国实行自给自足的政策,不允许汽车进口,那么 X 国的汽车价格是多少? 消费者剩余和生产者剩余各是多少?

(2) 如果世界汽车价格为 6 000 美元一辆,而 X 国实行自由贸易政策,此时 X 国的汽车价格是多少? 进口量是多少? 消费者剩余、生产者剩余和社会总剩余各是多少?

(3) 如果 X 国为了保护国内的汽车业,对每辆进口汽车征收 2 000 美元的进口关税,那么国内汽车价格会如何变化? 国内汽车供给量和消费量会如何变化? 消费者剩余、生产者剩余和社会总剩余与自由贸易时相比有何变化？

（4）假设 X 国政府实施进口配额政策，将汽车进口数量限制在 1 000 辆。请比较该进口配额政策与前述进口关税政策的价格效应、数量效应和福利效应。

3. 牛肉的世界市场价格为 5 美元一磅。考虑一个小国，其牛肉需求和供给如下图所示。

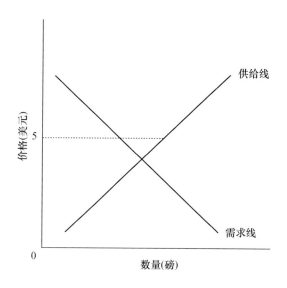

（1）在自由贸易条件下，该国国内的牛肉价格是多少？消费者剩余和生产者剩余各是多少？请图示说明。

（2）若该国为了鼓励本国牛肉出口，对出口牛肉实施出口价格补贴，每磅牛肉可以获得 1 美元的补贴。实施出口补贴后，该国国内市场的牛肉价格会是多少？请图示说明这项出口补贴政策的福利效应。

第 10 章
新型贸易政策工具

【本章简介】

　　前一章介绍了进口关税、进口配额和出口补贴这三个传统的贸易政策工具,讲解了它们在应用于一个开放小国时会产生的效应。第二次世界大战后世界各国在 GATT 多边贸易谈判的推动下相互之间削减了进口关税,也减少了对进口配额和出口补贴等传统贸易政策工具的使用(详见第 12 章)。然而各国国内贸易保护主义的压力依然存在,因而一些非传统的贸易政策工具得到越来越多的应用。本章将讨论自愿出口限额、反倾销税、反补贴税、保障措施和技术性贸易壁垒等较新的贸易政策工具。

【思政导引】

　　本章介绍了包括自愿出口限额、反倾销税、反补贴税、保障措施和技术性贸易壁垒等新型贸易政策工具。在现有的国际经济秩序下,各国追求其自身利益,尤其是本国企业的利益;而以美国为代表的西方大国常常采取单边主义的贸易政策来迫使其他国家就范,其中的典型代表是基于美国贸易法 301 条款的单边贸易制裁措施。在这个大背景下,中国所主张的在对外开放中确保国家自主性和遵循互利共赢原则就显得特别有意义。在学习本章内容时,学生应联系当今世界现实去认真思考这个中国主张并探讨其实现途径。

10.1

自愿出口限额

自愿出口限额(Voluntary Export Restraint, VER)是出口国"自愿"设置的对出口数量的限额。我们把自愿出口限额视为进口国的贸易保护政策,因为出口国是在进口国施加的压力下才对自己的出口实施限额的。例如,全球纺织品贸易自 20 世纪 60 年代起一直处在配额管理之下,直到 2005 年全球纺织品配额被取消为止。纺织品配额的实施是由主要棉纺织品进口国和出口国签署协议,由纺织品出口国实施自愿出口限额来实现的,其中最著名的协议就是 1973 年在 GATT 主持之下由 42 个纺织品贸易国经过谈判达成的《多种纤维协定》(参见第 9 章专栏 9.2)。除纺织品贸易以外,自愿出口限额在钢铁、汽车、电子产品和农产品贸易中也曾被采用,其中最著名的一个案例是 20 世纪 80 年代日本对出口到美国的汽车所实施的自愿出口限额(参见专栏 10.1)。自愿出口限额有时也被称为"有秩序的销售协定"。

价格和数量效应

对于在进口国的价格和数量效应而言,自愿出口限额和进口配额是完全一样的。延续前一章的例子,我们仍然考虑一个进口小麦的小国。将前一章用于分析进口配额的图 9.7 中的配额数量 M 改为自愿出口限额数量 VER,我们得到图 10.1。如图所示,进口小国在自由贸易均衡中小麦的进口数量为 M^*。如果小麦出口国实施了自愿出口限额政策,那么出口到这个国家的小麦数量从 M^* 下降到 VER。由于进口数量下降了,这个国家的国内小麦市场出现了供不应求的状况,国内小麦价格必然从 P^* 上升到 P。由此可见,由出口国实施自愿出口限额政策所产生的价格效应和由进口国实施进口关税或进口配额政策所产生的价格效应是一样的。20 世纪 80 年代初,日本迫于美国的压力对出口美国的汽车数量实施了自愿出口限额政策,将 1981—1983 年每年的出口数量限制在 168 万辆,1984 年该数量修正为每年 185 万辆(参见专栏 10.1)。结果正如图 10.1 所示,美国市场上汽车价格上升了,美国国内汽车厂商的供给量上升了,而美国消费者的需求量下降了。

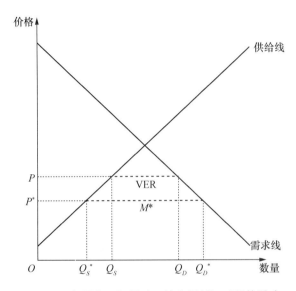

图 10.1　自愿出口限额对开放小国(进口国)的影响

自愿出口限额的福利效应

虽然由出口国实施自愿出口限额政策所产生的价格效应与由进口国自己实施进口关税或进口配额政策所产生的价格效应是一样的,但是自愿出口限额政策会对进口国的国民福利造成更大的损害。图 10.2 可以帮助我们分析自愿出口限额政策的福利效应。该图就是在前一章用来分析进口关税和进口配额的福利效应的图 9.6。和进口配额一样,自愿出口限额实施后进口国的消费者剩余从 $A+B+C+D+E+F$ 下降为 $A+B$,而生产者剩余从 G 上升到 $C+G$。由于自愿出口限额政策推高了该商品在进口国的价格,由此造成的生产扭曲和消费扭曲所带来的无谓损失为 $D+F$。

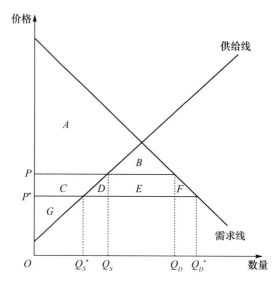

图 10.2 进口国在自愿出口限额政策下的福利效应

在自愿出口限额政策下,图 10.2 中的 E 被称为**自愿出口限额租金**(简称 **VER 租金**)。谁获得了 VER 租金? 答案很清楚:VER 租金为出口国所获得。当出口国对某种商品实施自愿出口限额后,进口国市场上这种商品的价格上升到了 P。对于出口国而言,尽管出口数量减少了,但出口价格提高了,而由于出口价格提高所多获得的收入($P-P^*$)·VER 就是 VER 租金。因此,与进口关税和进口配额相比,自愿出口限额政策对于进口国而言的福利成本是最高的。在进口关税政策下进口国的福利损失为 $D+F$,在进口配额政策下进口国的福利损失在 $D+F$ 和 $D+E+F$ 之间,而在自愿出口限额政策下进口国的福利损失为 $D+E+F$。据估计,日本对出口美国的汽车所实施的自愿出口限额政策使美国损失了约 30 亿美元,主要部分是转移到日本的 VER 租金(图 10.2 中的 E),而不是资源配置扭曲所带来的损失(图 10.2 中的 D 和 F)。[①]

---

① Berry, Steven, James Levinsohn, and Ariel Pakes (1999),"Voluntary Export Restraints on Automobiles: Evaluating a Trade Policy," *American Economic Review*,89(3),400-430.

想一想 在自愿出口限额政策下,如果出口商品(例如汽车)有不同档次(例如高档车、中档车和低档车),出口企业会倾向于出口哪种档次的产品?

10.2

反倾销税和
反补贴税

倾销指一家企业将出口价格定在低于其本国市场销售价格之下的行为。在某些国家(例如美国)的反倾销法规中,除上述定义外,一家企业将出口价格定在低于它的生产成本之下的行为也被认为是倾销。

企业在不同市场上对同一件商品制定不同的价格是一种常见的商业行为。例如,内容相同的一本教科书,在美国卖 200 美元,它的亚洲版可能只卖 100 美元。这种商业行为被称为**差别定价**或价格歧视。图 10.3 描述了这种情况。图中 D 表示中国市场对这本教科书的需求,D^* 表示美国市场对这本教科书的需求。假设这本教科书为一个美国的垄断出版商所经营,而且中美两个市场是分割的(排除了转手倒卖的可能性)。图 10.3 中 MC 为该书的边际成本,MR 和 MR^* 分别为该出版商在中美两个市场的边际收益。

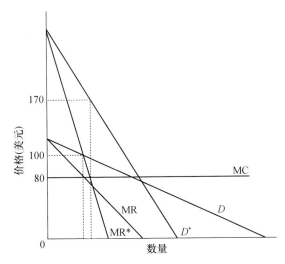

图 10.3　差别定价和倾销行为

想一想　美国出版商会如何在美国市场和中国市场上为这本教科书定价？

运用 $MR = MR^* = MC$ 的定价法则，我们得到该书在中国市场的定价为 100 美元，而在美国市场的定价为 170 美元。为什么？因为中美两个市场的需求弹性不同；出版商会在弹性较小的美国市场定高价，而在弹性较大的中国市场定低价，由此获取最大利润。在这个例子中，美国出版商在中国以低于它在本国市场上的价格销售教科书，根据定义这属于倾销行为。

出口国企业的倾销行为对进口国的消费者是有利的，因为他们可以享受较低的价格。但是对于进口国生产同类产品的企业而言，出口国企业的低价倾销会损害它们的利润。从理论上讲以下这种倾销行为是不正当的：出口国企业将出口价格定得很低，目的在于将进口国的竞争对手逐出市场，或者是为了阻碍潜在竞争者进入这个市场，由此确立垄断地位然后再提高价格获得垄断利润。这种倾销行为被称为**掠夺性倾销**。

■■■■ 反倾销税

对于外国企业的倾销行为，WTO 赋予进口国实施反倾销政策的权利。自 20 世纪 80 年代以来，反倾销政策逐渐成为各国实施贸易保护的重要手段之一。图 10.4 显示了 1980—2020 年世界反倾销立案总数。[①]

实施反倾销政策一般需要认定两个方面。第一，外国企业的行为是否构成了**倾销**。在美国，这项认定是由美国商务部的国际贸易行政司来完成的，具体做法是将外国企业的出口价格和所谓的公平价格做比较，如果前者低于后者就被认定为倾销。公平价格一般采用平均成本或出口企业在本国的销售价格，但也可以有其他的确定方法。第二，

[①] 1980—1994 年的数据来自：Prusa, Thomas J. and Susan Skeath (2005), "Modern Commercial Policy: Managed Trade or Retaliation?" in E. Kwan Choi and James C. Hartigan (eds.), *Handbook of International Trade*, Volume II, Blackwell Publishing; Brown, Chad P. (2006), "Global Antidumping Database Version 2.1," Brandeis University。1995—2020 年的数据来自 WTO Statistics on Antidumping。

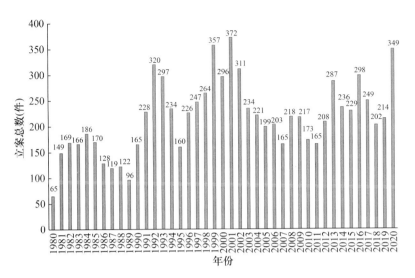

图 10.4　1980—2020 年世界反倾销立案总数

外国企业的销售是否对本国企业造成了**损害**。在美国,损害的认定是由一家准官方机构美国国际贸易委员会来完成的。在上述两项认定都通过后,美国政府就会向外国企业征收反倾销税,它等于公平价格和该国企业倾销价格之差。例如,外国企业在美国的销售价格为 5 美元,而美国当局认定该商品的公平价格为 10 美元,那么反倾销税就等于 5 美元。

虽然各国在运用反倾销税时都声称是为了对付由外国企业倾销所带来的不公平竞争,但反倾销税实际上更多的是作为一种贸易保护政策在被运用。而由本国来认定外国企业是否倾销则为反倾销税的实施提供了保障。例如,在确定中国企业是否向美国倾销小龙虾时,美国商务部基于中国不是市场经济国家的理由,用印度、巴基斯坦、斯里兰卡和印度尼西亚四个国家小龙虾的生产成本来计算中国小龙虾的"公平价格",结果认定中国企业对美小龙虾出口价格显著低于"公平价格",属于倾销行为(参见专栏 10.2)。

和其他贸易保护政策一样,反倾销会降低实施该政策的进口国的国民福利。研究发现,在反倾销立案后,被控倾销的出口品价格会趋向于上升,因此实施反倾销政策会使进口国的一部分收入转移到出口国(类似于自愿出口限额的租金)。有一项研究发现,美国征收反倾销税和反补贴税造成了每年 20 亿～40 亿美元的福利损失,其中一半属于资源配置扭曲所导致的无谓损失,而另一半则源于产品价格提高所导致的对出口国企业的转移支付。[1]

反补贴税

反补贴税是指当外国企业被认定由于外国政府的补贴而低价出口时,进口国政府所征收的进口税,用以抵消出口补贴的作用,所以又被称为抵消税。WTO《补贴与反补贴措施协议》规定了补贴的使用范围,允许成员实施反补贴措施。一个国家(地区)在遭受其他国家(地区)出口补贴带来的损害时,可以通过 WTO 的争端解决程序来要求出口国(地区)解除出口补贴,或者自行调查乃至征收反补贴税。

反补贴税的申请程序和反倾销政策类似。在美国,当本土企业申请对外国企业征收反补贴税时,美国商务部会调查外国企业是否从其政府获得补贴,美国国际贸易委员会会评估美国的产业是否因其他国家的政府补贴而遭到损害。

反补贴税在实际操作中非常困难。出口补贴常常是非常隐蔽的,很难测算。世界上许多国家实施产业政策,要从一个国家的产业政策中辨别出出口补贴政策很困难。和反倾销政策一样,由进口国来认定外国政府是否实施补贴这一程序使得反补贴政策成为进口国企业寻求贸易保护的一种手段。

10.3

保障措施和 301 条款

保障措施指一个国家在某个国内产业受到进口商品严重威胁和损害时所采取的对进口商品暂时的限制措施。WTO 成立后对保障措施的实施时间做了一定的限制。根据 WTO 秘书处在 2020 年 12 月 31 日发布的数据,从 1995 年 1 月 1 日至 2020 年 12 月 31 日,共有 400 件保障调查被发起,

---

[1] Gallaway, Michael P., Bruce A. Blonigen and Joseph E. Flynn (1999), "Welfare Costs of the US Antidumping and Contervailing Duty Laws," *Journal of International Econo-mics*, 49, 211-244.

其中196件保障措施已被实施。在此期间,保障调查新发起数目在2002年达到峰值,为34件。在接下来的五年该数目呈下降趋势,直至2009年又反弹至25件。此后保障调查新发起数目呈现波动趋势,在2016—2020年的五年中分别为11件、8件、16件、30件和23件。1995年以来发起保障调查最多的国家是印度,共46件。其次为印度尼西亚(38件)、土耳其(27件)、智利(20件)、菲律宾(20件)和乌克兰(20件)。保障措施实施数目在2003年达到峰值(15件),此后的五年中分别为6件、6件、7件、5件和6件。2016—2020年保障措施实施数目分别为6件、9件、7件、12件和12件。1995年以来保障措施实施数目最多的国家依次为印度尼西亚(24件)、印度(22件)、土耳其(18件)、智利(9件)、约旦(9件)和菲律宾(9件)。保障措施涉及的产品主要是基本金属,自1995年以来有98件被发起;其次是化工产品(59件)、制陶(33件)和食品(31件)。①

保障措施针对的是急剧增长的进口。一个国家实施反倾销和反补贴政策时需要认定出口国企业存在不公平贸易行为,而保障措施所针对的急剧增长的进口可以是公平贸易的结果。与反倾销和反补贴针对特定国家不同,保障措施可以涉及所有进口来源国。

▉▉▉ 美国201条款

在美国,实施保障措施依据的是其贸易法中的**201条款**。美国保障措施的实施需要得到美国国际贸易委员会的认定,认定标准是进口增加是对该国内产业造成严重损害或威胁的最重要原因。如果认定成立,美国政府就可以采取一系列限制措施,包括征收关税、实行配额或者各种保护措施一并使用。1980—1988年,美国共有19件保障提案,美国国际贸易委员会否决了其中的12件,包括对日本小型卡车的保障提案。通过的7件提案交美国总统做最后裁决,其中5件获得通过,包括重型摩托车。而之后的1989—1994年仅有2件保障提案递交

---

① 数据来自成员根据WTO《保障措施协议》第12.1款上报的数字,不包括《农业协议》第5款及《中华人民共和国入世议定书》第16款所涉及的保障措施。

给了美国国际贸易委员会。与反倾销税和反补贴税相比，保障措施在美国贸易政策中的使用频率较低。

▉▉▉ 美国 301 条款

美国贸易法规中的一些条款常被用作贸易政策工具，除了上述的 201 条款，最著名的是 **301 条款**，它要求美国政府一揽子调查解决某个外国政府整个对美出口产品方面的贸易壁垒问题。

美国的 301 条款有几种形式。**一般 301 条款**指《1974 年美国贸易法》301 条款，它授予总统采取一切适当的行动来消除外国贸易壁垒的权力。该条款可由美国贸易代表或美国公司正式请求，或由美国其他利益集团单独启动，可针对外国政府"不正当的、不合理的、歧视性的、给美国商品造成负担或限制的"任何活动，其报复性行动的内容可以非常广泛。特朗普在其美国总统任期内（2017—2021 年）曾频繁使用301 条款作为其在国际经贸关系中压迫其他国家的手段（参见专栏 10.3）。

超级 301 条款指《1988 年美国综合贸易与竞争法》中作为 301 条款补充的第 1302 条法规，即"贸易自由化重点的确定"。该条款要求美国政府一揽子调查解决某个国家在对美国产品进入其市场方面的贸易壁垒问题。根据超级 301 条款，美国贸易代表办公室每年公布"重点不公平贸易做法"和"贸易开放重点国家名单"，然后和被确定的"重点国家"进行谈判。如果谈判后贸易纠纷仍无法解决，美国就可以对这些贸易对手实施单方面的贸易制裁。

特别 301 条款是针对知识产权保护和知识产权市场准入等方面的法规，它基于《1988 年美国综合贸易与竞争法》的第 1303 条。美国贸易代表办公室每年发布《特别 301 报告》，评价与美国有贸易关系的国家的知识产权保护情况，并视其存在问题的程度分别列入重点国家、重点观察国家和一般观察国家。美国贸易代表办公室和重点国家进行谈判，要求这些国家采取相应措施并修正其政策，否则美国将采取贸易报复措施予以制裁。例如，美国 2021 年发布的《特别 301 报告》中有 9 个国家被列入重点观察国家名单（阿根廷、智利、中国、印度、印度尼西亚、俄罗斯、沙特阿拉伯、乌克兰、委内瑞拉），另有23个国家被列入一般观察国家名单（阿尔及利亚、巴巴多斯、玻利维亚、巴西、加拿大、哥伦比亚、多米尼克、厄瓜多尔、埃及、危地马拉、科威特、黎巴嫩、墨西哥、巴基斯坦、巴拉圭、秘鲁、罗马尼亚、泰国、特立尼达和多巴哥、土耳其、土库曼斯坦、乌兹别克斯坦、越南）。[①]

10.4

技术性贸易壁垒

技术性贸易壁垒的内容广泛，包括产品标准、劳工标准和环境标准等方面。**产品标准**是对产品结构、规格、质量和检验方法所做的技术规定。**劳工标准**是对工人在工资水平、工作条件和职业安全等方面设立的标准。**环境标准**包括环境的技术标准和管理标准，前者要求产品在加工过程中所使用的工艺、技术和方法必须满足环境技术条件（包括我们通常所说的产品安全标准），后者指国际标准化组织从1996年开始推广的系列环境管理标准。

产品标准、劳工标准和环境标准的实施对于规范国际贸易行为是必要的。然而这些标准也成为贸易保护的工具。例如，产品标准的实施能够使得产品更加健康、安全和环保，但是政府可以制定一些标准使得本地产品较易达标，而外国进口品却需要花费较高成本进行改进才能达标。政府也可以对外国进口品实施更严格的产品标准，或者使对进口产品的检测和认证的过程复杂化。这些措施都能起到贸易壁垒的作用（参见专栏10.4）。

10.5

讨论和总结

国际贸易理论揭示了贸易开放的两个效应：它在带给一个国家贸易收益的同时，会损害某些集团的利益。受到贸易自由化所带来的贸易收益的驱使，第二次世界大战后各国之间对进口关税等传统贸易壁垒进行了大幅度的削减。然而贸易

① 资料来源：美国贸易代表办公室官网。

保护主义的利益基础依然强大,因此在传统贸易政策工具的运作空间逐渐缩小之时,新型贸易政策工具应运而生,成为各国政府实施贸易保护的常规武器。

新型贸易政策工具的一个特征是绕开了现有法律对贸易政策的约束。GATT 和 WTO 的相关法规都明确,进口配额通常是不合法的,但自愿出口限额通过让出口国代替进口国"自愿地"实施配额而绕开了这个法律约束。另一个特征是以反对不公平贸易为理由。当外国企业被认定在出口中有倾销行为,或者享受了外国政府的出口补贴,或者在产品标准、劳工标准和环境标准方面不"合格"时,实施反倾销税、反补贴税和技术性贸易壁垒等贸易政策就有了"合理的"依据。而在国际贸易中强势国家(美国)拥有单边霸权性质的贸易政策工具,其典型代表是基于美国贸易法 301 条款的一系列单边贸易制裁措施。

和前一章中所分析的传统贸易政策工具一样,新型贸易政策工具在带给被保护者利益的同时,损害了整个国家的国民福利。对自愿出口限额政策的分析表明,该政策导致外国商品价格上升,它所带来的租金为外国企业所获得,而如果实施进口关税或进口配额,这部分自愿出口限额租金就会被进口国以关税收入或配额租金的形式所获得,因此进口国的国民福利在自愿出口限额政策下比在进口关税和进口配额政策下遭受的损失更大。同样的情况在实施反倾销政策时也会发生。本章的讨论让我们看到"贸易政策应该是什么"和"贸易政策会是什么"是两个截然不同的问题。可以预见,只要贸易保护的利益基础仍然存在,未来就还会有新的贸易政策工具被开发出来并借公平正义之名而得到运用。

【新时代 新思考】

本章内容有助于学生了解贸易政策工具如何被用来服务于国家利益,特别是某些集团的利益。随着经济全球化的发展,世界各国之间的利益紧密地联系在一起。追求本国利益无可厚非,但不能将自身利益完全建立在他国损失之上,尤其要反对利用自身的强势地位来迫使他国让出其利益。在学习本章内容时,学生应深入思考和积极探讨什么样的全球经贸关系能最大限度地符合各国的共同利益,什么样的贸易政策安排能实现在追求本国利益时兼顾他国合理关切,由此深刻领会中国关于构建更公平、更和谐的新型全球发展伙伴关系的主张。

专栏 10.1
美国和日本的汽车贸易纠纷

1913 年福特公司开发了汽车流水生产线以后,美国的汽车业得到迅速发展,到 20 世纪 50 年代初产量达到 800 万辆。美国汽车生产企业不仅垄断了美国的国内市场,其出口量在世界汽车市场上也占据着领先的地位。相比之下,当时日本的汽车业十分弱小,年产量仅在 3 万辆左右。

日本在战后经济重建过程中高度重视汽车业。日本政府以优惠贷款和补贴等方式扶植本国汽车业的发展并鼓励汽车出口,同时对汽车及其零部件的进口采取诸如高额关税、外汇配额和外资进入门槛等限制措施。在政府政策的扶持下,日本的汽车业迅速发展壮大,成为其国民经济的支柱产业之一。从 20 世纪 60 年代开始,日本的汽车出口进入了一个快速增长的阶段。

日本的汽车业在 20 世纪 70 年代的石油危机中获得了重大机遇。传统上美国的汽车制造商习惯于生产利润丰厚的大型汽车,但石油危机爆发后,市场需求一下子转到小型汽车上来,而美国的汽车生产企业对此缺乏准备。此时,日本的汽车生产企业敏锐地觉察到了市场变化并及时地调整了经营战略,大量生产小型节能汽车,结果这类汽车在美国市场上大受欢迎,使得日本对美国的汽车出口量迅速攀升。借助于对美国出口量的飞速增长,日本汽车产量在 20 世纪 80 年代初第一次超越美国,成为世界第一。

1980 年,美国汽车业的三巨头(通用、福特和克莱斯勒)都出现亏损,克莱斯勒甚至面临倒闭的危险。三巨头与美国联合汽车工会一起游说美国政府实施贸易保护政策。1981 年,里根政府为重振美国的汽车业,要求日本对其汽车出口数量进行限制。在美日双方多次磋商后,1981 年 4 月,日本同意采取自愿出口限额,具体安排为对美出口限额 1981—1983 年每年为 168 万辆,1984 年为 185 万辆,1985 年及以后为每年 230 万辆,直到 1994 年限额政策结束。

自愿出口限额并没有改善美日两国在汽车贸易上的失衡状况。20 世纪 90 年代初美日贸易逆差继续扩大,成为美国政府和各界关注的焦点,而汽车贸易正是造成美日双边贸易失衡的主要原因之一。例如,1994 年美国对日贸易逆差为 656 亿美元,其中 60% 源于汽车贸易。在实施自愿出口限额后,日本汽车企业开始到美国投资设厂,用直接投资来代替出口。此后美国的政策重点转移到打开日本国内市场上,美国政府指责日本保护市场的行为是造成双边贸易失衡的主要原因,要求日本政府完成一定的进口和采购的数量指标。日本以政府无法干预私营部门的业务为由拒绝了美国的数量指标要求。在这种情况下,美国动用了 301 条款,声称如果日本不开放其国内汽车市场,美国将对进口的 13 种日本小汽车征收 100% 的惩罚性关税。这些关税政策一旦实施,估计会给日本带来 59 亿美元的损失。

美日双方为解决汽车贸易纠纷进行了多次磋商和会晤,但都以失败而告终,致使美日汽车贸易争端不断升级。1996 年 6 月 28 日,在美国宣布对日制裁的最后期限,美日两国政府代表在日内瓦再次就汽车及零部件问题举行了谈判,双方出于经济和政治等因素的考虑在谈判中都做出了让步,最终达成了协议。日本同意美国 1996 年在日本增开 200 家汽车及零部件经营店,到 2000 年再增开 1 000 家;同时日本汽车厂商在 1996 年后的三年里将在美国的汽车年产量提高 25%,从 1996 年的 210 万辆增加到 1998 年的 265 万辆,并在此后三年内增加 90 亿美元用于购买美国的汽车零部件;美国则宣布放弃对日本实施制裁。美日之间暂时避免了一场贸易战。

专栏 10.2
美国对中国小龙虾的反倾销案

美国的小龙虾产业主要集中于路易斯安那州。对当地的居民特别是卡津人（指路易斯安那州的法国人后裔）而言，小龙虾产业是他们的生活来源和文化象征。

从 1991 年起，中国的小龙虾开始进入美国市场。在 1994 年和 1995 年，路易斯安那州的小龙虾生产受恶劣天气的影响，产量急速下降；而中国得益于良好的气候条件，小龙虾产量大幅攀升。中国的小龙虾主要是一种自然野生资源，生长于湖泊和河流中，获取成本较低，成本构成中主要是劳动力投入，所以中国的小龙虾出售价格远远低于美国本地产小龙虾的价格（中国小龙虾价格为每磅 3 美元，而路易斯安那州生产的小龙虾价格为每磅 6～7 美元）。结果是中国出口到美国的小龙虾数量迅速增长，1993—1995 年中国出口到美国的小龙虾数量增长了 350%。到了 1996 年，中国小龙虾占据了美国 80% 的小龙虾市场份额。

在中国小龙虾强大的竞争压力之下，路易斯安那州小龙虾产业联合会于 1996 年 6 月向美国商务部提出申诉，声称来自中国的淡水小龙虾尾肉以低于公平价格的价格在美国市场上销售，对美国小龙虾加工产业造成了严重损害（见表 10.1），要求美国商务部和美国国际贸易委员会对来自中国的淡水小龙虾尾肉进行反倾销调查。1996 年 10 月 17 日，美国商务部发布公告对原产于中国的淡水小龙虾尾肉实施反倾销调查。

表 10.1　美国小龙虾尾肉市场受中国进口的影响

	1993 年	1996 年
从中国进口的数量（磅）	583 947	2 850 000
美国国内生产商的市场份额（%）	99	20
美国国内小龙虾加工产业全年收入（万美元）	2 180	490
美国国内小龙虾产业的失业人口（人）		2 000～3 000

资料来源：美国路易斯安那州小龙虾产业联合会。

美国商务部以中国不是市场经济国家为由,在计算中国淡水小龙虾尾肉的正常价格时依据的不是它在中国的实际生产成本,而是替代国的生产成本。美国商务部接受申请方的提议,以西班牙和印度的构成价格作为计算正常价格的依据。构成价格的计算方式是以生产要素价格加上包装成本、一般性费用和利润来获得。具体计算时,美国商务部使用了印度、巴基斯坦、斯里兰卡和印度尼西亚的海洋捕鱼成本,以 1994 年一篇新闻报道中印度的卡车运输费用作为中国境内运输成本的替代,以西班牙从葡萄牙进口的活体小龙虾均价作为小龙虾成本的替代,由此计算出中国淡水小龙虾尾肉的正常价格。

在案件审理过程中,中方应诉企业说明中国的淡水小龙虾尾肉产业是市场导向型产业,因为其两大生产要素(活体小龙虾和劳动力)在中国的价格都是由市场供求关系决定的。中方对此案没有考虑小龙虾的等级等因素就以西班牙进口的小龙虾价格作为替代价格提出了质疑。此外,由于中国的劳动力成本远低于美国,中方要求计算正常价格时对劳动力成本进行调整。但美方以中国相关出口企业未及时反馈信息、西班牙是最主要的小龙虾贸易国,以及中国的工资和能源等价格受政府控制等种种理由否定了中方的诉求。最终,美国商务部认定中国出口到美国的淡水小龙虾尾肉存在倾销行为。1997 年 8 月 1 日,美国商务部做出终裁,除部分应诉的中国企业被征以 91.50%～122.92% 的反倾销税外,其他中国企业一律被征以高达 201.63% 的反倾销税。同年 9 月 8 日,美国国际贸易委员会也做出终裁,确定中国小龙虾倾销对美国产业造成了实质性损害,上述反倾销措施即刻生效。2002 年 8 月,美国商务部对此案进行复审,结果是维持裁定中的反倾销税率水平。

高额的反倾销税使得中国的小龙虾产品与美国当地产品相比失去了价格优势,中国小龙虾失去了大部分的美国市场。路易斯安那州的小龙虾生产企业无疑是此案的最大受益者。然而美国的普通消费者却不再能够以低价享受到美味的中国小龙虾了。就像路易斯安那州新奥尔良市的一位餐厅主厨描述的那样:"餐厅现在不仅无法保证全年都有新鲜小龙虾供应,而且还要为中国小龙虾支付更高的价钱。"①

专栏 10.3
美国特朗普政府对 301 调查的使用

1974 年修订的《美国贸易法》第 301 条款授予总统采取一切适当的行动来消除外国贸易壁垒的权力。特朗普在其美国总统任期内(2017—2021 年)多次指示美国贸易代表办公室(USTR)发起 301 调查。301 调查是特朗普政府对外经济政策中最常用的手段。

对中国的 301 调查

2017 年 8 月 24 日,特朗普签发行政备忘录,授权 USTR 对中国在技术转让和知识产权等领域的做法展开 301 调查。2018 年 3 月 22 日,根据 USTR 的调查结果,特朗普签署了对价值 600 亿美元的中国商品加征 25％的关税的总统令,由此拉开了中美贸易战的序幕。在 7 月 6 日和 8 月 23 日美国又分别宣布了对价值 340 亿美元和 160 亿美元的中国商品加征 25％的关税,使得加征 25％的关税的中国商品总额达到 1 100 亿美元。9 月 18 日,美国又宣布对价值 2 000 亿美元的中国商品加征 10％的关税,并威胁在 2019 年 1 月 1 日将税率从 10％提高到 25％。此后中美双方谈谈打打,历经 13 轮谈判后终于在 2020 年 1 月 15 日签署了《中华人民共和国政府和美利坚合众国政府经济贸易协议》,全球最大的两个国家之间历时 18 个月的贸易战暂时停火。

---

① 引自 Kuriloff,Aaron (2003),"China Imports Create Muddy Future for U. S. Crawfish Industry," http://www. growfish. com. au,访问日期:2009 年 6 月 15 日。

■■■■ 对法国的 301 调查

2019 年 7 月,法国成为首个对数字企业征税的主要国家,在法国经营的互联网企业中营收超过 2 500 万欧元的企业将被征收相当于其在法国营业额 3% 的数字服务税。7 月 10 日,USTR 宣布,按照特朗普总统的命令,美方决定对法国正在推进的针对美国大型科技公司的数字服务税法案发起 301 调查。这是美国历史上首次对欧洲盟友发起 301 调查。12 月 2 日,USTR 得出结论,法国的数字服务税不符合普遍的国际税收政策原则,对美国商业造成了损害。USTR 最初提议对进口价值约为 24 亿美元的法国产品加征 100% 的关税,在公众听证会和进一步审查后改为对进口价值约为 13 亿美元的法国产品加征 25% 的关税。

■■■■ 对其他国家的 301 调查

2020 年 6 月,特朗普政府宣布,USTR 的 301 调查显示印度、意大利、土耳其、奥地利、西班牙和英国采用的数字服务税对美国数字公司造成了歧视,决定对来自这六个国家的价值约 21 亿美元的产品加征 25% 的进口关税。2020 年 10 月,按照特朗普的指示,USTR 宣布对越南发起 301 调查。美方认为越南采用非法木材制成木制品出口到美国的行为破坏了商业环境,损害了使用合法采伐木材的美国工人和美国企业。美方还对越南的货币低估行为进行了调查,并于 2021 年 1 月 15 日发布了不利于越南的调查结果。此后美越两国经过协商达成了一项谅解协议,2021 年 7 月 23 日 USTR 宣布将不对越南加征关税或采取其他行动。

专栏 10.4
商品安全和贸易保护

　　2007 年,中国生产的玩具在美国被多次大规模召回。据中国商务部统计,被大规模召回的超过 2 100 万件玩具主要涉及两种情况:一种是关于涂料和油漆含铅超标的问题,大概有 300 万件,占召回总数的 14％。经调查,造成铅含量超标的主要原因是生产厂家在购买和使用原材料时存在漏洞,以及品牌的经销商在验收环节存在缺陷。另一种是因磁铁松动而被召回,大概有 1 820 万件,占召回总数的 85％。这些玩具主要是在 2007 年以前生产和销售的,当时是符合美国标准的,但因为 2007 年 5 月美国材料与试验协会公布了一项针对玩具材料的新标准,经销商无奈只能根据新标准将这些玩具召回。

　　2008 年 1 月,日本部分地区出现了食用中国制造的饺子中毒事件。根据日本相关部门的调查,冷冻饺子中残留有机磷杀虫剂,警方怀疑是农药残留所致。日本政府立即禁止了相关产品的销售,此事件引起国际社会的高度关注。事件发生后,中国马上对国内相关企业实施了调查,随后中日双方均派出代表团进行实地调查。日本警方在调查中曾发现饺子包装袋上有一些小孔,怀疑存在人为投毒的可能,这使得此次中毒事件更加扑朔迷离。毒饺子事件给中国生产企业造成了严重损失,也给中国商品的国际声誉带来了负面影响。中毒事件发生后,中国政府高度重视,本着对两国消费者负责的态度,成立专案组,投入大量警力开展侦破工作。经过两年的努力,2010年 3 月,案件告破,4 月,嫌犯吕月庭被逮捕。其为泄私愤向成品饺子中投毒,造成此次严重的食品安全事件。

　　商品安全所引发的贸易纠纷并不少见,旷日持久的美欧牛肉战就是一例。关于激素牛肉的争端最早始于 20 世纪 70 年代,因为意大利在婴儿食品中使用了含激素的牛肉,造成一些婴儿在食用后出现异常反应。此事引发了欧洲消费者对激素的恐惧,并要求政府制定相关法律以保护消费者的健康。此后欧盟各成员国均出台了相关法令。由于美国农场普遍使用激素饲料来饲养肉牛,欧盟以生长激素可能有害健康为由,禁止美国牛肉进入欧盟市场。自 1989 年后含有激素的美国牛肉被挡在了欧盟的大门之外,这给美国带来了巨大的损失。美国以欧盟的禁令缺乏科学依据,是借"技术标准之名,行保护主义之实"为由,把欧盟告到了 WTO。虽然 1998 年 WTO 裁定欧盟对美国激素牛肉的禁令是非法的并要求其取消禁令,但欧盟拒不执行。于是美国采取报复行为,从 1999 年 7 月开始,对来自欧盟的价值 1.168 亿美元的部分食品征收 100% 的惩罚关税。2003 年,欧盟提供的研究报告指出,北美养牛业使用的六种激素中至少有一种叫雌二醇的物质是致癌的,要求美国停止对欧盟的报复性制裁措施,但美国没有理会。欧盟在与美国磋商无果后,向 WTO 提起了诉讼。在此后的几年内,美欧双方在含激素牛肉问题上互不相让,美欧的牛肉战不断升级。

相关的例子还有很多。例如,法国针对英国糖果规定:禁止含有红霉素的糖果进口,因为英国糖果普遍使用红霉素染色剂;美国为了阻碍墨西哥土豆进入美国市场,对进口的土豆规定了成熟度和个头大小等指标。在当今的国际贸易中,随着传统的贸易保护政策使用空间的缩小,对于商品安全法规和检测标准等技术性贸易壁垒的使用呈上升趋势。

本章提要

1. 在传统贸易政策工具的使用空间日趋缩小的情况下,一些新型贸易政策工具应运而生,成为贸易保护的重要手段。

2. 自愿出口限额是由出口国实施的进口国的贸易保护政策。出口国在进口国的压力下,对出口到进口国的某种商品的数量进行限制。对一个开放小国(进口国)而言,自愿出口限额将使其国民福利遭受损失。特别需要注意的是,自愿出口限额带来的租金为外国出口企业所获得,这与进口关税下的税收收入和进口配额下的配额租金为进口国所获得形成鲜明的对照。自愿出口限额是比进口关税和进口配额造成更高福利成本的贸易保护政策。

3. 反倾销政策名义上针对的是外国出口企业不公平的倾销行为，而实际上更多时候是作为贸易保护的工具。将出口价格定在本国销售价格以下的行为称为倾销。在实施反倾销政策时一般需要认定外国企业存在倾销行为，并且该行为对本国经济造成了损害。由于倾销行为及其损害的认定由进口国做出，其认定尺度和过程为进口国所掌控，因此反倾销政策成为替代传统贸易政策工具最有效的一种武器，在世界各国得到普遍使用。

4. 反补贴税是进口国政府为了抵消外国企业享受的政府补贴而征收的进口税。保障措施是进口国在国内产业受到进口商品严重威胁和损害时采取的限制进口的政策。技术性贸易壁垒是利用产品标准、劳工标准和环境标准等方面的规定对进口商品设置的壁垒。

5. 美国的 301 条款是其贸易政策的重要组成部分。该条款有三种主要形式。一般 301 条款是针对美国商品进入外国市场的条款，它赋予美国总统采取行动对外国设置贸易壁垒进行报复的权力。超级 301 条款通过确定"重点不公平贸易做法"和"贸易开放重点国家名单"来强化美国政府对外国设置贸易壁垒进行谈判乃至制裁的针对性和强度。特别 301 条款是美国针对知识产权保护和知识产权市场准入的条款。

6. 各国实施的产品标准、劳工标准和环境标准等构成了对国际贸易的技术性贸易壁垒，常常被用来作为贸易保护的工具。

进一步阅读

本章讨论的新型贸易政策在其他国际贸易本科教材中有相似的阐述。Krugman、Obstfeld 和 Melitz(2018)所著《国际贸易》(第 11 版)本科教材还介绍了国产化程度要求(local content requirement)这项政策，有兴趣的读者可以一读。关于倾销行为和反倾销政策的经典著作是 Viner(1966)所著的《倾销：国际贸易中的一个问题》(中文译本由商务印书馆 2003 年出版)。对反倾销政策作为新型贸易政策工具的现状及其对相关理论和实证研究的讨论请阅读 Prusa 和 Skeath(2005)发表在《国际贸易手册》第二卷上的文章。对本章所讨论的各种新型贸易政策工具在美国的法律规定和实施程序的详细介绍请参阅 Durling(2004)所著的《美国贸易保护商务指南：反倾销、反补贴和保障措施法规、实践与程序》(中文译本由社会科学文献出版社 2007 年出版)。

Durling, James (2004), *Business Guide to Trade Remedies in the United States*: *Anti-dumping*, *Countervailing and Safeguards Legislation*, *Practices and Procedures*, International Trade Center UNCTAD/WTO. (中文译本)《美国贸易保护商务指南：反倾销、反补贴和保障措施法规、实践与程序》，社会科学文献出版社 2007 年版。

Krugman, Paul R., Maurice Obstfeld and Marc J. Melitz (2018), *International Trade*: *Theory and Policy*, 11th edition, Pearson Education. (中文译本)《国际贸易》(第 11 版)，丁凯等译，中国人民大学出版社 2021 年版。

Prusa, Thomas J. and Susan Skeath (2005), "Modern Commercial Policy：Managed Trade or Retaliation?" in E. Kwan Choi and James C. Hartigan (eds.), *Handbook of International Trade*, Volume II, Blackwell Publishing.

Viner, Jacob (1966), *Dumping*: *A Problem in International Trade*, Augustus M. Kelley Publishers. (中文译本)《倾销：国际贸易中的一个问题》，沈瑶译，商务印书馆 2003 年版。

练习与思考

一、即测即评

学完本章内容后，学生可扫描左侧二维码完成客观题测验(包含选择题和判断题)，提交结果后即可看到答案及相关解析。

二、简答题

1. 为什么说自愿出口限额政策是进口国的贸易保护政策？

2. 为什么自愿出口限额对进口国造成的国民福利损失会大于进口关税和进口配额？

3. 什么是倾销？企业实施倾销的目的是什么？倾销会造成什么结果？

4. 实施反倾销政策需要认定的条件是什么？

5. 为什么说反倾销政策是一种贸易保护政策？

6. 美国的301条款包括哪些方面？

7. 举例说明技术壁垒是如何被用作贸易保护政策的。

三、综合题

1. 中国和美国于2005年11月8日就纺织品贸易达成协议，双方同意在未来三年内对21类中国输美纺织品进行数量限制。数量限制将以相关产品2005年的输美数量为基数逐年增长，2006年的增长率为10％～15％，2007年的增长率为12.5％～16％，2008年的增长率为15％～17％。这个协议会给美国带来什么样的福利影响？请画图进行分析。

2. 2006—2007年，中国的液晶电视市场出现了每年超过150％的爆发性增长，索尼和三星等外国品牌成为其中最大的赢家。目前索尼和三星等平板电视在中国的售价要低于其在日本和美国等地的售价，而且很多机型的售价低于成本。日韩企业的这一策略对中国刚起步的平板电视产业带来了很大的冲击。从2006年开始，中国的主要彩电厂商在平板电视业务方面都出现亏损，并且市场份额出现大幅下降。日韩彩电企业为什么在中国市场上实行这样的价格策略？它们的行为是否属于倾销？中国是否需要征收反倾销税？

3. 在2018—2019年的中美贸易战中，美国特朗普政府对从中国进口的商品实施了301关税。请画图分析该关税对美国经济的影响和对中国经济的影响。特朗普政府为什么选择用301关税而不是其他政策工具？你认为中国可以采取什么政策来应对特朗普政府的301关税？

4. 在全球日益关注碳排放的今天，你如何评价发达国家对进口产品实施更严格环境标准的政策取向？你认为中国是否应该对进口产品实施严格的环境标准？

第 11 章
关于贸易政策的争论

【本章简介】

贸易政策应不应该被使用？这个问题属于经济学的**规范性问题**（normative question，又译为**应然问题**）。从前面两章我们得出的结论是：对于一个拥有完全竞争市场的小国，使国民福利最大化的贸易政策就是没有贸易政策，或称自由贸易政策。但在前面的分析中我们也强调这个结论是从一个简化的模型中推导出来的，该模型的重要假定包括：小国经济、完全竞争市场和静态分析。本章第1—3节将讨论这些假定不再成立时的几种情形，包括大国的贸易政策、市场竞争不完全下的贸易政策，以及从动态角度来看的贸易政策。从前面两章对贸易政策工具的分析中我们知道贸易保护政策会造成无谓损失从而损害国民福利，但是世界上没有一个国家不使用贸易政策工具，而且当传统贸易政策工具的使用空间缩小时，新型贸易政策工具的使用频率就会上升。很显然，对于现实世界中贸易政策的解释不仅仅是一个应不应该被使用的规范性问题,更是一个会不会被使用的**实证性问题**（positive question,又译为**实然问题**）。贸易政策的政治经济学理论对这个实证性问题进行了研究,本章第 4 节将对此做一些介绍和讨论。贸易政策是第二次世界大战后发展中国家经济发展战略的核心。本章第 5 节介绍进口替代和出口导向这两个发展战略的理论基础和经验证据。

【思政导引】

本章介绍关于贸易政策的理论思辨和现实应用。贸易政策不仅是一个经济问题,更是一个政治问题。本章内容表明,处于不同发展阶段的国家会对贸易政策持不同的态度。当美国经济尚在追赶英国经济的历史阶段时,美国政府和学界提出了基于幼稚产业的贸易保护主义政策。而当美国经济独霸全球时,美国宣扬的是自由贸易政策。随着中国经济的全球崛起,美国等发达国家又开始调整它们的贸易政策,特别是对华贸易政策。在学习本章内容时,学生应自觉思考和深入讨论贸易政策理论和实践背后的政治经济学,深刻领会中国所倡导的基于国家自主性的互利共赢原则。

参与国际贸易的有大国和小国。**大国**是其供需行为能对世界市场价格产生影响的国家,而**小国**则是被动接受世界市场价格的国家。本节介绍最优关税理论,它的结论是:对于一个大国而言,使国民福利达到最大的政策不是自由贸易,而是适度的进口关税。

11.1

最优关税理论

考虑一个世界小麦市场上的购买大国。当这个大国对小麦征收进口关税时,该国对世界市场小麦的需求减少。图 11.1 表示世界小麦市场的均衡价格原来在 P^*,而当大国 A 实施进口关税导致该国对小麦的需求减少时,世界需求线左移,小麦的世界市场价格下降到 P_N^*。

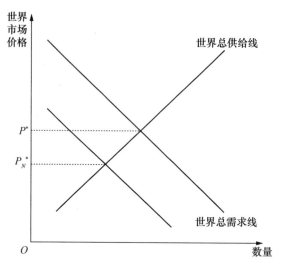

图 11.1　世界市场价格的决定

当世界市场小麦价格下降到 P_N^* 时,大国 A 的国内市场价格等于
$P = P_N^* + t$(这里假定从量关税)。因为只有在这个价格上小麦出口国
才愿意出口小麦到大国 A,在交付关税 t 后仍然可以获得世界市场价
格 P_N^*。由此可见,进口关税保护了国内生产者,使他们得以享受高于
世界市场价格 P_N^* 的国内市场价格 P。与此同时,进口关税抑制了国
内需求,消费者在较高的国内市场价格 P 下只能减少消费。图 11.2
显示了一个大国实施进口关税后将发生的变化。

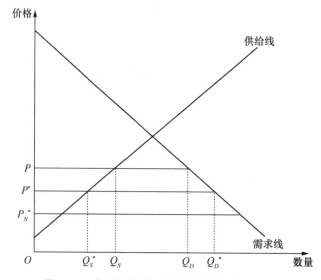

图 11.2　大国征收进口关税的价格和数量效应

我们用图 11.3 来分析进口关税对大国的福利效应。进口关税实施后国内价格从 P^* 上升到 P,所以消费者剩余从 $A+B+C+D+E$ 下降到 A,而生产者剩余从小三角形 F 上升到大三角形 $B+F$。进口关税带给政府的收入等于 $D+G$。比较实施进口关税前后该国的国民福利,我们发现它们的差别等于 $G-(C+E)$。

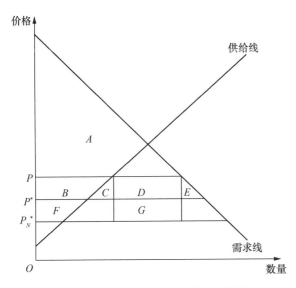

图 11.3 大国征收进口关税的福利效应

进口关税的实施使一个国家的资源配置发生了扭曲,导致无谓损失 $(C+E)$,这个结果和进口关税在小国的情况一样。但大国实施进口关税却会获得额外收益 G。这个收益 G 源于何处?从图 11.3 可以看到,大国的收益源于世界市场价格从 P^* 下降到了 P_N^*。为什么世界市场价格会下降?那是因为大国实施了进口关税使得世界市场的需求下降了。大国所实施的进口关税使进口价格下降,从而使该国的贸易条件得到了改善。**贸易条件**指一个国家出口商品的价格指数和进口商品的价格指数之比。如果一个国家出口商品的价格指数上升,或者进口商品的价格指数下降,那么该国国民实际享用的消费量就会提高,这种情况被认为是贸易条件改善带来的国民福利的上升。相反,如果一个国家的贸易条件恶化,那么该国的国民福利就会下降。图 11.3 中的 G 衡量了大国从实施进口关税中获得的**贸易条件收益**。

想一想 大国实施进口关税所获得的贸易条件收益有没有可能大于关税所造成的无谓损失?

进口关税在大国的净福利效应取决于资源配置损失($C+E$)和贸易条件收益(G)孰大孰小。如果($C+E$)$>G$,那么进口关税会损害大国的国民福利。但如果($C+E$)$<G$,那么进口关税会增进大国的国民福利。在什么条件下前者会发生,在什么条件下后者会发生呢?

在图 11.3 中我们看到,资源配置损失由两个三角形来衡量,而贸易条件收益由一个矩形来衡量。当进口关税较低时,两个三角形的面积较小,而矩形的面积相对较大(虽然每单位的关税较少,但关税应用在较大的进口量上)。随着进口关税的提高,资源配置扭曲增大(两个三角形变大),而关税总量由于进口量的下降而变得相对较小。当进口关税大到使进口量为零时,贸易条件收益(矩形)变为零,其结果是国民福利变化等于两个大三角形构成的资源配置损失。这个使进口量为零的关税水平 t_p 称为**禁止性关税**。图 11.4 描述了国民福利随着关税水平上升的变化轨迹。从自由贸易均衡出发,在关税水平达到 t_0 之前,贸易条件收益大于资源配置扭曲的损失,因而国民福利上升;在关税水平超过 t_0 之后,资源配置扭曲的损失超过贸易条件收益,因而国民福利下降。当关税水平达到禁止性关税水平 t_p 时,该国进入封闭经济均衡,失去贸易收益,因而国民福利处在低于自由贸易均衡的水平之下。

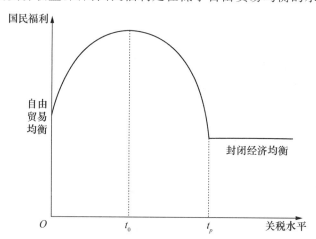

图 11.4 大国的国民福利随关税水平的变化

图 11.4 告诉我们,大国的国民福利并不在自由贸易均衡时达到最大;使大国国民福利达到最大的是关税为 t_0 的那一点。关税 t_0 被称为**大国的最优关税**。而大国只有实施最优关税才能最大化国民福利的理论被称为**最优关税理论**。

最优关税理论有没有道理?它是不是为贸易保护主义提供了依据?首先我们应该认识到,最优关税理论只适用于国际贸易中的大国;对于小国而言,最优关税等于零,自由贸易均衡时小国国民福利达到最大。进一步地我们应该认识到,最优关税理论是静态分析,它假定大国可以不顾贸易伙伴的利益通过改善自身的贸易条件来获益。但是一个大国贸易条件的改善是建立在其他国家贸易条件恶化的基础上的,这必然招致其他国家的回应。在全球经济紧密相连的今天,很难想象任何一个大国可以维持类似于最优关税之类损人利己的贸易政策。恰恰相反,如果各国都试图通过改善贸易条件来获益,那么结果是各国都走向封闭经济均衡而损失贸易收益。所以最优关税理论尽管在逻辑上是成立的,但它的适用性很有限,并不能为贸易保护主义提供理论上的支持。

历史上贸易保护主义所依据的理论之一,是幼稚产业保护理论。前面我们证明了在市场完善的条件下自由贸易能使小国的国民福利最大化。但市场是不完善的,在发展中国家更是如此。假如资本市场是不完善的,那么一国的储蓄就不能有效地转化为企业的投资。尽管这个国家在某个产业上有**潜在比较优势**,但是如果该产业中的企

11.2

**幼稚产业
保护理论**

业不能获得资金来建设它们的生产项目,那么这个产业就不能被建立起来,潜在的比较优势也就无法实现。如果政府采取措施扶持这个产业,使其中的企业建立并成长起来,然后再开放这个产业参与国际竞争,那么该国的国民福利在长期将会得到提高。这就是幼稚产业保护理论的观点。

在英国工业革命后的各国历史上,贸易保护政策扮演着重要的角

色。以 1846 年废除《谷物法》为标志,当时世界的领先国家英国实行了自由贸易政策,此后欧洲大陆的一些国家(如法国)也开始实施削减关税等贸易自由化政策。但到了 1879 年后,以幼稚工业保护理论为名,以德国和美国为代表的后发国家开始实施贸易保护主义政策。实际上,无论是先发的英国采取的自由贸易政策,还是后发的德国和美国实施的贸易保护政策,其目的都是推动工业化。对于先发的英国而言,自由贸易能够让其在工业上的领先优势在全球得到发挥;而对于当时经济落后于英国的德国和美国而言,为了抵消英国的领先优势,它们选择用高关税来保护本国的新兴工业部门。

图 11.5 描述了一个幼稚产业的单位生产成本随时间的变化。在起始时间,该产业国内生产的单位成本为 C_0,高于世界市场价格 P^*。此时该产业是这个国家的比较劣势产业,从静态上看该国应该进口这个产业的产品而不是自己生产这种产品。假设这个产业存在**学习效应**,企业在经营这个产业的过程中会通过学习逐步提高自身的能力,使得单位生产成本从 C_0 下降到 C_n。假设这个产业在世界上属于成熟产业,因而其产品的世界市场价格恒定在 P^*,并且假设在我们考虑的这个国家,该种产品具有潜在的比较优势,即 $C_n < P^*$,那么从长期来看这个国家建立和发展这个产业将有利于该国的国民福利。但要建立这个产业,企业必须在起步阶段(图 11.5 从时间 0 到时间 m)承受亏

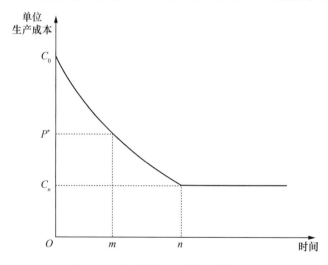

图 11.5 单位生产成本随时间的变化

损,在这个阶段该产业是一个**幼稚产业**。如果资本市场是完善的,那么预见到未来的盈利,资本就会投入该产业中。但如果资本市场不完善,例如不存在风险投资市场,那么该产业就会失去建立和成长的机会。

幼稚产业保护理论认为,如果用贸易保护政策(例如征收相当于 $C_0 - P^*$ 的进口关税)使该产业的国内价格提高到 C_0 以上,就会使该产业建立和生存下去。而随着学习效应发挥作用,该产业会逐渐成长为这个国家具有比较优势的产业,对它的保护性关税也可以逐步降低直至完全取消。

幼稚产业保护理论听起来很有道理。但是这个理论真的为贸易保护主义提供了站得住脚的依据吗?实际上并非如此。我们可以从以下五个方面对这个理论做一个剖析。

第一,幼稚产业保护理论是建立在市场机制失灵的基础上的,而不是建立在产业处于幼稚阶段这个状态上的。对于一个具有利润前景的产业,市场经济中的企业会想尽办法筹集资金进入这个产业,并不需要政府扶持。

第二,如果市场失灵确实阻止了这个产业的建立,那么最优的政府政策应该是针对市场失灵的。如果资本市场失灵是原因,那么政府可以通过各种政策支持本国的金融机构为该产业融资。这些政策是国内政策,与贸易政策无关。

第三,如果针对市场失灵的国内政策出于种种原因不能实施,例如政府没有资金来支持这个幼稚产业,那么贸易保护政策可以作为次优选择。但是幼稚产业所要求的是短暂的保护,并且保护的程度应该逐步降低直至完全取消。而贸易政策的政治经济学告诉我们,一项贸易保护政策一旦实施,就会造就受益的利益集团;由于利益集团的活动,这项贸易保护政策在幼稚产业成熟后也难以取消。如果贸易保护变成了永久性的,那么幼稚产业保护政策促进长期国民福利这个结论就不再成立。

第四,即使政府能够克服利益集团活动的约束来实施幼稚产业保护政策,这项政策的成功与否仍取决于政府是否真的能够识别哪些产业具有潜在的比较优势。经济历史表明,由政府来选择未来的"赢家",其成功的可能性并不大。

第五,幼稚产业保护理论建立在产业具有学习效应的基础之上,而贸易保护政策的最大弊端之一就是它抑制企业的创新和学习。如果在贸易保护政策下一个幼稚产业永远无法长大,那么这项政策无疑是损害国民福利的。

综上所述,尽管幼稚产业保护理论听上去很有道理,但仔细推敲后发现它并不能为贸易保护政策提供理论上的支持。

11.3

**战略性贸易
政策理论**

战略性贸易政策理论是 20 世纪 80 年代不完全竞争贸易理论的一个应用。这个理论认为,在**寡头垄断型**的国际市场上,政府的贸易政策可以导致各国企业之间博弈优势和劣势的转换,因而有助于提高国民福利。由于这个理论针对的是具有较高利润的寡头垄断企业,因此它的应用对象主要是发达国家。

对战略性贸易政策的理论分析是由加拿大经济学家詹姆斯·布兰德(James Brander)和芭芭拉·斯潘塞(Barbara Spencer)首先提出的,其经典例子是美国的波音公司和欧洲的空中客车(以下简称空客)公司的竞争。[①]假定两家公司的技术能力相当,都能够开发一种大型客机。由于研制这种大型客机的成本巨大,因此生产者必须占领整个世界市场才能盈利;而如果两家公司分割世界市场,则双方都只能亏损。我们可以用表 11.1 来表示这两家公司在四种可能的情况下的利润。

表 11.1　自由贸易条件下的收益表　　　　　　　　单位:亿美元

		空客	
		生产	不生产
波音	生产	(−10,−10)	(100,0)
	不生产	(0,100)	(0,0)

表 11.1 中每组的第一个数字是波音的利润,第二个数字是空客的利润。根据假设,在一家公司独占市场的情况下,该公司获得垄断利润

---

①　Brander, James A. and Barbara J. Spencer (1985), "Export Subsidies and International Market Share Rivalry," *Journal of International Economics*, 18(1-2), 83-100.

100 亿美元。在两家公司展开双寡头竞争的情况下,每家公司亏损 10 亿美元。如果两家公司同时博弈,结果是存在两个纳什均衡:(0,100)和(100,0)。那么哪个均衡会发生呢?博弈论告诉我们,这取决于谁拥有**先发优势**。假定波音先于空客生产这种大型客机。当波音已经占领了这个市场时,空客为了避免 10 亿美元的亏损,会选择不进入这个市场,结果波音获得 100 亿美元的垄断利润。波音获得垄断利润并不是因为它拥有相对于空客的生产成本优势,而是因为它拥有先发的战略优势。

在这个例子中拥有大型客机这个部门能够提高生产国的国民福利,因为通过出口大型客机可以从消费国赚取到高昂的垄断利润。在自由贸易条件下,由于美国的波音公司先行占有了大型客机市场,因此欧洲尽管拥有生产大型客机的技术能力,但却损失了可以由此获得利润来增进国民福利的机会。如果欧洲放弃自由贸易政策,而对空客公司实施出口补贴政策,情况会怎样呢?

假定欧洲政府提供 20 亿美元的出口补贴。如表 11.2 所示,这项政策改变了空客可以获得的收益。当空客生产并出口大型客机时,它会从欧洲政府获得 20 亿美元的补贴。

表 11.2　出口补贴政策下的收益表　　　　　　　　单位:亿美元

		空客	
		生产	不生产
波音	生产	(−10,10)	(100,0)
	不生产	(0,120)	(0,0)

在表 11.2 所示的博弈中,欧洲政府的出口补贴政策起到将**战略劣势转换为战略优势**的作用。补贴使生产大型客机成为空客的优势策略,即无论是波音生产还是不生产,空客都会选择生产。预见到空客必定进入这个市场,博弈的另一方波音只能选择退出这个市场,否则就将承受 10 亿美元的亏损。在这个博弈中,欧洲政府对大型客机生产的补贴政策使空客得以克服波音的先发优势而获得战略优势,因而这项出口补贴政策被称为**战略性贸易政策**。

战略性贸易政策使本国公司获得利益是显而易见的,但我们关心的是,这种贸易政策能不能提高国民福利?在上述例子中,欧洲政府为实施这项政策花费了 20 亿美元,而由此从世界市场获得的利润达到 100 亿美元。所以这项贸易政策使欧洲的国民福利提高了 80 亿美元。由此证明战略性贸易政策优于自由贸易政策,能使一个国家获得更高的国民福利。

战略性贸易政策真的优于自由贸易政策吗?通过对上述理论模型的推敲我们至少可以指出该理论的三个弱点。第一,欧洲的出口补贴能否帮助空客扭转战略劣势取决于波音的退出。如果波音有一些空客没有观察到的技术优势使之在双寡头竞争时仍能获取一定利润,那么欧洲的战略性贸易政策就不能实现将波音逐出世界市场的目的,结果是两家公司同时存在并长期竞争。尽管空客会因政府补贴的支撑而得以维持,但是欧洲为此付出的代价将大于从中得到的收益,因此欧洲的国民福利将受损。第二,正如大国运用进口关税试图获得贸易条件收益会遭到报复一样,当一个国家运用战略性贸易政策试图获得战略优势所带来的利润时,它也会遭到其他国家的报复。当美国和欧洲都对大型客机生产和出口实施补贴时,波音和空客会在世界市场上同时存在并长期竞争,结果是两个经济体的国民福利都会下降,这是贸易战的必然结果。第三,当一个国家在某个产业实施战略性贸易政策时,它必须从其经济的其他部门抽取资源,所以一个国家在建立某个产业的战略优势时可能会导致其他产业处于战略劣势,其结果可能会对国民经济的整体造成损害。以上讨论表明,战略性贸易政策虽然有成功的可能性,但是它的局限性也是非常明显的,很可能会弄巧成拙。因此,战略性贸易政策理论并不能为实施偏离自由贸易的政策提供令人信服的理论依据。

11.4 贸易政策的政治经济学理论

本章前三节介绍了政府主导的贸易政策优于自由贸易政策的三个理论。虽然每个理论都证明了政府主导的贸易政策在某种条件下可以比自由贸易政策获得更高的国民福利,但它们的理论基础并不坚实,存在很大的局限性。尽管贸易保护主义者们会引用幼稚产业保护理论或战略性贸易政策理论来支持他们的行为,但他们的行为并不是出于增加国民福利的考虑,而是出于贸易保护会给他们带来经济利益的考虑。同样的道理,贸易自由主义者的行为也不是出于增加国民福利的考虑,而是出于自由贸易会给他们带来经济利益的考虑。因此,现实中的贸易政策通常不是取决于对国民福利的考虑("应该是什么政策"),而是取决于各方利益博弈所达成的均衡("会是什么政策")。贸易政策的政治经济学理论研究的正是"贸易政策会是什么"这个问题。

贸易政策是在政治过程中决定的,所以需要对政治过程进行描述。首先,**政治过程**是一个争取选民选票的过程。在 HO 模型的自由贸易均衡中,技能工人工资和劳力工人工资取决于世界市场上的商品价格。考虑一个技能工人丰裕的国家(例如美国),根据 SS 定理,当该国对进口商品征收关税时,该国丰裕要素所有者(技能工人)的工资会下降,该国稀缺要素所有者(劳力工人)的工资会上升。假设每个工人工作能力中所含技能的比率不同,那么一个工人的技能比率越低,该工人从进口关税中的获益就越高。如果将工人按其技能比率从高到低排列,他们希望政府实施的进口关税税率(税率可以为负)将是从低到高排列。假定该国工人可以通过一人一票来决定谁来执政,那么最多选票所对应的关税税率必定是技能比率居中的中位选民所偏好的那个关税水平。这个理论被称为**中位选民理论**。然而实证证据表明,中位选民理论并不能解释现实中所观察到的贸易政策。如果贸易政策简单地取决于选票,而消费者拥有最多的选票,那么自由贸易岂不是选民的最优选择?

中位选民理论之所以不能解释贸易政策,是因为它忽略了政治过程中**游说**的作用。政治力量并不取决于利益集团人数的多少,而是取决于利益集团的活动能力。消费者虽然人数众多,但并不能抱成一团。贸易保护政策固然会损害消费者利益,但每个消费者的损失不足以让其花费时间、精力和金钱来组织和参加反对贸易保护政策的活动。每个消费者都有**免费搭车**的动机,希望其他消费者去组织反对贸易保护的活动,而自己可以坐享其成。结果是没有消费者组织这类活动。相反,受到进口威胁的国内企业由于利益集中,免费搭车的动机相对较小,因而能够组织起强大的游说集团来争取贸易保护政策。这个理论称为**集体行动理论**,它对现实中所观察到的贸易政策具有一定的解释能力。[①]

20 世纪 90 年代,格罗斯曼和赫尔普曼提出了**贸易政策购买理论**,将贸易政策视为一种商品,由政府出售,由利益集团出资购买。[②]政府在出售某种贸易政策时会兼顾选民的利益和利益集团的利益,而利益集团则通过政治捐款来影响政府对贸易政策的选择。贸易政策购买理论较之其他理论更全面地反映了贸易政策的政治决定过程中各种力量之间的平衡。

对于贸易政策的政治决定过程的讨论强化了对自由贸易政策的支持。安妮·克鲁格(Anne Krueger)在她 1974 年发表的文章中指出:进口配额政策会引发**寻租活动**,而这种活动增大了贸易保护的福利损失。[③]巴格瓦蒂进一步将寻租活动一般化,将其称为**"直接的非生产性的寻利活动"**[④]。巴格瓦蒂指出:对于贸易政策的政治游说活动不只发生在对进口配额租金的追逐上;只要贸易政策能带来利益,寻利活动就会发生,而这些寻利活动是非生产性的,会使社会资源遭到浪费。与贸易政策所造成的资源配置扭曲所带来的福利损失相比,由寻租或寻利活动所带来的福利损失在数额上更大。例如,克鲁格根据土耳其数据估算,寻租活动造成的福利损失数额占其 GDP 的 40%。[⑤]对于政府主导的贸易政策所带来的高额寻租成本的考虑,是经济学家支持自由贸易政策的重要理由。

---

① 参见 Olson, Mancur Lloyd Jr. (1965), *The Logic of Collective Action*: *Public Goods and the Theory of Groups*, Harvard University Press.

② Grossman, Gene M. and Elhanan Helpman (1994), "Protection for Sale," *American Economic Review*, 84(4), 833-850.

③ Krueger, Anne O. (1974), "The Political Economy of the Rent-Seeking Society," *American Economic Review*, 64(3), 291-303.

④ Bhagwati, Jagdish N. (1982), "Directly Unproductive, Profit-Seeking (DUP) Activities," *Journal of Political Economy*, 90(5), 988-1002.

⑤ 引自贾格迪什·巴格瓦蒂:《现代自由贸易》,雷薇译,中信出版社 2003 年版,第 30 页。

第二次世界大战后独立的亚非拉发展中国家采取的经济发展战略可分为进口替代战略和出口导向战略。**进口替代战略**指的是通过限制制造业产品的进口,力图用本国生产的制造业产品替代进口的制造业产品来推动工业化进程的发展战略。**出口导向战略**指的是通过向世界市场出口产品来推动本国工业化进程的发展战略。

11.5

发展中国家的贸易政策选择

进口替代战略

进口替代战略的理论基础是幼稚产业保护理论,采取限制制造业产品进口的贸易保护政策是这个战略的核心之一。进口替代战略还有一个理论基础,就是所谓的**发展中国家贸易条件恶化论**。虽然绝大多数发展中国家在世界贸易中不具备影响商品价格的能力,但是发展中国家合在一起可以被视为一个"大国",通常被称为"**南方**"。而发达国家合在一起则被称为"**北方**"。

劳尔·普雷维什(Raul Prebisch)和汉斯·辛格(Hans Singer)在1949年分别发现了发展中国家的贸易条件存在长期恶化趋势的经验证据。普雷维什考察了1876—1938年英国进出口商品的平均价格指数,发现一定数量的原材料在20世纪30年代所能购买到的制成品只是19世纪70年代所能购买到的制成品的64%。普雷维什由此得出结论:出口初级产品的发展中国家的贸易条件存在长期恶化的趋势。[①]辛格在研究报告《发展中国家和发达国家在战后的贸易价格关系》中得出了与普雷维什相同的结论,即发展中国家初级产品出口价格呈长期下降趋势。[②]学术界称他们的理论假说为"**普雷维什-辛格命题**"

① Prebisch,Raul (1950),"The Economic Development of Latin America and Its Principal Problems," UN Document No. E/CN. 12/89/Rev. 1,Lake Success,N. Y.:United Nations. 该报告的第一版为西班牙语版,完成于1949年。在西班牙语版报告的基础上,普雷维什于1950年递交了这份英文版报告。

② Singer,Hans W. (1949),"Post-war Price Relations in Trade between Under-developed and Industrialized Countries," United Nations Document No. E/CN. 1/Sub. 3/W. 5.,Lake Success,N. Y.:United Nations.

(Prebisch-Singer Thesis),它成为采取进口替代战略的一个重要的理论依据(参见专栏 11.1)。

著名发展经济学家阿瑟·刘易斯(Arthur Lewis)在 1954 年构建了一个模型来分析发展中国家的贸易条件。[①]他假设 2 个国家(南方和北方)、3 种产品(食品、钢铁和咖啡)和 1 种生产要素(劳动力)。南方生产食品和咖啡,北方生产食品和钢铁,北方在食品生产上的劳动生产率高于南方。在自由贸易均衡中,北方出口钢铁,南方出口咖啡,而在钢铁和咖啡贸易中的逆差方会出口食品以取得贸易平衡。刘易斯假设:在北方,食品生产效率的提高快于钢铁生产效率的提高;而在南方,咖啡生产效率的提高快于食品生产效率的提高。在此假设下,一个单位的食品在北方可以换到的钢铁越来越少,而在南方可以换到的咖啡越来越多。结果南方出口的咖啡可以换到的北方出口的钢铁越来越少,由此造成南方贸易条件的持续恶化。

虽然进口替代战略在发展中国家曾盛行一时,但结果却很不成功,实施这个战略的拉美国家(例如墨西哥、巴西和智利)和南亚国家(例如印度)的技术进步率很低,经济增长缓慢,资源配置扭曲严重,寻租现象盛行。

▊▊▊ 出口导向战略

与进口替代战略的失败形成鲜明对比的是出口导向战略的成功。20 世纪 60 年代和 70 年代,亚洲"四小龙",即新加坡、中国香港、韩国和中国台湾,通过生产和出口劳动密集型的制造业产品,使工业结构逐步升级,并取得了相当高的经济增长率。亚洲"四小龙"的成功被认为是出口导向发展战略的成功。80 年代以后,出口导向战略成为发展中国家和地区经济发展战略的主流。

关于东亚经济的发展有一个"**雁行理论**",它将 20 世纪 50 年代腾

---

① Lewis, W. Arthur (1954), "Economic Development with Unlimited Supplies of Labour," *The Manchester School of Economic and Social Studies*, 21, 139-191. 刘易斯因其在经济发展理论方面的开创性研究与西奥多·舒尔茨(Theodore Schultz)共同获得 1979 年的诺贝尔经济学奖。

飞的日本经济视为"头雁",将六七十年代腾飞的亚洲"四小龙"经济视为第二批大雁,将八九十年代腾飞的中国和一些东南亚国家(例如泰国、马来西亚和越南)的经济视为第三、第四批大雁。东亚经济体实现"雁行式"腾飞被认为是依靠出口导向战略实现的,其基本路径是:首先依靠丰裕的劳动力资源生产劳动密集型的制造业产品并将其出口到全球市场,在此过程中逐步提升制造产业和产品的技术水平,实现出口结构从低端向中端再向高端的提升。一句话概括,就是通过建立和提升在制造业上的动态比较优势来实现经济发展。

关于出口导向战略的成功主要是反映了贸易自由化政策的力量还是反映了政府干预型贸易政策的力量,这仍然是一个有争议的问题。一些学者认为东亚国家和地区的贸易政策是与政府干预密切相关的,因此它们的成功证明的不是自由贸易政策促进了经济增长,而是政府干预型贸易政策促进了经济增长。[①]没有争议的是,这些国家和地区都是通过对全球市场的利用实现了从劳动密集型向资本密集型的产业升级,并由此实现了在较长一段时间内经济的高速增长。

本章讨论了关于自由贸易政策并非最优政策的一些理论,同时指出这些理论具有局限性,它们并不能为贸易保护主义提供坚实的理论基础。在现实世界中贸易保护政策之所以存在并被广泛使用,并不是因为它们在理论上得到支持,而是因为它们是政治力量博弈的结果,其背后是经济利益的分配。贸易政策的政治经济学理论讨论了政治决定过程中的各种力量是如何在博弈中寻求平衡从而产生我们所观察到的贸易政策的。

11.6

讨论和总结

大多数国际贸易学者认为,尽管自由贸易政策在理论上不总是最优的,但在实践中却没有比它更好的政策了。支持自由贸易政策的理

---

① 参见 Rodriguez, Francisco and Dani Rodrik (2000), "Trade Policy and Economic Growth: A Skeptic's Guide to the Cross-National Evidence," *NBER Macroeconomics Annual 2000*, 261-325。

论依据主要有三点。第一,自由贸易条件下资源能够得到有效配置,而偏离自由贸易将导致资源配置扭曲所带来的无谓损失。第二,除了静态贸易收益,自由贸易还能带来动态贸易收益。现代产业大都存在规模经济,而自由贸易能够让企业为世界市场而生产,从而充分地享受规模经济带来的利益。一个国家经济的长期增长主要是由技术进步来推动的,而自由贸易能够促进企业之间的竞争从而激发技术创新,并且能够推动先进技术的国际扩散。第三,自由贸易政策有助于避免寻租行为。当一个国家运用贸易政策时,各种利益集团会花费大量的资源开展寻租活动,这些资源没有对国民福利产生任何贡献,是无谓的浪费。坚持自由贸易政策在实践中的一个最大好处就是使利益集团无从寻租。基于上述三点,自由贸易政策是从国民福利角度考虑的最优政策。

关于贸易政策的争论因经济全球化的迅猛发展而日益加剧。虽然国际贸易只是经济全球化的一个方面,但它极具象征意义。当 1999 年 WTO 在美国西雅图市召开部长级会议时,众多反对全球化的人士云集西雅图,其抗议的对象远远超过了国际贸易的范畴,这次抗议活动被称为"西雅图风暴"(参见专栏 11.2)。

【新时代 新思考】

本章内容触及了贸易政策的政治本质,对于新时代的中国学生理解和认识错综复杂的国际经济关系具有启发作用。考虑到中国目前所处的经济发展阶段,以及中国经济全球崛起的大背景,学生对本章内容的学习需要提升到一个更高的高度,需要认识到中国的发展不仅关乎中国人民的福利,也关乎世界人民的福利。中国主张在追求本国利益时兼顾他国合理关切,在谋求本国发展中促进各国共同发展,这个主张是对西方发达国家贸易政策取向的纠偏,为破解当前全球贸易关系所处困局指明了出路。

专栏 11.1

关于发展中国家贸易条件恶化的争论

1949 年,普雷维什和辛格同时发现了发展中国家的贸易条件存在长期恶化的趋势。他们的发现在学术界引起了一场关于贸易条件的争论。

普雷维什是阿根廷经济学家,曾经担任阿根廷中央银行行长。在担任行长时普雷维什注意到在 1929—1933 年的大萧条期间,初级产品的价格下跌远远超过制成品,但他当时没能从理论上解释这一现象。之后的二十年,普雷维什关于贸易条件的思想逐步成形。1949年,时任联合国拉丁美洲经济委员会主席的普雷维什在一份题为《拉丁美洲的经济发展及其主要问题》的报告中系统和完整地阐述了"贸易条件恶化论"。同年,同在联合国任职的英国人辛格递交了一份题为《发展中国家和发达国家在战后的贸易价格关系》的研究报告,在独立研究的基础上得出了与普雷维什相同的结论:发展中国家初级产品出口价格呈长期下降趋势。他们的发现被称为"普雷维什-辛格命题"。

贸易条件恶化的原因是什么? 普雷维什认为它是殖民时代遗留下来的国际分工的必然结果。英、美等发达国家在工业革命之后相继建立起资本主义工业体系,随后开始向世界其他地区扩张。它们向落后国家输出制成品,落后国家被迫参与以发达国家为中心的国际分工,承担初级产品的生产和出口任务。在这种国际分工下形成了"中心—外围"体系,发达国家处于世界经济体系的"中心",而发展中国家则处于"外围"。中心是技术创新者和经济利益获得者,它向外围出售制成品;外围则是原材料供应者和技术模仿者,它用初级产品交换制成品。在"中心—外围"体系下,制成品与初级产品之间的分工并不像古典经济学家所说的那样是互利的,相反,由于技术进步收益的分配不均,外围国家在国际分工中明显处于不利地位。工业部门的技术进步导致要素收入增加,并使制成品价格提高;而初级产品部门的技术进步则导致初级产品价格的下降。这样处于中心的发达国家保有着自身技术进步的全部利益,而处于外围的发展中国家则将其技术进步的部分成果通过出口价格的下降转移到了中心国家。发达国家作为制成品的生产者和初级产品的消费者获得了双重好处,而发展中国家作为初级产品的生产者和制成品的消费者则受到双重损害。此外,初级产品的需求收入弹性大大低于制成品也是外围国家贸易条件长期恶化的重要原因之一。初级产品的需求收入弹性小于1,而制成品的需求收入弹性大于1,因此当实际收入增加时,对食品和原材料等初级产品的需求减少,而对制成品的需求增加,其结果是初级产品贸易条件的进一步恶化。

强调发展中国家贸易条件恶化的"普雷维什-辛格命题"一经提出立刻在学术界引起了一场有关贸易条件的争论。支持者如查尔斯·金德尔伯格(Charles Kindleberger)认为"辛格和普雷维什有关发展中国家贸易条件的观点在一个较彻底的统计研究中得到了证实"[1]。而以雅各布·维纳(Jacob Viner)和戈特弗里德·哈伯勒(Gottfried Haberler)为代表的另一方则对该理论展开了猛烈的批判。维纳指出,农业并不等于贫困,工业也不等于富裕,一个国家在国际分工体系中的地位取决于它是在工业中还是在农业中具有比较优势。维纳认为"普雷维什-辛格命题"中初级产品和制成品之间的贸易条件的比较没有考虑到两种产品在质量上的不同变化,因而是有偏差的。1876—1938年,制成品的质量有了很大的提高,而初级产品在质量上没有多少提高,在某些情况下还降低了。[2]对"普雷维什-辛格命题"最全面和最彻底的批判来自哈佛大学教授哈伯勒。哈伯勒认为国际贸易的比较优势理论同样适用于发展中国家,国际分工和国际贸易在过去、现在和将来都是增进每个国家经济福利和提高其国民收入的基本因素之一。普雷维什和辛格以1876—1938年英国每年的进出口贸易指数来代表同一时期原材料和制成品的世界市场价格是不合理的,不能由此得出"发展中国家贸易条件长期恶化"这样的一般性结

---

① Kindleberger,Charles P.(1958),"The Terms of Trade and Economic Development," *Review of Economics and Statistics*,40,Supplement,72-85.

② Viner,Jacob(1952),*International Trade and Economic Development*,The Free Press,71-143.

论。哈伯勒认为普雷维什用来解释贸易条件恶化的两条主要理由，即工业国家对技术进步的垄断和恩格尔定律的作用，同样是不成立的。哈伯勒指出，在 19 世纪初期特别是在经济自由主义和自由贸易崛起以前，工业国家阻止机械设备和技术知识出口的企图确实存在；但在 20 世纪，制成品由许多国家供应，制成品制造者之间的竞争要比 100 年前激烈得多。而恩格尔定律只适用于食品的需求而不适用于所有原材料的需求。[①]

"普雷维什-辛格命题"在 20 世纪 50 年代和 60 年代曾经非常流行，它是发展经济学家主张落后国家采用进口替代战略来实现工业化的重要依据之一。墨西哥、巴西和智利等拉美国家和印度等南亚国家实施了进口替代战略，结果很不成功。而采取出口导向战略的一些东亚国家和地区却取得了举世瞩目的经济发展奇迹。

专栏 11.2
西雅图风暴

1999 年 11 月 30 日，WTO 第三届部长级会议在美国西雅图市开幕，而会场外却云集了来自世界各地的反全球化人士。他们砸毁了全球化象征的麦当劳快餐店，还与警察发生了暴力冲突，致使会议无果而终。此次事件被称为"西雅图风暴"。

西雅图风暴后，每次召开推进全球化的国际会议时，都会有众多反全球化人士在会场外举行示威游行，抗议全球化。2001 年 7 月在热那亚举行的八国首脑会议开幕当天，来自世界各地的近 12 万名反全球化人士聚集热那亚，挂出了全球化导致贫困的横幅。在与警察的

---

① Haberler, Gottfried (1961), "Terms of Trade and Economic Development," in Ellis, Howard S. and Henry C. Wallich (eds.), *Economic Development for Latin America*, Stockton Press, 281-284. 转引自董国辉(2001)，《普雷维什命题：历史与现实》，载《拉丁美洲研究》2001 年第 3 期。

冲突中,近500人受伤,126人被捕,还有1人被警察开枪打死,热那亚一度陷入混乱。英国《金融时报》2001年7月21日刊登的一篇文章中称:"由于严格的安全保卫措施,这里几乎成了一座空城,只剩下首脑会议的参加者和抗议者。普通百姓都待在家里。"最后,八国首脑会议不得不在反全球化的抗议声中闭幕。抗议者们不但采取游行示威等行动,还在每次国际大型会议召开时举办各种论坛,让全球化中的"受害群体"代表在论坛上表达他们对全球化的不满。

在自由贸易的旗帜下,在优化资源配置和发挥各国比较优势的利益驱动下,全球化的脚步在不断向前迈进。从贸易领域到生产领域和金融领域,经济全球化已经将世界各国的经济紧密地联系了起来,极大地促进了各国间的经济交流。但是近年来为什么会出现大规模的反全球化运动,而且有愈演愈烈的趋势呢?

经济理论表明各国可以利用自己的比较优势参与全球化的进程并从中获得利益。然而,并不是所有人都能分享到全球化带来的福利。实际上,全球化过程中存在着严重的利益分配不均问题,这也是世界范围内贫富分化日趋严重的重要原因。不仅发达国家和发展中国家之间的收入差距在不断拉大,而且各国内部的贫富分化问题也日益突出。1999年联合国《人类发展报告》提供了如下数字:全世界1/5最富有人口占有全球GDP的86%、全球出口的82%、全球直接投资的68%和全球电话总量的74%。最富有人口的人均收入是最贫穷人口人均收入的74倍,大大高于1960年的30倍。目前全世界仍有十几亿人每天消费不足1美元。一方面,发达国家及其跨国公司凭借自己强大的经济实力,利用发展中国家廉价的资源和劳动力进行生产,并从中获得丰厚的利益。另一方面,跨国公司为了增强竞争力,将很多投资都转移到国外,这在一定程度上造成了其国内的产业空心化,使其本国的工人面临失业威胁。加上近年来大量外国移民的涌入,发达国家国内居民自然会把失业与收入下降的原因归结为全球化。所以反全球化中很重要的一股力量是发达国家的劳工组织。

不仅如此，在全球化过程中，跨国公司将那些高能耗、高污染和高排放的生产活动转移到了发展中国家，给当地的生态环境造成了严重的破坏，极大地限制了这些国家的可持续发展。1998年9月14日墨西哥《至上报》上发表的一篇文章就谴责说："工业化国家是破坏臭氧层的主要源头。但是，最终为污染和滥用土地、森林、河流以及海洋而付出代价的却是那些最贫困国家的人民。"所以，各国环保人士也加入反全球化的大军中，指责发达国家及其带动的全球化是世界环境日益恶化的罪魁祸首。很多人还指责发达国家利用现代化的通信科技，在全球化过程中推行其文化价值和生活方式，使其他国家的传统文化受到侵蚀。反全球化人士还指出了全球化进程中的其他许多问题，例如国际分工不合理、第三世界国家边缘化、科技殖民和金融殖民等。

全球化带来的问题涉及社会和经济的方方面面，所以反全球化人士的构成也十分复杂。他们中有工人、环保主义者、各种社会活动家、无政府主义者、农产品保护主义者等。虽然他们来自不同的国家，具有不同的背景，但是反对全球化这一共同的目标将他们联系在一起，而且队伍在不断发展壮大。可以预见，反全球化的抗议将一路伴随全球化的进程。

本章提要

1. 关于贸易政策的争论在历史上从来没有间断过。贸易政策会产生国民福利和收入分配等多重效应。评判一项贸易政策的首要标准是看它对国民福利的影响。

2. 最优关税理论证明了对于大国而言，自由贸易不是最优政策，而适度的进口关税可以使这个大国的国民福利最大化。最优关税理论的最大缺陷在于假设贸易对手不会对保护关税进行回应。如果贸易对手同样采取所谓的最优关税，那么贸易双方就会陷入贸易战的双输局面。所以最优关税理论并不能为贸易保护主义提供理论上的支持。

3. 幼稚产业保护理论是历史上贸易保护主义所依据的一个重要理论。根据这个理论,一个国家对拥有潜在比较优势但目前处于发展初级阶段的产业给予贸易保护会有助于这个产业的成长,促使潜在的比较优势转化为真实的比较优势,从而提高这个国家的长期国民福利。幼稚产业保护理论经不起推敲。造成幼稚产业得不到成长的因素是市场失灵,其最好的解决方法不是贸易保护而是针对市场失灵的政策。幼稚产业需要的帮助是暂时的,而贸易保护政策一旦实施就存在变成永久性政策的风险。

4. 战略性贸易政策理论是寡头垄断型国际市场上大企业之间博弈优势和劣势相互转换的理论。该理论认为政府政策可以帮助在世界市场上处于战略劣势的本国企业扭转其劣势而取得战略优势,其结果不仅有利于本国企业,而且能够提高本国的国民福利。战略性贸易政策理论的缺陷在于它只有在某个国家单方面使用时才可能有效。如果两个国家都实施战略性贸易政策,那么结果将是两败俱伤。所以该理论并不能为偏离自由贸易提供站得住脚的支持。

5. 贸易政策在各国得到普遍实施是利益博弈的结果。不同的贸易政策意味着不同的利益得失。贸易政策的政治经济学理论讨论了政治决定过程中各种力量之间通过利益博弈实现贸易政策取舍的过程。在争取有利于自身贸易政策的过程中产生了寻租活动,使社会资源遭受损失。自由贸易政策在实践中的一个最大的好处就是避免了寻租活动所带来的社会资源损失。

6. 发展中国家和地区在第二次世界大战后的经济发展过程中分别采取了进口替代战略和出口导向战略。经过几十年的实践,实施进口替代战略的拉美和南亚国家在经济发展上很不成功,而实施出口导向战略的东亚国家和地区实现了产业升级和经济的快速增长。关于出口导向战略的成功主要是反映了贸易自由化政策的力量还是反映了政府干预型贸易政策的力量,仍然是一个有争议的问题。

进一步阅读

关于贸易政策争论的全面阐述,请阅读 Bhagwati(2002)的著作《现代自由贸易》(中文译本由中信出版社于 2003 年出版)。该书不但讨论了本章涉及的基于市场失灵的政策寻租的理论,而且讨论了本章没有涉及的基于收入分配和社会公平的理论。关于贸易政策的一本经典著作是 Corden(1997),该书详细讨论了与贸易政策相关的几乎所有方面,不仅包括最优关税理论、幼稚产业保护理论和战略性贸易政策理论,而且包括对贸易政策与环境政策、汇率政策和外资政策相互关系的探讨。关于贸易政策在发展中国家的应用请阅读 Krueger(1995)。关于贸易政策的政治经济学理论请阅读 Grossman 和 Helpman(2002)撰写的《利益集团与贸易政策》(中文译本由中国人民大学出版社于 2005 年出版),该书汇集了他们在这个专题上发表的八篇论文,可供国际贸易专业的研究生阅读参考。此外,Rodrik(1995)关于贸易政策的政治经济学的文献综述也具有参考价值。

Bhagwati, Jagdish (2002), *Free Trade Today*, Princeton University Press. (中文译本)《现代自由贸易》,雷薇译,中信出版社 2003 年版。

Corden, W. Max (1997), *Trade Policy and Economic Welfare*, 2nd edition, Oxford University Press.

Grossman, Gene M. and Elhanan Helpman (2002), *Interest Groups and Trade Policy*, Princeton University Press. (中文译本)《利益集团与贸易政策》,李增刚译,中国人民大学出版社 2005 年版。

Krueger, Anne O. (1995), *Trade Policies and Developing Nations*, The Brookings Institution.

Rodrik, Dani (1995), "Political Economy of Trade Policy," in Gene M. Grossman and Kenneth Rogoff (eds.), *Handbook of International Economics*, Vol. III, North Holland Elsevier Science.

一、即测即评

学完本章内容后,学生可扫描左侧二维码完成客观题测验(包含选择题和判断题),提交结果后即可看到答案及相关解析。

二、简答题

1. 大国能否通过征收关税增进国民福利?

2. 进口关税对大国和小国所造成的影响有什么相同点和不同点?

3. 为什么说最优关税理论在现实世界中很难应用?

4. 什么是幼稚产业保护理论?请解释潜在比较优势、不完善市场和学习效应这三个概念在幼稚产业保护理论中所起的作用。

5. 请举例说明幼稚产业保护理论不能支持贸易保护政策的理由。

6. 对发达国家而言,战略性贸易政策是否优于自由贸易政策?为什么?

7. 为什么说自由贸易政策虽然在理论上并不总是最优的,但在实践中却没有比它更好的政策?

三、综合题

1. 假设在自由贸易条件下本国以每磅 12 美元的价格从世界市场进口奶酪。如果本国对奶酪征收进口关税,本国的奶酪价格会上升到 15 美元,而世界市场的奶酪价格会下降到 9 美元。请作图说明:

(1) 该进口关税对本国的奶酪生产和消费会产生怎样的影响?

(2) 该关税将如何影响本国与奶酪相关的消费者剩余和生产者剩余?

(3) 本国政府会获得多少关税收入?

(4) 本国的国民福利会受到怎样的影响?

2. 美国的波音公司和欧洲的空客公司是世界上最大的两家客机制造公司。假设两家公司都能生产一种 300 座的新型客机。

(1) 假设在没有政府补贴的情况下,每家公司单独生产这种飞机都能盈利,但如果两家同时生产则都会亏损。下表列出了具体的盈亏情况(表中每组的第一个数字是波音的利润,第二个数字是空客的利润,单位是亿美元)。请讨论两家公司的博弈结果。

		空客	
		生产	不生产
波音	生产	(−5,−10)	(110,0)
	不生产	(0,100)	(0,0)

(2)假设欧盟对空客给予 20 亿美元的生产补贴,而美国对波音也提供 20 亿美元的生产补贴。下表列出了两家公司在获得补贴后的收益情况。请讨论此时两家公司的博弈结果。补贴政策对美国和欧盟的国民福利分别会产生怎样的影响?

		空客	
		生产	不生产
波音	生产	(15,10)	(130,0)
	不生产	(0,120)	(0,0)

3. A 国的劳动力成本低廉,其制鞋成本是 B 国的 1/6。B 国国内的三大皮鞋制造商一起向政府施压要求对从 A 国进口的皮鞋征收高额关税。请用贸易政策的政治经济学理论来讨论 B 国皮鞋制造商获得关税保护的可能性。

4. 第二次世界大战后发展中国家和地区的实践表明,进口替代战略不能起到推动经济发展的作用,而出口导向战略却带来了快速的经济增长。请运用在本书中学到的国际贸易理论和经济增长理论,对上述这个经验证据做出解释。

第 12 章
全球贸易的制度架构

【本章简介】

在前面几章我们学习了自由贸易政策有助于国民福利提高的理论,也学习了实施保护贸易政策的经济动机和政治动机。尽管单方面降低贸易壁垒在大多数情况下能够带来整体贸易收益的提高,但它所产生的收入分配效应使得某些团体的利益受损,因而在现实中单边自由贸易政策较少实施。当世界各国意识到相互之间共同降低贸易壁垒可以实现多赢时,建立多边国际贸易协商机构的时机就来到了。本章第 1 节介绍全球贸易协定,包括 1947 年签订的《关税与贸易总协定》(GATT)和 1995 年取代 GATT 的世界贸易组织(WTO),以及它们发挥作用的逻辑。在 WTO 成立后,多边贸易协定谈判进入深水区并呈停滞状态,而区域贸易合作却呈蓬勃发展之势。本章第 2 节介绍区域贸易协定并分析与之相关的若干问题。进入 21 世纪后,国际贸易的内容和方式、国际政治和经济版图以及技术和观念等方面都发生了深刻

变化。本章第 3 节介绍这些新变化并对全球贸易体系的新走向做一些
前瞻性的分析。

【思政导引】

本章讨论全球贸易制度架构。新时代要求教科书的内容具有知
识性、人文性、引领性、时代性和开放性。本章的知识性体现在对从
GATT 到 WTO 的历史进程的介绍,人文性体现在对区域贸易协定的
福利效应的讨论,引领性体现在对以离岸外包为特征的国际分工新格
局下贸易政策新思考的阐述,时代性体现在对 21 世纪中国经济崛起背
景下的中美之间全方位博弈的分析,开放性体现在将对未来全球贸易
体系新方向这个问题的思考留给读者的安排。作为新时代的中国学
生,应努力提升自己的知识储备和人文修养,特别是对错综复杂的当
今世界的认知。

尽管贸易理论显示自由贸易政策有助于国民
福利的提高,但由于自由贸易会损害某些经济集
团的利益,因此一个国家很难单方面实施这项政
策。**全球贸易协定**是世界各国通过多边谈判达成
共同降低贸易壁垒的协定。全球贸易协定的根本
原则就是**非歧视原则**。当一个国家对某个国家削
减关税时,这个较低的关税必须同时授予其他所

有国家,这种做法被称为**最惠国待遇**(Most Favored Nation Treat-
ment,MFN)。

■■ ■■ 《关税与贸易总协定》

第二次世界大战结束后,世界各国认识到了国际协调的重要性,
先后成立了联合国、国际货币基金组织、国际复兴开发银行(世界银行
的前身)等国际组织。当时还设想成立一个协调国际贸易事务的国际
贸易组织(ITO)。由于 ITO 会对各国的贸易政策形成众多约束,触及

敏感的利益分配,因此它没有获得足够的政治支持,未能成立。但 ITO 关于削减关税的部分演变成了《**关税与贸易总协定**》(GATT)。在 GATT 的框架下完成了八轮贸易谈判。前五轮谈判所涉及的缔约方较少,降税幅度也较小。第六轮肯尼迪回合谈判(1964—1967 年)实现了发达缔约方制造业商品进口关税削减 1/3,并认可了发展中缔约方的特殊待遇。第七轮东京回合谈判(1974—1979 年)再次削减发达缔约方制造业商品进口关税 1/3,并制定了一些关于非关税贸易壁垒的规则。第八轮乌拉圭回合谈判(1986—1994 年)取得了广泛和深刻的成果:各缔约方承诺平均降低关税 1/3;发达缔约方工业制成品平均关税降至 3.6% 左右;农产品和纺织品贸易被重新纳入贸易自由化的轨道上;在知识产权、反倾销和服务贸易等领域也取得了一定的进展。GATT 八轮多边谈判完成后,发达缔约方的关税水平大幅下降。尽管发展中缔约方可以享受不做对等关税削减的例外,但是从 20 世纪 80 年代开始,大多数发展中缔约方主动启动了贸易自由化。可以说,GATT 对于第二次世界大战后世界贸易的发展居功至伟。

███ 世界贸易组织

1995 年,在 GATT 乌拉圭回合谈判结束后,**世界贸易组织**(WTO)取代 GATT 成为全球贸易体系的升级版制度框架。WTO 的官网显示,它制定和维护着一个全球贸易规则体系,充当贸易协定谈判的平台,提供解决其成员之间贸易争端的机制,通过若干简单的基本原则构建多边贸易体系的基础。WTO 的主要目标是实现多边贸易开放下所有成员的利益共赢。截至 2021 年 7 月,WTO 共有 164 个成员。

然而 WTO 推动全球贸易进一步开放的努力遇到了重重阻碍。2001 年 WTO 启动了新一轮多边贸易谈判即**多哈回合谈判**,其内容涉及农业、非农产品市场准入、服务、知识产权、规则、争端解决、贸易与环境以及贸易与发展等八个领域,旨在通过引入更低的贸易壁垒和修订贸易规则来实现国际贸易体系的重大改革。多哈回合谈判历经坎坷,经过十数年的努力仍未达成协议(参见专栏 12.1)。

全球贸易协定的经济学逻辑

我们可以用一个简单的博弈论分析来阐述全球贸易协定的经济意义。假定中国和美国为贸易双方。如果两个国家开展自由贸易,每个国家可获得 100 亿美元的收益。如果两个国家都实施贸易保护,每个国家会损失 50 亿美元。假定单方面的贸易保护可获益 200 亿美元,而单方面的自由贸易会损失 100 亿美元。表 12.1 列出了这个博弈的收益矩阵,其中每组的第一个数字为美国的收益或损失,第二个数字为中国的收益或损失。

表 12.1 贸易政策博弈示例

		中国	
		自由贸易	贸易保护
美国	自由贸易	(100,100)	(-100,200)
	贸易保护	(200,-100)	(-50,-50)

在中美双方进行**不合作博弈**时,每个国家的**优势策略**都是贸易保护。以中国为例,如果美国实施自由贸易政策,那么中国实施贸易保护政策时获得的收益(200)会高于实施自由贸易政策时获得的收益(100),所以中国会选择实施贸易保护政策;如果美国实施贸易保护政策,那么中国实施贸易保护政策时的损失(-50)会小于单方面实施自由贸易政策时的损失(-100),所以中国仍会选择实施贸易保护政策。也就是说,不管美国实施什么贸易政策,中国的优势策略都是实施贸易保护政策。同理,美国的优势策略也是实施贸易保护政策,这样两国都实施贸易保护政策成为这个不合作博弈的均衡结果。从表 12.1 可以清楚地看到,两国都实施贸易保护政策的收益为负(-50,-50),对双方都意味着损失,而如果双方都实施自由贸易政策则能带来正收益(100,100)的共赢局面。然而在缺乏谈判和沟通机制的不合作博弈情形下,两国理性选择的结果却是实施贸易保护政策带来的双输,这种情况在博弈论中被称为**囚徒困境**。通过贸易谈判达成贸易协定正是走出囚徒困境的方法。顺便提一下,表 12.1 中设定的数字和情境是为了帮助说明贸易谈判的重要性。单方面的贸易保护政策也许并不能

使一国获益,而单方面的自由贸易政策也可能不会使一国受损。这个例子的重点在于:在单方面难以实施自由贸易政策的情况下,通过贸易谈判达成贸易协定是走出困境达到共赢的重要途径。

上述分析回答了为什么需要全球贸易协定这个问题。从前面几章我们已经学到,需要的政策不一定会被采纳。和其他政策一样,贸易政策是相关利益方博弈的结果。这就提出了一个新的问题:为什么全球贸易协定所议定的关税削减和一个国家单方面的关税削减相比是一项更容易被采纳的政策呢?

回答这个问题的方法是找出两种情况下的赢家和输家。当一个国家单方面削减进口关税时,输家是与进口商品竞争的国内企业,而赢家是国内消费者。根据**集体行动理论**,消费者受到**免费搭车动机**的影响难以组织起对削减进口关税的强有力支持,而进口商品竞争企业由于利益集中能够组织起强大的游说集团来抵制对进口关税的削减,因此单边削减进口关税的政策很难被采纳。与此相比较,在各国通过贸易协定同时削减关税的情况下,输家是与进口商品竞争的国内企业,而赢家不仅有国内消费者,还有该国的出口企业。出口企业能够组织起强大的游说集团来促成本国进口关税的削减,因为它们会从其他国家关税削减中获益。正是由于出口企业的政治力量抵消了进口商品竞争企业的政治力量,因此通过贸易协定实现削减贸易壁垒的政策较之单方面削减贸易壁垒的政策更容易被采纳。

由于涉及众多利益各不相同的国家,因此在全球贸易协定谈判中相互妥协是不可避免的。在 GATT/WTO 规则中存在的不少例外条款正是各国相互妥协的结果。这些例外条款成为某些国家实施贸易保护政策的"合法"武器,是值得关注和警惕的。

12.2 区域贸易协定

GATT/WTO 要求成员遵守非歧视原则,但允许一个例外。当部分成员签订**特惠贸易协定**(Preferential Trade Agreement)将它们之间的关税降至零时,GATT/WTO 允许这类特惠贸易协定可以不遵守非歧视原则,即在成员和非成员之间可以实施不同的关税税率。由于大部分特惠贸易协定发生在地理上相近的国家和地区之间,因此它们通常被称为**区域贸易协定**(Regional Trade Agreement,RTA)。

在 WTO 下的多边贸易协定谈判处于停滞状态之时,区域贸易合作却呈蓬勃发展之势。WTO 官网显示,区域贸易协定的数目在不断增加,特别是正在谈判的大型多国(地区)贸易协定的数目也在显著增加。截至 2021 年 6 月 15 日,向 WTO 报备的区域贸易协定有 565 个,其中 349 个已经生效。

区域贸易协定的经济学逻辑

一个国家是否应该参加区域贸易协定?区域贸易协定能否增进成员的国民福利?我们先用一个简单的例子来讨论这个问题。

考虑英、法、美三个国家。假设在小麦生产中美国的生产率最高,单位生产成本为 4 美元;法国次之,单位生产成本为 6 美元;英国最低,单位生产成本为 8 美元。

假定英国对每单位进口小麦征收 5 美元的关税。在完全竞争市场条件下,从法国进口的小麦在英国的售价为生产成本(6 美元)和关税(5 美元)之和,即 11 美元,而从美国进口的小麦在英国的售价为 9 美元(即 4 美元的生产成本加上 5 美元的关税)。在这种情况下,英国消费者会购买英国自己生产的小麦,因为它的价格最低。

现在假定英国和法国签订了区域贸易协定。根据这个协定,英国对从法国进口的小麦免征关税,因此法国小麦在英国的售价等于它的生产成本,即 6 美元。由于法国小麦价格最低,英国消费者转而购买法国小麦。对于英国而言,获得 1 单位小麦的资源成本从区域贸易协定之前的 8 美元(自己生产)下降到了 6 美元(从法国进口),所以区域贸易协定使英国的国民福利提升了。这个例子表明通过区域贸易协定实现区域内自由贸易能够增进成员的国民福利。但是我们需要警惕将从这个特定例子中获得的结论一般化。让我们思考一下另一种情况。

假定在上述例子中英国的关税不是 5 美元,而是 3 美元。当这个关税对所有国家征收时,法国小麦在英国的价格为 9 美元,而美国小麦在英国的价格为 7 美元。因为美国小麦最便宜,所以英国消费者会购买美国小麦。在英国和法国签订了区域贸易协定之后,英国不再向法国小麦征收关税,因而法国小麦在英国的价格等于它的生产成本,即 6 美元。由于法国小麦价格最低,英国消费者转而购买法国小麦。毫无疑问,英国消费者从区域贸易协定中获益了。但英国的国民福利是不是提升了呢?答案是英国的国民福利在参加了区域贸易协定后不但没有上升,反而下降了。为什么?

一个国家的国民福利在资源最有效利用时达到最大。在没有区域贸易协定的情况下,英国从美国进口小麦,换取 1 单位美国小麦付出相当于 4 美元的资源成本。请注意,虽然英国消费者支付 7 美元,但其中的 3 美元是英国政府收取的关税,所以对于英国而言获得 1 单位小麦的资源成本是 4 美元而不是 7 美元。在与法国签订区域贸易协定后,法国小麦替代了美国小麦。虽然英国消费者只需支付 6 美元,但对于英国而言,获得 1 单位小麦的资源成本却从 4 美元(美国小麦)上升到了 6 美元(法国小麦)。所以参加区域贸易协定使英国的国民福利下降了。这个例子表明,通过区域贸易协定实现的区域内自由贸易有可能使成员的国民福利不升反降。

从上述两个例子中我们得出了截然相反的结论。那么这两个例子的关键区别在哪里呢?我们发现在前面的例子中,区域贸易协定导致进口的法国小麦替代了英国自己生产的小麦,也就是说,区域贸易协定的实施创造出了新的贸易。而在后面的例子中,区域贸易协定导致法国小麦取代了美国小麦;没有新的贸易被创造出来,只是原有的贸易从其他国家转移到了区域贸易协定的成员。从上述例子中我们引出了贸易创造和贸易转移这两个概念,它们提供了分析区域贸易协定的重要视角。

▩▩▩▩ 贸易创造和贸易转移

让我们通过图形分析来加深对贸易创造和贸易转移这两个概念的理解。考虑英、法、德三个国家。假设啤酒的生产成本德国最低,法国次之,英国最高。图 12.1 表示如果英国对进口啤酒征收关税,啤酒

在英国的价格等于 P_B，在这个价格下英国进口啤酒的数量为 AB。图
12.1 中 P_G 是德国啤酒的价格。假如英国和德国达成区域贸易协定，
英国对德国啤酒免税，结果是啤酒在英国的价格从 P_B 下降到 P_G，英
国进口啤酒的数量从 AB 上升到 CD。区域贸易协定创造了新的贸易
量。图 12.1 表明，**贸易创造**必然导致国民福利的增加。与区域贸易协
定签订之前相比，英国的国民福利增加了两个三角形的面积（$a+b$）。

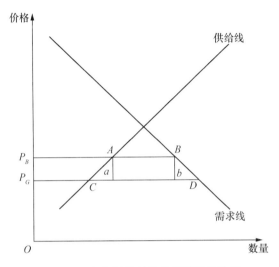

图 12.1　含有贸易创造的区域贸易协定

　　图 12.2 表示英国和法国而不是德国达成区域贸易协定的情况。
在世界市场上德国啤酒的价格 P_G 低于法国啤酒，所以在没有区域贸
易协定的情况下英国从德国进口数量为 AB 的啤酒。尽管英国消费者
需要支付 P_B，但价格中的（P_B-P_G）部分是英国政府获得的进口关税，
所以英国从德国进口啤酒的单位成本是 P_G。在英法区域贸易协定达
成后，法国啤酒可以免税进入英国市场。因为含税的德国啤酒价格
（P_B）高于法国啤酒价格（P_F），所以在英国市场上法国啤酒替代了德国
啤酒。由于 P_F 低于 P_B，因此英法区域贸易协定仍有贸易创造效应：贸
易量从 AB 增加到了 EF。贸易创造带来的国民福利增量等于两个小
三角形的面积之和（$c+d$）。与图 12.1 的情况不同的是，在图 12.2 中，
AB 这部分贸易中的进口国发生了转移：原来英国从德国进口 AB，现
在改为从法国进口 AB。对英国而言，从德国进口的单位成本是 P_G，而

从法国进口的单位成本是 P_F。所以贸易转移使英国增加了成本,其数额等于 $(P_F-P_G)AB$,也就是图 12.2 中长方形 e 的面积。e 表示的是区域贸易协定中**贸易转移**对国民福利带来的负效应。从图 12.2 中我们得出一个一般性的结论:区域贸易协定能否提升其成员的国民福利取决于贸易创造效应和贸易转移效应之间的比较。当区域贸易协定所带来的贸易创造效应大于贸易转移效应时($c+d>e$),它能够提升国民福利。当区域贸易协定所带来的贸易创造效应小于贸易转移效应时($c+d<e$),它会损害国民福利。

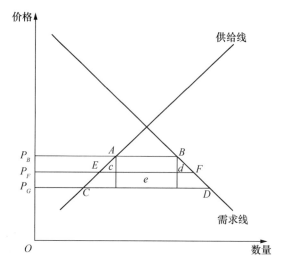

图 12.2 含有贸易转移的区域贸易协定

区域贸易协定的形式

区域贸易协定有几种不同的形式。第一种形式是**自由贸易区**(Free Trade Area,FTA)。在自由贸易区中,成员国之间的关税为零,而成员国可以保持各自对非成员国的关税。世界上超过 90% 的区域贸易协定属于自由贸易区协定,最著名的是美国、加拿大和墨西哥之间的自由贸易协定(参见专栏 12.2)。第二种形式是**关税同盟**(Customs Union,CU)。在关税同盟中,成员国之间的关税为零,并且成员国对非成员国必须采用统一的关税。世界上不到 10% 的区域贸易协定属于关税同盟,最著名的是欧盟的前身——于 1957 年建立的欧洲经济共同体。1993年欧盟建立以后,欧盟成员国之间不仅实现了自由贸易,而且允许资本和劳动力可以跨境自由流动(参见专栏12.3)。这种更高层次的区域经济一体化形式被称为**共同市场**。如果成员国之间实行统一的货币政策和财政政策,则是区域经济一体化的最高形式,被称为**经济联盟**。在历史上,比利时、荷兰和卢森堡曾在第二次世界大战后建立了比荷卢经济联盟。

　　和关税同盟相比,自由贸易区存在一个漏洞:由于自由贸易区的各个成员国对非成员国采用不同的关税税率,因此非成员国可以将产品出口到关税税率最低的那个成员国,然后再将产品从那个成员国免税出口到关税税率较高的其他成员国。为了填补这个漏洞,自由贸易区需要实施**原产地法规**,只有原产于自由贸易区的产品才能在成员国之间免税进出。例如,在北美自由贸易区内,每件产品在美、墨、加之间运输之前必须先证明是"北美制造"。这种认证通常是根据该产品在北美生产过程中产生的增加值所占百分比来进行的,需要有该产品生产过程中各个环节的详单,通常很复杂。所以原产地法规看似能够堵住上述漏洞,但实施起来非常困难,不但需要对每件产品做烦琐的规定,而且需要耗费大量的人力物力来对贸易品的原产地做检查和认证。因此,与关税同盟相比,自由贸易区对国民福利的负效应更大。那么为什么绝大多数区域贸易协定采取的是自由贸易区的形式而不是关税同盟的形式呢? 答案是明确的,因为关税同盟要求所有成员国对非成员国采取统一的贸易政策,这会使成员国失去单独实施某些贸易政策的自主权。所以关税同盟会比自由贸易区在政治决定过程中更难获得通过。

▨▨ ▨▨　区域贸易协定的福利效应

　　对区域贸易协定福利效应的分析是经济学中**次优理论**的一个应用。当一个经济体存在多种扭曲状况时,该经济体处于一种次优状态。根据经济学的次优理论,在一种次优状态的经济体中,消除其中的一种扭曲只能使该经济体处于另一种次优状态。更进一步而言,消除一种扭曲的措施有可能强化另一种扭曲,因而消除一种扭曲的政策有可能使整体的扭曲状况更严重。应用在对区域贸易协定的分析上,一个国家对其他所有国家征收关税是一种次优状态;区域贸易协定使成员国之间开展自由贸易,但对非成员国仍然征收关税,因此是另一种次优状态。虽然区域贸易协定消除了区域内贸易保护所造成的扭曲,但它通过贸易转移强化了对区域外国家实行关税保护所造成的扭曲,因此区域贸易协定对成员国的国民福利的净效应是不确定的,正如我们从图 12.2 中得到的结果所显示的那样。

区域贸易协定理论中有一个著名的**肯普-万定理**。[①]该定理证明对于任何关税同盟都存在一条使国民福利改善的路径。运用次优理论,这个看似出乎意料的定理并不难理解。因为在关税同盟存在时一个国家的经济是扭曲的,处于次优状态。在这种次优状态中,通过国家之间收入的再分配,总能找到扭曲被部分抵消的另一种次优状态。循着这个思路,区域贸易协定从理论上讲可以通过成员国的不断增加而最终包括所有国家,从而实现全球自由贸易这个终极目标。肯普-万定理帮助我们理解这条路径在理论上是存在的。但是由于肯普-万定理成立的条件相当苛刻,特别是国家之间的收入转移很难实行,因此区域贸易协定是否有助于实现全球自由贸易这个目标在实践中是存疑的,目前仍是一个颇具争议的话题。

▪▪▪ 从区域自由贸易走向全球自由贸易?

区域贸易协定实现的是区域范围内的自由贸易,而全球贸易协定的目标是全球范围内的自由贸易。区域自由贸易似乎是向全球自由贸易方向迈出了积极的一步,但事实果真如此吗?

从历史经验来看,区域自由贸易的发展曾经推动过多边贸易谈判所倡导的全球自由贸易。正是欧洲经济共同体内部的贸易自由化引领了 GATT 下的肯尼迪回合和东京回合的多边贸易谈判。但在 20 世纪 90 年代以后,随着多边贸易谈判进入农业和服务业等敏感领域且进

---

① Kemp, Murray C. and Henry Wan Jr. (1976), "An Elementary Proposition Concerning the Formation of Customs Unions," in Murray Kemp, *Three Topics in the Theory of International Trade: Distribution, Welfare, and Uncertainty*, North Holland.

展缓慢，区域贸易协定又呈蓬勃发展之势，这使得人们开始担心区域自由贸易是否会成为实现全球自由贸易的阻碍。

贸易政策的政治经济学理论对区域自由贸易和全球自由贸易的关系做了一些分析。菲利普·利维（Philip Levy）使用中位选民模型来讨论这个问题。[①] 在这个模型中，中位选民和其他所有人一样都从贸易自由化中获得源于规模经济的贸易收益，但与此同时，贸易自由化所导致的要素收入分配效应却对中位选民的收入产生负面影响。如果规模经济效应大于收入分配效应，那么中位选民会投票支持自由贸易。对这个模型的研究表明，当某个国家和要素禀赋相近的国家签订区域贸易协定时，其中位选民会享受到规模经济效应而不必承受收入分配效应，因而他们会投票支持区域贸易协定。但在区域自由贸易已经实现的情况下，中位选民将投票反对参与全球贸易协定，因为他们不愿意承受全球自由贸易带给他们的负面的收入分配效应。利维的理论模型显示区域自由贸易可能成为实现全球自由贸易的阻碍。

普拉文·克里什纳（Pravin Krishna）建立了一个贸易政策的政治过程模型。[②] 在这个模型中，区域自由贸易因为将贸易转移到了区域之内而比全球自由贸易获得区域内利益集团更多的支持。在区域贸易协定签订以后，如果一个国家向全球自由贸易迈进就意味着从区域贸易协定中获益的利益集团将遭受损失，因此他们会竭力反对多边贸易谈判所倡导的全球自由贸易。克里什纳的理论模型和利维的理论模型一样，表明区域自由贸易可能成为实现全球自由贸易的阻碍。需要指出的是，也有另外的理论模型显示区域贸易协定会有助于全球自由贸易的进程。理查德·鲍德温（Richard Baldwin）认为区域贸易协定会产生多米诺骨牌效应，促使非成员国加入区域自由贸易来分享它的好处，从而推动全球自由贸易的进程，但这种效应发生作用的前提在

---

① Levy，Philip I.（1997），"A Political-Economic Analysis of Free-Trade Agreements，" *American Economic Review*，87(4)，506-519.

② Krishna，Pravin（1998），"Regionalism and Multilateralism：A Political Economy Approach，" *Quarterly Journal of Economics*，113(1)，227-251.

于区域贸易组织是开放型的而不是封闭型的。[1]

12.3

全球贸易体系的新走向

随着国际贸易内容和方式的变化、国际政治和经济版图的变化以及技术和观念的变化，以1947年GATT成立到1995年WTO取代GATT为标志的全球贸易体系已经明显不适应21世纪的新形势了。本节讨论这些新变化并探讨其所反映的全球贸易体系新走向。

贸易新内容

GATT框架下的全球贸易体系是建立在国际商品贸易基础上的。虽然某些金融和海运服务一直存在着国家间贸易，但绝大多数服务难以跨越国界。在GATT乌拉圭回合谈判前，教育、医疗和邮政等服务项目不包括在国际贸易协定中。但事实上，以教育为例，发达国家的大学向国际学生开放就意味着教育服务的出口。

随着信息技术和互联网的发展，服务的国际流动性大大提高，在医疗、教育、工程、建筑、广告和货运等领域的国际贸易大幅增加。1970年时世界服务贸易总额仅为710亿美元，占世界贸易总额的18%；1980年增长到3830亿美元，占比达16%；1993年突破1万亿美元，占比达21%；2019年达到62287亿美元，占比达25%。[2]

1995年WTO成立后，成员签署了**《服务贸易总协定》**（GATS），由此WTO下的多边贸易体制扩展到了服务行业。然而WTO的多哈回合谈判并没有就包括服务贸易在内的议题达成协议。2012年，部分WTO成员建立了一个所谓的"服务业真正之友集团"，这部分成员就服务贸易议题进行谈判并达成了一个协定，称为**《服务贸易协定》**（TISA）。该协定包括32个欧洲国家（含欧盟国家），8个美洲国家（含

---

① Baldwin, Richard E. (1995), "A Domino Theory of Regionalism," in Richard E. Baldwin, P. Haaparanta and J. Kiander (eds.), *Expanding Membership in the European Union*, Cambridge University Press.
② 资料来源：WTO官网。

美国、加拿大、墨西哥等），9 个亚太国家和地区（含日本、韩国、中国香港、中国台湾等）。从 WTO 框架下的 GATS 到部分 WTO 成员之间的 TISA 的演变，反映了全球贸易体系从"全体多边"走向"部分多边"这一新趋势。

▓▓▓▓ 政策新思考

20 世纪见证了出口导向战略的成功。从亚洲"四小龙"到中国内地、泰国、马来西亚和越南，这些经济体依靠建立和发展出口导向型的制造业实现了工业化，经济获得高速发展。

随着经济中制造业比重的下降（即"去工业化"），发达国家进入了后工业化时代。与此同时，以中国为代表的新兴经济体取得了工业化的成功，在全球制造业中占据了主要份额。上述变化主要发生在 1980 年至 2010 年这三十年，它和以离岸外移为特征的经济全球化密切相关，反映了经济全球化带来的国际分工新格局。随着以信息技术为标志的科技革命的展开，发达国家占据了高端服务业，通过出口导向战略取得成功的中国等发展中国家中的新兴经济体处于制造业的中低端，部分可能处于高端。对于尚未实现工业化的发展中国家而言，要想依靠出口导向战略来复制发展中国家中的新兴经济体在 20 世纪的成功已经变得非常困难，这些发展中国家的经济正呈现专业化于低端服务业的趋势。丹尼·罗德里克（Dani Rodrik）在 2018 年出版的《贸易的真相：如何构建理性的世界经济》一书中指出："如今，情况已经大为不同。虽然年轻人仍然从农村向城市聚集，但大多数人最终进入的不是工厂，而是非正规且低效率的服务行业。"[1]全球贸易体系如何适应这一新变化，贸易政策如何推动经济发展特别是发展中国家中落后经济体的经济发展，发展中国家中的落后经济体会在全球贸易谈判中提出什么新诉求，这些方面都会影响全球贸易体系在 21 世纪的重塑。

---

① 〔土〕丹尼·罗德里克：《贸易的真相：如何构建理性的世界经济》，卓贤译，中信出版集团 2018 年版，第 83 页。

■■■■ 博弈新格局

21 世纪中国经济的崛起改变了全球贸易格局。中国在 2009 年成为全球第一大商品出口国,在 2010 年成为全球第二大经济体。伴随着发达国家跨国公司离岸活动的兴起,中国在全球价值链贸易中扮演着日益重要的角色。在中国经济崛起和 2008—2009 年全球金融危机的背景下,美国奥巴马政府启动了"3T"战略,2008 年主导推动建立**《跨太平洋伙伴关系协定》**(TPP),2012 年主导"服务业真正之友集团"达成**《服务贸易协定》**(TISA),2013 年推动与欧盟建立**《跨大西洋贸易和投资伙伴关系协定》**(TTIP)。

中国 2013 年提出**"一带一路"**倡议(BRI),2014 年与其他四个"金砖"国家(巴西、俄罗斯、印度和南非)①创建了**新发展银行(NDB)**,2015年倡议建立了**亚洲基础设施投资银行(AIIB)**。

2017 年 1 月,特朗普在正式担任美国总统的第一天就签署了行政命令,宣布美国退出 TPP。2018 年,除美国之外的 11 个原 TPP 成员国签署了**《全面与进步跨太平洋伙伴关系协定》**(CPTPP),该协定于2019 年年底正式生效。与此相映生辉的是中国所积极推动的**《区域全面经济伙伴关系协定》**(RCEP),该协定由东南亚国家联盟的 10 个国家发起,中国、日本、韩国、澳大利亚、新西兰和印度参加谈判。2020 年11 月 15 日,除印度之外的 15 个国家正式签署了 RCEP,由此建立了规模超过欧盟的世界最大自由贸易区。

在特朗普担任美国总统的四年(2017—2021 年)里,美国实施了包括大幅提高关税在内的一系列单边主义的对外贸易政策,特别是在2018 年 3 月发动了持续近两年之久的**"中美贸易战"**,直到 2020 年 1月才在达成第一阶段经贸协议后"停火"(参见专栏 12.4)。尽管特朗普在 2020 年的美国总统选举中败下阵来,但是全球贸易格局处于"逆

---

① 2023 年 8 月 24 日,金砖国家领导人第十五次会晤特别记者会宣布,邀请沙特、埃及、阿联酋、阿根廷、伊朗、埃塞俄比亚正式成为金砖大家庭成员,成员身份将于 2024 年 1 月 1 日生效。

全球化"的状况并无改观。2020 年新冠疫情在全球的大流行不但严重打击了国际贸易活动,而且重创了已经脆弱的全球贸易制度架构。在中美贸易战和新冠疫情所导致的新的世界地缘政治格局下,全球贸易体系走向何方引人关注。

利益新平衡

现代贸易理论的基本观点是贸易开放会给参与国带来贸易收益。虽然国际贸易理论揭示贸易开放会带来赢家和输家,但认为通过将赢家所得的一部分用来补偿输家,是可以让贸易收益惠及所有人的。沿袭了从亚当·斯密开始的经济学传统,贸易理论首先关注的是效率。在传统贸易模型中,新古典假设意味着自由贸易是最优的。在新型贸易模型引入不完善市场的假设后,理论上存在政府干预贸易政策的诸多理由,但主流国际贸易学者出于种种原因,大都仍站在自由贸易阵营中。

但全球贸易不可回避的现实是,反对自由贸易的声音日益高涨。在探讨全球贸易体系的新方向时,我们必须对贸易开放的利益分配进行更切实的分析。无论是以 WTO 为基础的**全球多边贸易体系**,还是以涵盖众多经济体的大型区域贸易组织为基础的**大区多边贸易体系**,都必须有切实可行的针对贸易开放输家的补偿机制。新的全球贸易体系不能再以效率为最主要目标,而必须更多地关注公平,必要时牺牲效率以达成公平,从而保证全球贸易开放体系的政治社会稳定性和可持续性。

世界各国的贸易政策是相互依存的。第二次世界大战后建立的 GATT 通过多边贸易谈判极大地推动了全球贸易自由化的进程。本章第 1 节的讨论告诉我们,全球贸易协定的建立及其成功并不是偶然的。一方面,全球贸易协定使各国走出了贸易保护的"囚徒困境",为合作共赢提供了谈

12.4

讨论和总结

判的平台。另一方面,全球贸易协定改变了国内贸易政策的博弈格局,加强了支持贸易自由化的政治力量,从而提高了削减贸易壁垒的现实可能性。1995年WTO取代GATT标志着全球多边贸易自由化的进程进入了一个新的阶段。

随着多边贸易谈判的不断深入,谈判所触及的经济领域日趋敏感,谈判的难度也日益加大。在这个背景下,区域贸易协定特别是自由贸易区的建立进入了一个快速增长的阶段。区域自由贸易是向全球自由贸易这个方向迈出的半步。根据经济学的次优理论,区域自由贸易是一种次优状态,因此它的福利效应具有模糊性。在讨论区域贸易协定的福利效应时,区分贸易创造和贸易转移这两个概念非常重要。由于区域贸易协定实现了区域内的自由贸易,由此创造出的新贸易量带来了增进国民福利的贸易收益。但是区域贸易协定可能将原来与区域外国家的贸易转移给区域内效率较低的贸易伙伴,这种贸易转移会对国民福利造成损害。尤其是自由贸易区这种形式,由于它的实施要求认定出口商品的原产地,因此会增加成员国的行政成本,由此造成额外的福利损失。

更令人担心的是,区域贸易协定的建立可能成为多边贸易谈判推动全球自由贸易的阻碍。著名国际贸易学家巴格瓦蒂提出了区域自由贸易是实现全球自由贸易的台阶还是绊脚石的问题。[①]巴格瓦蒂认为是后者,他将国际贸易中的区域主义称为全球贸易体系中的蛀虫。关于区域贸易协定的福利效应及其对全球自由贸易的作用显然不能一概而论,需要针对每个特定的案例进行分析。需要认识到的是,孤立地分析一个国家贸易政策的传统方法已经不合时宜,对贸易政策的分析必须放在区域和全球贸易协定的框架中才有意义。

以GATT/WTO为标志的全球贸易体系,随着国际贸易内容和方式的变化、国际政治和经济版图的变化以及技术和观念的变化,已经明显不适应21世纪的新形势了。国际贸易呈现出的新内容,对贸易

---

① Bhagwati, Jagdish (2002), *Free Trade Today*, Princeton University Press. (中文译本)《现代自由贸易》,雷薇译,中信出版社2003年版。

政策的新思考,全球大国博弈的新格局,以及贸易收益分配的新平衡,正在影响和决定着全球贸易体系的新走向。

【新时代 新思考】

本章对全球贸易制度的历史做了介绍,对全球和区域贸易协定的福利效应做了分析,对全球贸易体系的未来做了前瞻。对本章内容的学习有助于学生全面了解全球贸易制度的现有架构,深入认识全球经济变局中的大国博弈,深刻领会中国政府所倡导的基于公平公正和合作共赢的全球经济治理理念。在建设新的全球贸易制度架构的进程中,中国正在扮演重要的角色。学生应以从本章所学知识作为认识全球贸易制度的起点,关注全球贸易体制的新变化,关注中国为构建新型全球化所提出的倡议,通过不断学习和不断思考,提升自己对全球新格局的认知,将自己培养成为具有全球视野的新时代中国社会主义现代化强国建设的合格人才。

专栏 12.1
多哈回合谈判无功而终

2001 年 11 月,WTO 在多哈举行第四次部长级会议并启动了新一轮的多边贸易谈判,即多哈回合谈判。这是该组织自 1995 年成立以来发起的第一次多边贸易谈判,其议题涵盖的范围非常广,涉及农业、非农产品市场准入、服务、知识产权、规则、争端解决、贸易与环境以及贸易与发展等八个领域,是迄今为止目标最宏伟、参与方最多的一轮多边贸易谈判,旨在通过引入更低的贸易壁垒和修订贸易规则来实现国际贸易体系的重大改革。

历次多边贸易谈判都是各成员为争取自身利益所进行的一场博弈。随着 WTO 成员的增加,参与谈判各方的利益诉求越来越多样化。多哈回合谈判出现了一个明显的趋势,那就是 WTO 成员组成了若干集团,通过集团的力量来实现自身在谈判中无法产生的影响力。

各集团在谈判中针锋相对,利益冲突十分激烈,最明显的表现是在农业问题上的分歧。多年以来,由于农业在一国经济和政治中的特殊性,农产品一直游离在 WTO 的规则之外。多哈回合谈判期望在农业问题上有所突破。根据多哈宣言,农业谈判的主要议题有三个:第一,实质性地改善市场准入,逐步废除所有形式的出口补贴;第二,对发展中国家特别是落后的发展中国家给予特殊政策和差别待遇;第三,讨论各成员所关心的有关非贸易事项。

然而,由于各成员在农业竞争力上存在巨大差异,因此各方在农业补贴以及农产品和非农产品的关税削减程度等议题上存在严重分歧。以美国为代表的农产品出口国要求欧盟和日本大幅削减农产品关税,同时要求发展中国家开放非农产品市场,但却不愿意大幅削减其国内农业补贴。以欧盟和日本为代表的发达国家中的农产品进口国要求发展中国家开放非农产品市场,但却不愿意大幅削减其农产品关税和国内农业补贴。以印度和巴西为代表的发展中国家"20 国协调组"则认为在前几轮贸易谈判中它们已经大幅削减了非农产品的关税,使得欧美等国从中获得了大量利益,因此要求发达国家在本轮谈判中做出让步,要求美国和欧盟大幅削减其国内农业补贴,同时要求欧盟和日本大幅削减其农产品关税。

在各成员之间相互牵制和互不相让的情况下,多哈回合的农业谈判陷入了僵局。从 2001 年开始,WTO 组织了多次会议,希望各方可以在农业问题上达成协议。但由于各成员不愿改变立场和观点,因此谈判进程十分缓慢。2003 年 9 月,WTO 在墨西哥的坎昆召开了第五次部长级会议,原本打算就主要谈判议题确立谈判框架以便开展第二阶段的谈判工作,但最终仍以失败而告终,这使得在 2005 年前结束多哈回合谈判的计划成为泡影。由于在农业问题上迟迟未能达成协议,因此在坎昆会议之后,WTO 不得不将棘手的问题暂时搁置起来,调整了谈判重点,在服务贸易、贸易与发展以及贸易便利化等方面取得了阶段性进展。但是每次回到农业这个核心问题上时,谈判就会陷入困境。

2005 年 12 月在中国香港举行的 WTO 第六次部长级会议终于在农业方面取得了实质性的成果。经过六天紧张的讨价还价和艰苦磋商,会议在闭幕前的最后一刻通过了《部长宣言》,各成员同意在 2013 年之前逐步取消所有农产品出口补贴并规范出口政策,发达成员也承诺于 2006 年取消各种形式的棉花出口补贴并大幅削减棉花生产方面的支持,发达成员和部分发展中成员承诺在 2008 年之前对来自最不发达成员的产品提供免关税和免配额的市场准入,双免产品数目不少于全部商品数目的 97‰,而在 2010 年之前对来自这些成员的所有商品实行双免。在经历了坎昆会议的失败后,多哈回合谈判终于迈出了艰难的一步。然而,农业问题争论的焦点仍然没有解决,各方坚守的立场使谈判再度陷入僵局。2006 年 7 月 24 日,WTO 总干事帕斯卡尔·拉米(Pascal Lamy)无奈地宣布无限期中止多哈回合谈判。

2007 年 1 月 31 日,多哈回合谈判全面重启,2008 年 7 月 21 日,又一轮谈判在日内瓦举行,在所列出的 20 项议题中,各成员在其中 18 项议题上取得了进展,但在农产品贸易问题上,印度和美国无法在发展中成员农产品贸易的“特别保障机制”(Special Safeguard Mechanism,SSM)①上达成妥协。谈判在 2008 年 7 月 29 日再次破裂。此后各方多次尝试重启谈判,但均未成功。2013 年 12 月,WTO 第九届部长级会议在印度尼西亚巴厘岛举行,经过多方妥协谈判,巴厘岛一揽子协议达成。该协议包括降低进口关税和农业补贴的条款,以使发展中成员更容易在全球市场上与发达成员进行贸易。发达成员将取消对发展中成员农产品的硬性进口配额,而只允许对发展中成员超过具体进口限额的农产品征收关税。该协议包括 10 项协定,涵盖四个领域:贸易便利化、食品安全、棉花以及最不发达国家问题。截至 2017 年 2 月 22 日,WTO 164 个成员中有 2/3 的成员正式接受了贸易便利化协定。此后发达成员做出了让步,在发展中成员关心的一些农业问题上达成了协议,例如为粮食安全建立公共储备的临时机

---

① 该机制旨在保护发展中成员的贫困农民,允许在进口激增或价格下跌的情况下对某些农产品征收特别关税。

制。在棉花议题上就棉花补贴达成了协议。此外，还达成了最不发达成员的优惠原产地规则，最不发达成员的服务和服务提供者的最惠待遇的豁免，对最不发达成员提供免关税和免配额的市场准入，以及对发展中成员的特殊政策和差别待遇的监管机制。

据估计，巴厘岛一揽子计划如果得到充分实施，可使全球经济增长1万亿美元，并创造2 100万个新的就业机会。巴厘岛一揽子协议是WTO成立后第一个得到所有成员批准的协议，但该协议只解决了多哈回合谈判中的一小部分问题。根据《巴厘部长宣言》，巴厘一揽子方案中没有得到充分讨论的议题，将在WTO相关委员会或谈判小组中进行讨论。多哈回合谈判的未来前景仍未可知。

专栏 12.2
从 NAFTA 到 USMCA

第二次世界大战以后特别是20世纪70年代以后，随着欧洲经济一体化的发展、日本经济的崛起以及亚洲和拉美一些发展中国家和地区的经济起飞，美国在世界经济中的霸主地位受到越来越大的挑战。为了加强美国与世界其他国家和地区特别是欧洲经济共同体相抗衡的能力，里根总统在1980年竞选时提出了北美自由贸易区的设想。出于历史原因，墨西哥在开始时拒绝了和美国在经济上结盟，而美国和加拿大于1988年签订了《美加自由贸易协定》。该协定于1989年1月1日正式生效，美加自由贸易区就此诞生。

在美加自由贸易区诞生后，美国和墨西哥就双边自由贸易问题进行了谈判。加拿大担心美墨自由贸易联盟建立后会影响到《美加自由贸易协定》的实行，从而会失去部分美国市场，因此在1990年加入了美墨自由贸易协定的谈判。由于三国的发展水平差距较大，因此在谈判过程中出现了很多争议。经各方妥协，三国最终签订了《北美自由贸易协定》(NAFTA)。该协定于1994年1月1日起正式生效，世界上最大的自由贸易区——北美自由贸易区——宣告诞生。NAFTA 对贸易、投资、劳动力和资本流动等方面都做了相应安排,还涉及市场准入、服务、投资、知识产权和纠纷处理机制等内容,因而使北美自由贸易区具备了共同市场的某些特征。北美自由贸易区是世界上第一个由发达国家和发展中国家联合组成的贸易集团,其成员国之间在经济上具有明显的不对称性,所以自诞生以来一直备受关注。

北美自由贸易区成立以来,美、加、墨三国之间的贸易量增长了两倍多,与成员国的贸易占了加拿大和墨西哥对外贸易的 80% 以上,占了美国对外贸易的 1/3 以上。加拿大和墨西哥是美国的第一大和第三大贸易伙伴,而美国是它们的第一大贸易伙伴。三国之间的直接投资额也快速增长。1994—2002 年,美国对墨西哥的直接投资额从 161 亿美元增加到 581 亿美元,增长了 261%。[①]

2016 年美国总统大选,共和党总统候选人特朗普承诺若当选将重新就 NAFTA 进行谈判。当选后,特朗普在对外关系上采取了一系列行动,包括退出巴黎协定、大幅提高对中国的关税、退出跨太平洋伙伴关系的谈判等。美国、加拿大和墨西哥在 2017 年开始就它们之间的贸易协定重新进行谈判,经过一年多的谈判,在 2018 年 11 月二十国集团布宜诺斯艾利斯峰会期间,三国首脑签署了《美墨加协议》(USMCA)。2019 年 12 月 11 日,三国代表签署了该协定的修订版,该协议于 2020 年 7 月 1 日正式生效,取代了原来的 NAFTA,USMCA 也因此被称为 NAFTA 2.0 版。《美墨加协议》(USMCA)是美国对这个新协议的称呼,加拿大称之为《加美墨协议》(CUSMA),而墨西哥则称之为《墨美加协议》(西班牙语缩写 T-MEC)。

与其前身 NAFTA 相比,USMCA 借用了加拿大和墨西哥已经签署的《全面和进步跨太平洋伙伴关系协定》(CPTPP)中的部分条文,对部分章节做了调整和补充使其覆盖范围更广,其中包括农产品、纺织品、制成品、劳工权益、数字贸易、知识产权,以及对货币和宏观经济

---

① 数据来源:美国统计局网站。

的要求等。此外,协议还规定:协议的有效期为 16 年,三个成员国每 6 年需重新检视一次协议。根据 USMCA,加拿大放松了对美国乳制品交易的限制,美国豁免了加拿大和墨西哥汽车关税。USMCA 要求美国市场上每年进口的加拿大和墨西哥生产的乘用车不能超过 260 万辆,超出的部分美国将加征 25% 的关税,但市场研究数据表明近几年加拿大和墨西哥对美国的汽车出口量均低于配额上限,因此该项规定当前并没有实质性的影响。USMCA 还提出了更加严格的汽车原产地规则,即汽车制造商必须在北美生产汽车价值的 75%,比 NAFTA 要求的 62.5% 提高了 12.5 个百分点。USMCA 对某些知识产权提供更强有力的保护,例如版权长度从终身加 50 年延长到终身加 70 年,声音记录延长至 75 年。USMCA 要求墨西哥立法遵守国际劳工组织的《第 98 号公约》,以达到与国际标准的一致性。此外,在北美汽车的生产过程中,有 30% 必须由时薪为 16 美元以上(未计入通货膨胀率)的工人完成,这一比例在未来还将进一步提高。NAFTA 包含三个争端解决机制,分别是投资者-国家争端解决机制、反倾销或反补贴的正当性管理机制,以及国家对国家的争端解决机制。USMCA 延长了对新药品的数据保护。此外,生物制品将被纳入新药品的范畴中,这些产品将不再受到墨西哥和加拿大为保护较便宜的替代品而制定的 10 年保护政策的约束,取而代之的是有资格获得至少 5 年的保护期。USMCA 增加了一个关于宏观经济和汇率问题的新章节,该章节基于国际货币基金组织的相关协议条款,对货币和宏观经济透明度提出了要求,反对操纵汇率。USMCA 含有与非成员国进行自由贸易协议谈判的条款,要求成员国与任何非市场经济国家举行自由贸易谈判时,需提前三个月通知其他成员国。

自 USMCA 签署以来,诸多学者、媒体和机构都对其影响进行了分析。有学者认为,USMCA 本质上是反对自由贸易的,美国正试图通过新协定建立区域内贸易壁垒和较强的对外贸易壁垒,以保护美国及北美贸易圈的利益。

从欧盟成立到英国脱欧

几个世纪以来,欧洲这片土地见证了无数的血雨腥风。历史上的英法大战、普法战争,尤其是两次世界大战给欧洲各国造成了巨大的损失。许多欧洲领导人认为,确保欧洲持久和平的唯一途径就是让他们的国家在经济和政治上走向联合。第二次世界大战使欧洲经济遭受重创,急需美国的援助;美国出于其全球战略的考虑,要求欧洲政府制定共同的经济行动纲领作为援助的前提。在此背景下,联邦思想在欧洲盛行起来。欧洲各国相近的经济发展水平和毗邻的地理位置为它们之间的联合提供了有利条件。但是由于政治地位和经济利益的差异,欧洲各国对相互联合的目标和实施程度主张不一。有鉴于此,联盟思想的倡导者如法国的让·莫内(Jean Monnet)等人认为,应该首先从经济领域特别是那些不太敏感的商品贸易领域入手来逐步推进一体化。

受到让·莫内的启发,法国外交部长罗伯特·舒曼(Robert Schuman)倡议整合西欧煤钢工业。在当时的历史条件下,煤炭和钢铁是非常重要的战略资源。1951 年,比利时、联邦德国、卢森堡、法国、意大利和荷兰建立了欧洲煤钢共同体,统一了煤炭和钢铁的生产管理。

欧洲煤钢共同体的成功促使其六个创始国决定进一步整合经济领域的其他部分。比利时、卢森堡和荷兰三国提出首先建立一个包括全部商品贸易在内的统一市场,而不仅仅是煤钢部门。这一想法得到了工商业界的欢迎。西欧疆域不大,但国家林立,各国国内市场狭小,所以只有打破壁垒统一各国市场才能够实现规模经济和专业化分工,使其能够和美国竞争。与此同时,由于欧洲当时受到能源短缺的困扰,让·莫内也在积极组织原子能联营。于是在 1957 年,上述六国签订了《罗马条约》,建立了欧洲经济共同体和欧洲原子能共同体。在此之后,各国着手消除贸易壁垒,实施共同农业政策和建立关税同盟。1965 年,欧洲经济共同体、欧洲煤钢共同体和欧洲原子能共同体三大组织合并为欧洲共同体(简称欧共体)。

欧共体在其建立之初就以关税同盟为起点并非偶然。第二次世界大战后，比利时、卢森堡和荷兰三国在欧共体成立之前已经签订了关税同盟协定。历史上欧洲就曾建立过多个关税同盟，例如 19 世纪 30 年代建立的德意志关税同盟曾在推动德国工业革命和国家统一过程中发挥了重要作用。19 世纪后期贸易保护主义开始抬头时，欧洲又曾出现过多个关税同盟。所以关税同盟对西欧国家来说并不陌生。选择关税同盟的方式也是为了避免与 GATT 规则可能发生的抵触。考虑到成员国之间经济实力的差异，欧共体制定了逐步实现关税同盟的目标，并且允许成员国在必要时采取贸易保护措施。

欧共体的成立极大地促进了成员国之间的贸易联系，使区域内的贸易量平均每年以 16％以上的速度增长。从关税同盟开始，欧洲的经济一体化就没有停止前进的步伐。1991 年签订的《马斯特里赫特条约》确定建立经济和货币联盟，是欧洲一体化进程中的又一里程碑，欧共体也于 1993 年正式更名为欧洲联盟（简称欧盟，EU）。现在的欧盟不仅实现了商品和生产要素的自由流通，统一了货币，而且在政治、经济、社会各方面加强了政策协调，其成员国也得到了不断壮大。1995 年，欧盟有 15 个成员国；2004—2013 年，13 个东欧国家相继加入欧盟，欧盟成员国总数在 2013 年达到 28 个。

尽管有着辉煌的过去，但是随着近年来国际政治格局剧变、贸易保护主义和民粹主义抬头、逆全球化浪潮以及难民与债务危机等问题的出现，欧盟内部不断出现分裂和信任危机。在欧盟面临的众多挑战中，英国脱欧事件可谓是对其的一记重击，它为欧盟的存续和欧洲的未来投下了巨大的阴影。

英国是在 1973 年加入欧共体的。2005 年，英国担任欧盟轮值主席国，时任首相托尼·布莱尔（Tony Blair）是欧盟的坚定拥护者。之后十年，欧盟经历东扩，大量东欧移民涌入英国。2008—2009 年全球金融危机后，欧元区又爆发了债务危机。由于欧元区计划通过加强欧元国家合作来缓解债务，这引发了英国对欧洲单一市场功能被削弱的担忧。英国 50％以上的贸易是面向欧盟国家的。在金融风暴重大打击的情况下，英国对欧盟国家贸易的依赖使其已经陷入停滞的经济雪上加霜。时任首相戴维·卡梅伦(David Cameron)领导的联合政府主张加强经济主权,不向欧盟移交过多监管权力,这一举动预示了英国和欧盟之间裂痕的扩大。为争取脱欧阵营的选票,卡梅伦在 2013年承诺如果连任会进行脱欧公投。成功连任后,卡梅伦宣布于 2016 年6 月 23 日举行脱欧公投,他自己公开表示支持英国留在欧盟。

公投的结果是 51.9％的英国公民支持脱欧。此后历经四年多的谈判,英国于 2020 年 1 月 31 日正式离开欧盟并在同年 12 月 31 日完成过渡工作后彻底脱欧。在此期间,英国经历了两次大选,牵涉三位首相,造成了经济、政治、生活等多方面的动荡。脱欧之后,在欧盟工作、生活的英国人原有的权益终止,例如新冠疫情期间英国护照持有者和其他非欧盟旅客一样不得随意进入欧盟。贸易方面,英国与欧盟之间虽无关税,进出口商品数量也无上限,但申报手续和边境检查变得繁复,过境时长和成本显著增加。法律方面,欧盟法庭将不再拥有对英国和其他欧盟国家法律纠纷的仲裁权。

英国脱欧和难民危机在欧盟成员国中引发了民粹主义的抬头和民众对恐怖主义活动以及国家财政负担的担忧,而新冠疫情又给欧盟带来新的严峻挑战。欧盟需要协调成员国的财政政策以维护欧盟宏观经济的稳定,需要在协调疫情防控政策的同时维护国家自主权。这些问题能否得到妥善处理将对欧盟的前景产生深远的影响。

专栏 12.4
2018—2019 年中美贸易战

2018 年 3 月 22 日,时任美国总统特朗普动用 1974 年美国贸易法 301 条款,签署了对中国进口商品加征关税的总统令,涉及商品金额约 600 亿美元。4 月 3 日,特朗普宣布将对电子触摸屏、钢铁板材、医疗器械、飞机零部件、电池等从中国进口的产品征收 25％的关税,产品清单集中于机械和高科技零部件,基本不包括可直接在沃尔玛等超市出售的中国制造的消费品成品。此次征税涉及中国商品多达1 333 种,总额达到500 亿美元。作为反制措施,中国在4 月4 日宣布将对原产于美国的大豆、汽车、化工品等106 项价值约500 亿美元的美国商品征收25％的报复性进口关税。中美之间的贸易战就此拉开序幕。

4 月5 日,特朗普发表声明称正考虑在301 条款下对价值1 000 亿美元的中国商品追加关税。5 月17 日至18 日,中美双方在美国首都华盛顿特区进行磋商后发表声明,称将采取有效措施减少美国对中国的货物贸易逆差。但在5 月29 日,美方突然宣布将对价值500 亿含有"重要工业技术"的中国商品加征25％的关税,并将于6 月15 日公布商品清单。中国商务部随即发表声明,表示美方的这项举措出乎意料,有悖于双方此前达成的共识。5 月30 日,美国经贸团队到北京磋商但未取得实质性进展。中方强调,如果美国继续出台对中国商品加征关税的措施,此前谈判已达成的一切成果都将失效。

2018 年6 月16 日,美国公布了征税清单,拟定对价值340 亿美元的中国商品加征25％的关税,计划在7 月6 日生效;同时,美方还计划在公众评议期结束后对价值160 亿美元的其他中国商品加征25％的关税。作为回应,中国宣布将对价值500 亿美元的美国商品加征25％的关税,涉及农产品、汽车和水产品等。7 月10 日,美国公布进一步的征税清单,计划对价值2 000 亿美元的中国商品加征10％的关税;8 月1 日,特朗普要求美国贸易代表罗伯特·莱特希泽(Robert Lighthizer)考虑将税率从10％提升到25％。中国商务部表示美方此举不会产生任何作用。8 月3 日,中国国务院发布公告,计划对价值600 亿美元的美国商品加征5％～25％不等的关税。8 月7 日,美国公布价值约160 亿美元被加征25％关税的中国商品清单,计划于8 月23 日起开始征收。中国随即公布反制措施,对同等金额的美国商品加征25％的关税。虽然当月22—23 日中美双方展开了又一轮谈判,但未能打破僵局。9 月15 日,中国政府对397 种产品提高出口退税率以部分抵消美国加征关税的影响。

2018年9月24日,美国宣布对价值约2 000亿美元的中国商品加征10%的关税,同时宣布将在2019年1月1日将税率提高到25%。特朗普还威胁说一旦中国采取报复性措施,美国还将对价值2 760亿美元的其他中国商品征税。作为回应,中国宣布将对原产于美国的价值600亿美元的商品加征10%或5%的关税,从9月24日起实施。10月8日,中国国务院常务会议决定从2018年11月1日起,针对现行出口退税率为15%的货物和现行出口退税率为13%的部分货物,退税率提升至16%;现行出口退税率为9%的货物,退税率提升至10%,部分提升至13%;现行出口退税率为5%的货物,退税率提升至6%,部分提升至10%。

2018年12月1日,中国国家主席习近平与美国总统特朗普在布宜诺斯艾利斯G20峰会上举行会谈,双方达成"停火协议"并设立了3个月的谈判期限。美方同意不会在2019年1月1日将价值2 000亿美元中国商品的关税从10%提高到25%,但在声明中指出后续谈判必须解决强迫技术转让和知识产权保护等问题。中方承诺向美国购买大批农产品和能源产品。此后几个月,中美展开了新一轮的谈判但未能取得任何进展。5月10日,美国正式对价值2 000亿美元的5 700多种从中国进口的商品加征25%的关税,不过所涉及商品只要在美国东部时间5月10日零时前离开中国港口和机场的,仍按照先前10%的税率征税。中国在5月13日宣布提高关税作为回应,决定自2019年6月1日零时起,对已实施加征10%关税的价值600亿美元的征税清单中的部分商品分别加征25%或20%的关税,对之前加征5%的关税的商品仍继续加征5%的关税。5月15日,美国出台针对华为的禁令,禁止美国公司使用华为制造的通信设备;美国商务部宣布将华为列入所谓的"实体清单",要求任何向华为出售商品的美国公司都必须获得美国政府的许可特批。5月20日,美国商务部给予华为90天的豁免期,将禁令推迟到8月中旬生效。

2019年6月2日,中国发布《关于中美经贸磋商的中方立场》白皮书,指出自2018年2月中美经贸磋商启动以来,谈判已取得很大进展,两国就大部分内容达成了共识;但磋商也几经波折,每次波折都源于美国的违背共识、出尔反尔和不讲诚信。白皮书中还提到美国在谈判中提出了涉及中国主权事务的要求,这是导致双方产生严重分歧的重要原因。7月31日,中国商务部宣布将建立针对外国企业或个人的"不可靠实体清单",将不遵守市场规则、背离契约精神和严重损害中国企业正当权益的外国企业组织或个人纳入此清单。

2019年6月29日,中国国家主席习近平与美国总统特朗普在日本大阪G20峰会上举行了会谈。据报道双方达成了如下协议:美国政府计划免除对医疗设备、关键电容器等110种中国产品加征的高额关税;中国将购买51072吨美国高粱,这是继2018年4月以来中国最大的美国商品单笔采购。7月30—31日,中美代表团在上海展开了第12轮磋商。8月1日,特朗普表示磋商没有达成可以接受的结果,美国将于9月1日起对价值3 000亿美元的中国商品加征10%的关税。8月2日,中国外交部表示:"中方始终认为贸易战没有赢家,我们不想打,但也不怕打,在重大原则上我们一寸也不会退让。"8月5日,人民币汇率下跌,离岸和在岸人民币对美元汇率双双破7。8月6日,美国财政部长史蒂文·姆努钦(Steven Mnuchin)宣布认定中国为汇率操纵国,这是美国近25年来首次认定中国为汇率操纵国。一旦一个国家被列为汇率操纵国,美国政府就需在一年内与该国完成磋商,并上报国际货币基金组织;如果磋商无果,美国可以对该国进一步采取加征关税等措施。

2019年10月10—11日,中国国务院副总理刘鹤率团赴美同美国贸易代表莱特希泽和美国财政部长姆努钦展开第13轮磋商。中美双方的关系在此轮磋商中得到了缓和,特朗普表示中美双方已在口头上达成"实质性第一阶段协议",美国将暂缓实施原本计划在10月15日生效的将价值2 500亿美元中国产品加征关税的税率从25%提高到30%的举措。10月26日,新华社发出消息确认中美双方已基本完成对协议文本的技术性磋商。12月13日,中美就第一阶段经贸协议文本达成一致。2020年1月13日,美国财政部在半年度汇率政策报告中取消了对中国"汇率操纵国"的认定。1月15日,特朗普与刘鹤副总理签署了中美第一阶段经贸协议。美国同意将此前针对价值

1 200 亿美元中国商品加征关税的 15％的税率减半至 7.5％,但仍维持对价值 2 500 亿美元的中国商品加征 25％的关税;中国对价值 1 100 亿美元的美国商品加征的关税税率也维持不变。随着此协议的签署,由特朗普发起的在全球最大的两个经济体之间历时 18 个月的贸易战暂时告一段落,但是中美在经济和政治领域的角力和对抗仍在持续。2020 年 12 月,拜登当选美国总统后宣布将继续保持对中国的关税。

本章提要

1. 全球贸易协定指的是 1947 年成立的 GATT 和 1995 年代替 GATT 的 WTO。全球贸易协定通过成员之间的多边贸易谈判来实现各成员贸易壁垒的共同下降。

2. 全球贸易协定的原则是成员之间无歧视。最惠国待遇是无歧视原则的表现形式,它要求任何成员之间的关税削减都必须同时惠及所有成员。在第二次世界大战后完成的八轮全球贸易谈判突破了贸易保护主义的政治阻力,使世界各国(地区)的关税水平大大降低,由此促进了世界各国(地区)的民众福利。

3. 全球贸易协定中作为政治妥协的一个例外条款是允许区域贸易协定的合法存在。区域贸易协定的主要形式是自由贸易区和关税同盟,其本质特征是对区域外国家的贸易歧视。自由贸易区允许成员自行决定对外关税,而关税同盟要求成员对外实行统一关税。

4. 区域贸易协定具有贸易创造和贸易转移两个效应。贸易创造指区域内的贸易自由化创造出了新的贸易量。贸易转移指成员与区域外国家的贸易转移到了区域内。如果贸易创造效应超过贸易转移效应,那么区域贸易协定会增进成员的国民福利。但是如果贸易转移效应超过贸易创造效应,那么区域贸易协定会降低成员的国民福利。

5. 区域贸易协定是会促进全球贸易自由化的进程还是阻碍这个进程不仅是一个学术问题,更是一个现实问题。区域贸易协定有可能改变成员贸易政策的政治决定过程,造成对全球贸易协定政治支持率的下降,但也有可能促使非成员更积极地加入贸易自由化的进程中。如何使区域贸易协定和全球贸易协定协调一致是世界贸易体系面临的一个极其重要的问题。

6. 随着国际贸易内容和方式的变化、国际政治和经济版图的变化以及技术和观念的变化,以 GATT/WTO 为标志的全球贸易体系已经明显不适应 21 世纪的新形势了。国际贸易呈现出的新内容,对贸易政策的新思考,全球大国博弈的新格局,以及贸易收益分配的新平衡,正在影响和决定着全球贸易体系的新走向。

进一步阅读

关于全球贸易协定法律和制度方面详细而全面的介绍请阅读 Jackson(1997)的著作《世界贸易体制:国际经济关系的法律与政策》。对于全球贸易协定的经济学分析请阅读 Bagwell 和 Staiger(2002)的著作《世界贸易体系经济学》。关于区域贸易协定的文献综述有 Baldwin 和 Venables(1995)发表在《国际经济学手册》第三卷上的文章和 Krishna(2005)发表在《国际贸易学手册》第二卷上的文章。Viner(1950)所著的《关税同盟问题》是值得一读的经典文献。Bhagwati(1991,2002)的著作《风险中的世界贸易体系》和《现代自由贸易》的有关章节也值得一读。

Bagwell,Kyle and Robert Staiger (2002),*The Economics of the World Trading System*,MIT Press.

Baldwin,Richard E. and Anthony J. Venables (1995),"Regional Economic Integration," in Gene M. Grossman and Kenneth Rogoff (eds.),*Handbook of International Economics*,Vol. III,North Holland Elsevier Science.

Bhagwati,Jagdish (1991),*The World Trading System at Risk*,Princeton University Press.(中文译本)《风险中的世界贸易体系》,张胜纪译,商务印书馆 1996 年版。

Bhagwati,Jagdish (2002),*Free Trade Today*,Princeton University Press. (中文译本)《现代自由贸易》,雷薇译,中信出版社 2003 年版。

Jackson，John H.（1997），*The World Trading System：Law and Policy of International Economic Relations*，2nd edition，MIT Press.

Krishna，Pravin（2005），"The Economics of Preferential Trade Agreements," in E. Kwan Choi and James C. Hartigan（eds.），*Handbook of International Trade*，Volume II，Blackwell Publishing.

Viner，Jacob（1950），*The Customs Union Issue*，Carnegie Endowment for International Peace.

练习与思考

一、即测即评

学完本章内容后，学生可扫描右侧二维码完成客观题测验（包含选择题和判断题），提交结果后即可看到答案及相关解析。

二、简答题

1. 为什么全球贸易协定有助于避免贸易战？

2. 为什么全球贸易协定下的关税削减较一个国家单方面的关税削减更容易实现？

3. 自由贸易区、关税同盟和共同市场有什么相同之处和不同之处？

4. 区域贸易协定对成员的国民福利会产生怎样的影响？

5. 为什么商品原产地的认定对自由贸易区非常重要？

三、综合题

1. 假设在自给自足的条件下，产品 X 在 A 国市场上的价格为 10 美元，在 B 国市场上的价格为 8 美元，在 C 国市场上的价格为 6 美元。假设 A 国是个小国。

（1）起初 A 国对所有进口的 X 都征收 100% 的从价关税。此时 A 国是会从 B 国或 C 国进口 X，还是会自己生产 X？为什么？

（2）后来 A 国和 B 国结成了关税同盟。此时 A 国会自己生产 X，还是从 B 国或 C 国进口 X？为什么？

（3）A国和B国结成的关税同盟带来了贸易创造还是贸易转移？为什么？

2. 和上题相同，假设在自给自足的条件下，产品X在A国市场上的价格为10美元，在B国市场上的价格为8美元，在C国市场上的价格为6美元。假设A国是个小国。

（1）起初A国对所有进口的X都征收50％的从价关税（而不是上题的100％）。此时A国是会从B国或C国进口X，还是会自己生产X？为什么？

（2）后来A国和B国结成了关税同盟。此时A国会自己生产X，还是从B国或C国进口X？为什么？

（3）A国和B国结成的关税同盟带来了贸易创造还是贸易转移？为什么？

3. "世界各国应该沿着在世界范围内实施非歧视性的削减贸易壁垒的道路走下去，而不是去成立有选择性和歧视性的区域经济同盟。"你同意这个观点吗？为什么？

第四部分
国际贸易数据

第 13 章
国际贸易数据概览

【本章简介】

在学习国际贸易课程时,学生应对国际贸易数据有一个基本的了解。在微观层次上,国际贸易是企业将一个经济体所生产的产品或服务出售给另一个经济体的经济活动。依据惯例,商品和服务需要经过出口经济体的海关,由其记录出口值,再通过运输环节运到进口经济体进入其海关,由其记录进口值。微观层次的数据根据产品分类的规定层层加总直至经济体层次,由各经济体有关当局发布,并上报相关的国际组织。本章对国际贸易数据的介绍从经济体层次的总量数据开始,向产业、企业和产品层次逐层展开。

【思政导引】

本章介绍国际贸易的基本数据。作为新时代的中国学生,需要培养解读数据的基本功。只有在掌握数据的基础上，才能做出准确的国际比较，增强分析问题和解决问题的本领。对于认识当今世界的贸易活动，仅知道贸易数据是不够的，还需要考察这些数据背后的历史背景和政经关系。在应用贸易数据分析问题时，学生应把握历史和现实的交汇，着眼政经关系的变化，在知行合一、学以致用上下功夫，努力把自己培养成为新时代的合格人才。

13.1 国际贸易总值数据

国际贸易含出口和进口两个活动，贸易内容有货物（商品）和服务两个大类。国际贸易总值数据指标有四个：货物出口总值、货物进口总值、服务出口总值和服务进口总值。国际贸易总值在本国统计中使用本币计量，在上报给国际组织时一般使用美元计量。

20世纪80年代之前，国际服务贸易的数额相对较小，所以说到国际贸易，一般指的是国际货物贸易；谈到贸易顺差和逆差，一般指的是货物贸易的顺差和逆差。这种由历史原因所形成的观念沿用至今，很多时候会形成误导。例如，特朗普声称美国对中国的贸易逆差为5 000亿美元（实际上2018年美国的统计为4 200亿美元，中国的统计为3 200亿美元），这个逆差指的是美国对中国的货物贸易逆差；而2018年美国对中国的服务贸易顺差约为500亿美元（美国的统计为405亿美元，中国的统计为485亿美元）。如果讨论中美贸易不平衡问题，无疑应该包括服务贸易，而这一正确的做法在现实中常常被忽视，人们还是约定俗成地将贸易顺差和逆差仅以货物贸易来衡量。

WTO 数据库

WTO官网（wto.org）提供世界各经济体之间的贸易数据。该数据库展示的"国际贸易统计数据"栏目下有三项：（1）货物贸易；（2）货物贸易指数和价格；（3）商业服务贸易。在笔者撰写本章时（2021年10月），WTO官网在货物贸易项下显示了2014—2019年每年的出口经济体名,出口产品/产业(粗分产业,例如食品、能源、化学品、药品、机械设备、通信设备、纺织品、汽车产品等),进口经济体名,以及以美元现值衡量的出口值;同时被展示的还有货物进口值。在商业服务贸易项下显示了2014—2019年每年的服务出口值和服务进口值,同样以美元现值衡量。

■■■■ 联合国贸易和发展会议数据库

联合国贸易和发展会议(unctad.org)的数据库提供国际货物和服务贸易数据。在笔者撰写本章时(2021年10月),该数据库展示了1995—2019年每年各经济体的货物进出口以美元计价的总值,以及2005—2019年每年各经济体的服务进出口以美元计价的总值。

■■■■ 世界银行数据库

世界银行的《世界发展指标》数据库提供经济体层次较为详尽的可比数据。该数据库包含217个经济体和40多个组别的1400多个时间序列指标,其中许多指标的数据可追溯到1960年。该数据库包含以美元现值计价的各经济体货物出口值和进口值,以及以美元现值计价的各经济体服务出口值和进口值。

■■■■ 外贸依存度

外贸依存度是指一定时期内一个经济体的货物和服务进出口总值(=进口总值+出口总值)与其GDP的比率。世界银行《世界发展指标》数据库提供各经济体的外贸依存度数据,图13.1是用中国数据所画的图。1960—1977年,中国的外贸依存度基本处在10%以下(除了1974年的10.3%)。从改革开放开启的1978年(9.7%)到2006年(64.5%),中国的外贸依存度以年均7%的增速一路攀升,在2006年达到64.5%的高点。此后中国的外贸依存度一路下跌至2019年的35.8%,年均跌速为4.4%。数据显示,2020年中国的外贸依存度为34.5%。

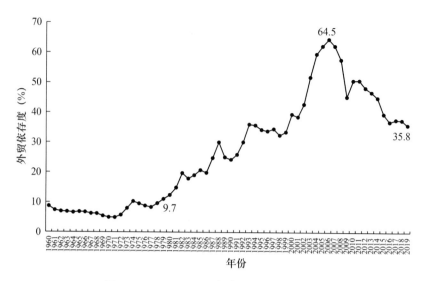

图 13.1　1960—2019 年中国的外贸依存度

表 13.1 显示 2019 年有数据的 160 个经济体的外贸依存度从高到低排序,最高为卢森堡(382%),最低为苏丹(17%),全世界平均(基于有此数据的经济体的计算)约为 60%。一般而言,拥有庞大内部市场的大经济体的外贸依存度相对较低,例如美国为 26%。

表 13.1　2019 年世界各经济体的外贸依存度

经济体	外贸依存度	经济体	外贸依存度	经济体	外贸依存度
卢森堡	382%	捷克	143%	中国澳门	117%
中国香港	353%	爱沙尼亚	142%	莫桑比克	117%
新加坡	319%	莱索托	139%	佛得角	116%
马耳他	274%	北马其顿	139%	伯利兹	116%
爱尔兰	239%	索马里	134%	塞尔维亚	112%
越南	210%	白俄罗斯	133%	泰国	110%
斯洛伐克	184%	利比里亚	127%	格林纳达	110%
塞舌尔	172%	蒙古	126%	突尼斯	109%
比利时	163%	保加利亚	125%	丹麦	109%
匈牙利	161%	柬埔寨	124%	多米尼克	109%
阿联酋	161%	马来西亚	123%	黑山	109%
斯洛文尼亚	159%	刚果(布)	122%	文莱	109%
荷兰	156%	拉脱维亚	121%	奥地利	108%
立陶宛	150%	瑞士	119%	赤道几内亚	107%
马尔代夫	147%	格鲁吉亚	119%	阿曼	107%
塞浦路斯	145%	利比亚	117%	波兰	106%

经济体	外贸依存度	经济体	外贸依存度	经济体	外贸依存度
克罗地亚	104%	巴哈马	76%	布基纳法索	57%
吉尔吉斯斯坦	103%	百慕大	76%	玻利维亚	56%
瑙鲁	99%	乍得	75%	伊朗	56%
洪都拉斯	97%	希腊	74%	冈比亚	56%
黎巴嫩	96%	博茨瓦纳	74%	尼泊尔	55%
亚美尼亚	96%	亚美尼亚	96%	塞拉利昂	54%
波黑	95%	乌兹别克斯坦	73%	斯里兰卡	52%
尼加拉瓜	95%	加蓬	72%	阿尔及利亚	52%
毛里塔尼亚	93%	挪威	72%	多米尼加	51%
毛里求斯	92%	多哥	72%	俄罗斯	49%
瑞典	90%	加纳	71%	海地	47%
卡塔尔	90%	约旦河西岸和加沙	69%	秘鲁	47%
乌克兰	90%	巴拉圭	69%	厄瓜多尔	47%
斯威士兰	89%	安哥拉	69%	科特迪瓦	46%
牙买加	89%	赞比亚	69%	危地马拉	46%
萨摩亚	89%	菲律宾	69%	澳大利亚	46%
德国	88%	西班牙	67%	喀麦隆	45%
汤加	88%	马拉维	67%	埃及	43%
摩尔多瓦	87%	中非	66%	科摩罗	42%
摩洛哥	87%	哥斯达黎加	66%	布隆迪	42%
葡萄牙	87%	加拿大	65%	乌拉圭	41%
约旦	86%	法国	65%	法国	65%
阿塞拜疆	86%	英国	64%	乌干达	40%
冰岛	86%	哈萨克斯坦	64%	印度	40%
科索沃	85%	贝宁	64%	尼日尔	38%
罗马尼亚	85%	沙特阿拉伯	64%	哥伦比亚	38%
不丹	84%	刚果（金）	63%	印度尼西亚	37%
巴巴多斯	84%	土耳其	63%	孟加拉国	37%
东帝汶	84%	塞内加尔	61%	中国	36%
纳米比亚	83%	全世界	60%	尼日利亚	34%
巴拿马	83%	意大利	60%	肯尼亚	33%
芬兰	80%	马达加斯加	60%	阿根廷	33%
墨西哥	78%	南非	59%	巴基斯坦	30%
伊拉克	77%	马里	58%	巴西	29%
萨尔瓦多	77%	卢旺达	58%	埃塞俄比亚	29%
大韩民国	77%	几内亚比绍	57%	美国	26%
阿尔巴尼亚	77%	以色列	57%	苏丹	17%
几内亚	76%	智利	57%		

　　表13.1显示，有51个经济体的外贸依存度在100%以上。为什么外贸依存度有可能超过100%呢？原因是贸易数值是毛值（中间环

节的价值被重复计入),而 GDP 数据是增加值(中间环节只计入增加值)。以苹果手机(iPhone 4)为例,该手机的部件是在世界多个国家和地区分别生产,最后在中国完成组装。如表 13.2 所示,为了生产一部 iPhone 4 手机,中国工厂先进口价值为 187.50 美元的部件,在中国组装的增加值为 6.54 美元,也就是说,在中国当年的 GDP 中,这部手机贡献了 6.54 美元。假定这部手机的出口值等于出厂价 194.04 美元,在中国当年的进口总值和出口总值中,这部手机分别贡献了 187.50 美元和 194.04 美元,两者相加的 381.54 美元就是这部手机对中国当年贸易总值的贡献,该贡献值(381.54 美元)远大于其对 GDP 的贡献值(6.54 美元),以这部手机计算的"外贸依存度"高达 5 834%(=381.54/6.54)!这个例子说明了为什么表 13.1 中的卢森堡、中国香港和新加坡这样的经济体的外贸依存度会高于 300%。

表 13.2　一部苹果手机(iPhone 4)的增加值分布

生产地	生产活动	增加值(美元)	合计(美元)
美国	部件生产	24.63	187.50
韩国	部件生产	80.05	
德国	部件生产	16.08	
法国	部件生产	3.25	
日本	部件生产	0.70	
其他国家和地区	部件生产	62.79	
中国	手机组装	6.54	6.54
出厂价			194.04
批发价			329.95
零售价			599.00

资料来源:OECD (2011), "Global Value Chains: Preliminary Evidence and Policy Issues," Organization for Economic Co-operation and Development, DSTI/IND(2011)3, Paris.

13.2 国际贸易增加值数据

有鉴于进出口值对一经济体贸易量的衡量不一定准确反映该经济体在其贸易产品和服务中的价值贡献,经合组织和 WTO 联合建设了全球价值链与贸易增加值(TiVA)数据库。在经合组织的官网(oecd. org)上发布有 2021 年版的 TiVA 指标,它涵盖了 66 个经济体。该数据库提供了 45 个产业1995—2018年度的数据。表13.3显示了中国1995—2018年的出口增加值(TiVA)和出口毛值。我们看到,中国的出口增加值相当于其出口毛值的80％左右。

表13.3 1995—2018年中国出口增加值和出口毛值的比较

年份	出口增加值(亿美元)	出口毛值(亿美元)	出口增加值/出口毛值
1995	1 069	1 269	84％
1996	1 267	1 496	85％
1997	1 508	1 798	84％
1998	1 616	1 887	86％
1999	1 692	2 005	84％
2000	2 093	2 537	82％
2001	2 186	2 647	83％
2002	2 612	3 189	82％
2003	3 310	4 212	79％
2004	4 294	5 638	76％
2005	5 382	7 052	76％
2006	6 719	8 655	78％
2007	8 590	11 026	78％
2008	10 800	13 824	78％
2009	9 124	11 013	83％
2010	11 534	14 269	81％
2011	14 118	17 764	79％
2012	15 421	19 182	80％
2013	16 721	20 616	81％
2014	18 309	22 363	82％
2015	18 168	21 608	84％
2016	16 819	19 966	84％
2017	18 370	22 144	83％
2018	20 103	24 291	83％

国际贸易涉及两个经济体。当出口经济体海关记录一笔货物的出口值时,进口经济体海关对同一批货物记录其进口值。

13.3 出口经济体数据和进口经济体数据

国际贸易数据的统计在各经济体之间具有很大的不一致性。从理论上讲,出口经济体所统计的出口值和进口经济体所统计的进口值之间的差异只是运输和保险费。一般而言,出口值是以离岸价格FOB(船上交货价格)来衡量的,而进口值是以到岸价格CIF(成本加保险费加运输费)来衡量的。但 2018 年中国对美国货物出口值按中方统计为 4 784 亿美元,而美国对中国货物进口值按美方统计为 5 396 亿美元,两者差了 612 亿美元,这么大的差异是无法用运费和保险费来解释的。中美之间贸易数据统计的不一致有很多因素,其中就包括如何统计中国内地货物经中国香港转口到美国的数额。

贸易数据的不匹配并非只存在于中美之间。理论上讲,地球上所有经济体的出口应该等于所有经济体的进口。然而,如果将地球上所有经济体所报告的商品和服务出口值和进口值分别加总,前者会比后者多出 3 000 亿美元! 看起来这只能是地球对火星的贸易顺差了![①] 出现这个贸易数据不匹配问题既有统计上的原因(例如对服务贸易的统计比较难以准确),更有国际套利方面的原因(企业通过低报或高报贸易数据来避税或绕过跨境资本流动的壁垒)。

尽管国际贸易统计数据存在种种缺陷,但我们需要认识到几乎所有经济统计数据都存在这样或那样的缺陷,比较而言贸易数据还是相对可靠的。对于探究和解读国际贸易中的现象和问题,目前可得的国际贸易数据还是能起到很大作用的,而且我们也别无选择。

13.4 国际贸易产品分类数据

联合国制定了**国际贸易标准分类(SITC)**,它是世界各经济体普遍采纳的贸易产品分类体系。在本章写作时(2021 年 10 月),最新的 SITC 版本为 2006 年制定的第四次修订版。根据此版,贸易产品分为 10 个大类、63 章、223 组、786 个分组和 1 924 个基本目。例如,电熨斗的基本目为 775.84,其中第一个数字 7 代表第 7 类(机械及运输设备),第二个数字 7 代表章号(家用电器设备),第三个数字 5 代表组号(未另列明的家用电动及非电动设备),第四个数字 8 代表分组号(未另列明的电热用具),第五个数字 4 代表基本目(电熨斗),由此电熨斗的基本目五位代码为 775.84。

---

① 见《经济学人》文章,"出口到火星",2021 年 11 月 12 日。

对贸易产品的另一种分类方法是由世界海关组织编制的**协调制度(HS)**,它比联合国的国际贸易标准分类(SITC)更为详细。各经济体海关正是通过 HS 的产品归类来征收关税和实施其他管理措施的。世界上有 200 多个经济体采用 HS,这覆盖了全球贸易的 98% 以上。国际通行的 HS 采用六位数编码,有 22 类、98 章、1 241 个目(四位数码)和 5 113 个子目(六位数码)。中国进出口税则采用十位数编码,前六位是国际通行的六位数,第七位和第八位是中国专设用于标识一些商品的特殊监管属性;这前八位称为 HS 编码的主码。第九位和第十位是中国海关在 HS 分类原则和方法基础上延伸的附加码。以制造纤维素纸浆的机器为例,它的十位 HS 编码为 84391000.00。中国对该产品征收的最惠国进口关税税率为 8.4%,普遍税税率为 30%,增值税税率为 17%。

本章介绍了衡量国际贸易活动的数据。国际贸易是商品和服务的跨境交易,其基础数据由各经济体海关一笔一笔地记录下来,然后根据标准的产品分类加总到产业层面,再加总到经济体层面。由于国际贸易涉及本币和外币,因此在加总时需要使用市场汇率换算成同一种货币。国际贸易研究中通常采用以美元为单位的贸易数据。

13.5

讨论和总结

WTO、世界银行、联合国贸易和发展会议等国际组织的官网均提供世界各经济体商品和服务的进出口数据,其数据各有侧重,但都是源于各经济体所提供的基础数据。

传统上国际贸易数据是毛值数据,是所有商品和服务进出口值的加总。由于最终产品中含有中间产品,因此当最终产品和中间产品都是贸易品时,将它们的贸易值相加汇总就有重复计算的问题。对于加工贸易份额很高的经济体(例如中国),进口的中间产品中有很大一部分是用来组装用于出口的最终产品。这种情况下的贸易毛值(进口值＋出口值)较大,但出口品中该经济体的增加值却较小,因此贸易毛值会夸大该经济体的贸易顺差,产生误导效应。有鉴于此,WTO 和经合组织正在合作构建基于增加值的国际贸易统计架构,这将有助于减少国际贸易数据中的"杂音",使得对国际贸易现象的描述更准确,由此增进各经济体之间在贸易关系上的相互理解和合作协调。

【新时代 新思考】

中国倡导公平公正的新型全球关系。可靠的贸易数据是构建这种关系的一个基础。本章介绍了国际贸易数据的传统统计方法,由于其内在缺陷,它对各国之间贸易关系的评估可能产生误导。虽然改进统计方法是一个技术问题,但是否启动并积极推动统计方法的改进并不仅仅是一个技术问题,而且是涉及各国利益的政治问题。对于新时代的中国学生而言,学好包括国际贸易在内的知识是本分,而在学习过程中思考经济现象背后的深层次问题是这个时代的要求。今天的学生将成为未来推动中国和世界进步的力量。站在这个高度,新时代的中国学生就能增强学习的动力和目的性。

本章提要

1. 国际贸易含出口和进口两个活动,贸易内容有货物和服务两个大类。国际贸易总值数据指标有四个:货物出口总值、货物进口总值、服务出口总值和服务进口总值。国际贸易总值在一经济体内部统计中用本币计量,在上报给国际组织时一般用美元计量。

2. WTO、世界银行、联合国贸易和发展会议等国际组织的官网均提供世界各经济体商品和服务的进出口数据,其数据各有侧重。WTO提供世界各经济体之间货物贸易和服务贸易在粗分产业上的数据。世界银行的《世界发展指标》数据库提供经济体层次较为详尽的时间序列数据,大部分数据可追溯到 1960 年。

3. 外贸依存度指一定时期内一个经济体的货物和服务进出口总值(＝进口总值＋出口总值)与其 GDP 的比率。由于贸易值是毛值(中间环节的价值被重复计算),而 GDP 是增加值(中间环节只算增加值),因此外贸依存度有可能超过 100%。

4. 经合组织和 WTO 联合建设了全球价值链与贸易增加值(Ti-

VA)数据库。运用增加值代替毛值来衡量国际贸易量有助于减少传统贸易数据中的"杂音",使得对国际贸易现象的描述更准确,对国际贸易关系的评估更公正。

5. 联合国制定的国际贸易标准分类(SITC)是世界各经济体普遍采纳的贸易商品分类体系。世界海关组织编制的关于国际贸易商品分类的标准目录称为协调制度(HS),它比联合国的国际贸易标准分类更为详细。各经济体海关正是通过协调制度的商品归类来征收关税和实施其他管理措施的。

■ 进一步阅读

WTO、世界银行、联合国贸易和发展会议等国际组织的官网是了解国际贸易数据的窗口。以 WTO 官网为例,在其"统计"总栏目下有"贸易和关税数据"页面,提供对贸易流量、关税、非关税措施和增加值贸易数据的访问入口。"统计"总栏目下的专题栏目有商品贸易、服务贸易、关税、非关税措施、全球价值链以及其他链接。

■ 练习与思考

一、即测即评

学完本章内容后,学生可扫描右侧二维码完成客观题测验(包含选择题和判断题),提交结果后即可看到答案及相关解析。

二、简答题

1. 为什么历史上国际贸易指的是国际货物贸易?

2. 外贸依存度是如何定义的? 包不包括服务贸易?

3. 为什么外贸依存度可以大于100%?

4. 一个国家的国际贸易总值是否反映了该国对外贸易活动对GDP 的贡献? 为什么?

5. 在中国出口苹果手机的价值中,中国只贡献了组装手机产生的增加值,这会对这个对外贸易数据产生怎样的误导作用?

三、综合题

1. 根据表 13.2 的数据,在中国组装一部苹果手机,需要进口价值 24.63 美元的美国部件、价值 80.05 美元的韩国部件、价值 16.08 美元的德国部件、价值 3.25 美元的法国部件、价值 0.70 美元的日本部件,以及价值 62.79 美元的其他国家或地区生产的部件。中国将这些手机部件组装成一部苹果手机,组装过程的增加值为 6.54 美元。中国工厂将这部手机以 194.04 美元的价格出口到美国交付苹果公司,苹果公司将此部手机以 329.95 美元的批发价出售给一家中国进口公司,该公司将这部手机运回中国以相当于 599 美元的售价出售给一位中国消费者。假设这部手机在中美之间单程的运输费、保险费等合计为 20 美元,这笔费用付给了一家美国的运输和保险公司。假设以上所有活动都在 2015 年完成。

(1) 完成这部苹果手机的组装并将其出口到美国,为中国 2015 年的 GDP 贡献了多少(以美元计价)?

(2) 这部手机的 FOB 价格是多少? CIF 价格是多少?

(3) 在整个过程中,与该手机相关的中国进口值和出口值分别是多少?

2. 给定上一题的数据和情形,请回答下列问题:

(1) 苹果公司从这部手机中获利多少?

(2) 这部手机的零售价和批发价相差多少? 谁赚了整个差价?

(3) 如果这部手机在中国组装完成后直接由苹果公司在中国销售,苹果公司的批发价会是多少? 这部手机在中国的零售价会是多少? 请给出你在计算批发价和零售价时对相关情形的假设。

3. 请举例说明为什么传统的国际贸易总值统计可能夸大中国对美国的贸易顺差。如果使用国际贸易增加值统计方法,这个被夸大的部分能否完全消除? 为什么?

第 14 章
国际收支数据和贸易收支不平衡问题

【本章简介】

一个国家的出口值和进口值之差反映了该国的国际贸易收支状况。依照学术传统,国际贸易学只关注实际的商品和服务流,不关注贸易过程所涉及的货币关系,后者属于国际金融学的范畴。然而现实世界中的国际贸易既是实物流又是货币流,如果拘泥于国际贸易学的传统定位而忽略对国际贸易收支状况的分析,是不利于对现实中国际贸易现象的全面理解和认识的。本章对国际收支的基本数据和贸易余额的决定机制做了介绍,对贸易收支不平衡问题及其应对之策做了解析。

【思政导引】

本章介绍国际收支数据并对贸易收支不平衡问题做了解析。西方经济学的研究方法是专注于一个方面而抽象掉其他方面,这种方法导致国际经济学领域发展出了两个相互独立的学科:国际贸易学和国际金融学。西方经济学的这种研究方法有其长处,因为现实中的经济现象纷繁复杂,无法一眼看清,对于一个有 A、B、C 三个侧面的现象,抽象掉 B、C 方面而专心致志地搞清楚 A 方面,可以实现对 A 方面较深刻的认识。如果在分别研究了 A、B、C 三方面后能将它们有机地联系起来,那么对这个经济现象就会有一个既完整又深刻的认识。然而实际情况是,对 A 的研究形成了 A 学科,对 B 的研究形成了 B 学科,它们之间的联系往往被忽视了。新时代的中国学生应抱有雄心,不应满足于现有的知识框架,而应站在前人的肩膀上创造新知识、奉献新智慧。

14.1

国际收支数据概览

一国经济与世界经济之间在某个时间段上(通常是一年)的联系反映在国际收支平衡表上。**国际收支平衡表**是一个年度会计报表,它包括经常账户(CA)、资本账户(KA)、官方储备账户(RA)以及净误差和遗漏账户(EA)四个账户。根据会计定义,这四个账户之和为零:

$$CA + KA + RA + EA \equiv 0 \qquad (14.1)$$

国际收支平衡表首先显示的是**经常账户**(Current Account),英文缩写为 CA。一个国家的贸易收支被记录在经常账户上。定义 X 为商品和服务的出口值,M 为商品和服务的进口值。出口值和进口值之差称为净出口(NX),它衡量了这个国家广义的贸易余额[①]:

$$NX = X - M \qquad (14.2)$$

经常账户除了包括贸易收支,还包括生产要素的国际收入(例如从国外投资获得的利息和股息汇入国内;从输出劳务获得的工资收入汇入国内)和单边转移支付(例如政府间的救灾援助),前者记在"初次

---

① 在一些学术文献和媒体报道中,贸易余额是商品贸易余额的简称,不包括服务贸易余额。沿用这个源于历史惯例的称呼,商品贸易余额可被称为狭义的贸易余额。

收入"项下,后者记在"二次收入"项下。[①] 对于绝大多数国家来说,生产要素的国际收入和单边转移支付的数额较小,所以经常账户余额基本上反映了贸易余额的状况。为了简化分析,我们将经常账户余额等同于贸易余额,

$$CA \approx NX = X - M \qquad (14.3)$$

当出口值大于进口值时,经常账户为顺差;当出口值小于进口值时,经常账户为逆差。

国际收支平衡表中的第二个账户是**资本账户**,我们用 KA 指代(因为经济学中通用 K 代表资本)。在新版的国际货币基金组织国际收支平衡表中,在资本和金融账户下设有"资本账户""非储备金融账户"和"储备账户"三项。由于这个新设的分法不利于对国际收支的分析,我们仍沿用传统的分法,将私人部门的跨境资本流动(表中的"非储备金融账户")称为资本账户,用 KA 表示。请注意,新版中有一个"资本账户",它不是我们通常所说的资本账户,而是记录了某些特殊资本(例如版权)的转移收支,其数额很小,请读者忽略。[②]

国际收支平衡表的第三个账户是**官方储备账户**(Reserves Account),英文缩写为 RA,它指的是中央银行所拥有的储备资产在当年的变化数额。属于储备资产的有货币黄金、特别提款权(SDR)、在国际货币基金组织的储备头寸以及外汇储备。通常情况下官方储备的变化主要是外汇储备的变化。由于会计记账的要求,在这个储备账户下储备增加记为负值,储备减少记为正值。

国际收支平衡表的第四个账户是**净误差和遗漏**(Net Errors and Omissions),我们用 EA 作为其英文简写。在会计报表中,每项经济活动会被记录两次,一次在贷方,一次在借方。例如,某项出口活动在海关会被记录一次(反映在经常账户上),而出口所得款在收款银行会被

---

① 生产要素的国际收入可以被视为一个国家在国外的资本和劳动力因其提供的服务而获得的回报,如果这些回报在当地被花费掉,它就不会体现在国际收支平衡表上。只有跨越一国关境的那部分回报才会被记录在该国的国际收支平衡表上。

② 国际货币基金组织数据库网站(data.imf.org)既提供采用新版分类的国际收支平衡表的标准展示(BOP Standard Presentation),又提供采用传统分类的国际收支平衡表的分析展示(BOP Analytical Presentation),可见传统分类更适合用于分析。

记录一次(反映在资本账户上)。如果每项经济活动都没有任何遗漏地被准确记录下来,那么会计报表的贷方总计和借方总计应该相等。但由于记录过程中不可避免的误差和遗漏,国际收支平衡表的贷方总计和借方总计通常不会完全相等,将这个净误差和遗漏项补上后,贷方总计和借方总计才会相等。

国际货币基金组织的成员国有义务上报国际收支数据,这些数据可以在国际货币基金组织的数据库官网(data.imf.org)上查询。从中国国家外汇管理局网站(www.safe.gov.cn)可以下载"中国国际收支平衡表时间序列"数据,其年度数据始于1982年。表14.1显示了2018—2022年中国国际收支平衡表的主要数据。

表14.1　2018—2022中国国际收支平衡表　　　　单位:亿美元

	2018	2019	2020	2021	2022
1. 经常账户(CA)	241	1 029	2 488	3 529	4 019
1.A 货物和服务(NX)	879	1 318	3 586	4 615	5 763
1.A.a 货物	3 801	3 930	5 111	5 627	6 686
1.A.b 服务	−2 922	−2 611	−1 525	−1 012	−923
1.B 初次收入	−614	−392	−1 182	−1 245	−1 936
1.C 二次收入	−24	103	85	159	191
2. 资本和金融账户	1 532	263	−901	−2 184	−3 113
2.1 资本账户	−6	−3	−1	1	−3
2.2 金融账户	1 538	266	−900	−2 185	−3 110
2.2.1 非储备金融账户(KA)	1 727	73	−611	−303	−2 110
2.2.1.1 直接投资	923	503	994	1 653	305
2.2.1.2 证券投资	1 069	579	955	514	−2 811
2.2.1.3 金融衍生工具	−62	−24	−108	102	−58
2.2.1.4 其他投资	−204	−985	−2 452	−2 572	454
2.2.2 储备账户(RA)	−189	193	−289	−1 882	−1 000
2.2.2.1 货币黄金	0	0	0	0	−35
2.2.2.2 特别提款权	0	−5	−4	−416	19
2.2.2.3 在国际货币基金组织的储备头寸	−7	0	−23	1	−2
2.2.2.4 外汇储备	−182	198	−262	−1 467	−982
2.2.2.5 其他储备资产	0	0	0	0	0
3. 净误差与遗漏(EA)	−1 774	−1 292	−1 588	−1 345	−906

国际贸易活动对应着国际资本流动。当中国出口服装到美国时,中国获得了一笔美元款项,意味着中国在外国的资产增加了,这相当于中国资本的流出。在中国的国际收支平衡表上,中国的这笔服装出口被记录在经常账户上,符号为正(因为中国取得了出口收入);同时,这笔出口款通过银行转账被记录在资本账户上,符号为负(因为进

来的是外币,它只会作为对外资本)。同理,中国的饮料进口被记录在中国的经常账户上,符号为负(因为中国支出了进口款);而中国支付给美国出口商的款项使美国对华资产增加,相当于外国资本流入了中国,它被记录在中国的资本账户上,符号为正(资本流入中国)。[①]

国际收支的经常账户和资本账户就像是硬币的两面。如果在国际收支中不涉及官方外汇储备量的变化(RA=0)且国际收支的统计是精确的(即净误差和遗漏项为零,EA=0),那么从会计恒等式(14.1)可知,经常账户余额和资本账户余额之和等于零(CA+KA=0)。运用贸易余额近似等于经常账户余额的等式(14.3),我们得到 NX≈−KA。这个等式告诉我们,贸易顺差(NX>0)必然伴随着资本流出(KA<0),而贸易逆差(NX<0)必然伴随着资本流入(KA>0)。需要提醒读者的是,这个结论成立的前提是外汇市场上不存在由央行买卖外汇所导致的官方外汇储备量的变化(RA=0)。美国较为满足这个前提条件,所以美国的贸易逆差是由外国资本流入来支撑的。中国则不符合这个前提条件,因此中国的贸易顺差(NX>0)伴随的可能不是资本流出(KA<0),而是资本流入(KA>0),由此导致经常账户和资本账户"双顺差"。从等式(14.1)可知,如果经常账户和资本账户同时出现顺差(CA>0,KA>0)而净误差和遗漏项较小,那么官方储备账户必须为负值(RA<0)才能使这个会计恒等式成立。在国际收支平衡表的会计准则中,官方储备增加时,官方储备项记为负值(RA<0);官方储备减少

---

① 为了便于理解,可以设想中国进口商用支票向美国出口商付款,美国出口商将支票存入中国银行,相当于美国将这笔钱贷款给了中国(资本流入中国,在中国的资本账户上记为正数)。

时,官方储备项记为正值(RA>0)。由此可以推知,中国的"双顺差"必然伴随着官方储备的增加(参见专栏 14.1)。

一个国家的贸易收支是顺差好还是逆差好?根据定义,经常账户余额(**贸易余额**)反映的是现时消费的状况,而资本账户余额反映的是投资者对未来消费的判断,所以贸易收支不平衡可以被视为跨时贸易的结果。假如美国具有很好的投资机会,那么其他国家会将部分储蓄投资在美国,以换取更多的未来消费;这些外国投资使美国消费者能够在当期实现更多的消费。与服装饮料的贸易一样,当期消费和未来消费之间的贸易也会带来贸易收益。只要国家之间在投资机会上存在差异,那么就存在跨时贸易收益。要获得跨时贸易收益,投资机会丰裕的国家会有经常账户逆差(贸易逆差),而投资机会不丰裕的国家会有经常账户顺差(贸易顺差)。如果所有国家的经常账户都保持平衡状态(CA=0),那就意味着所有国家都失去了跨时贸易收益。所以对于一个国家的贸易收支是顺差好还是逆差好这个问题,其回答需要根据这个国家存在的投资机会和它自身的投资能力等因素而定。

14.3 贸易余额的决定

要了解贸易余额的决定因素,我们需要讨论开放经济的总需求和总供给。开放经济的总需求由四个部分组成:消费(C)、投资(I)、政府购买(G)和净出口(NX)。开放经济的国民总收入(Y)是本国和外国花费在本国所生产的商品和服务上价值的总和。

$$Y = C + I + G + \text{NX} \qquad (14.4)$$

国民总收入在用于消费(C)和政府购买(G)后所剩下的是国民储蓄(S),所以有:

$$Y = C + S + G \qquad (14.5)$$

从等式(14.2)、(14.4)和(14.5)可以推得:

$$\text{NX} = S - I \qquad (14.6)$$

等式(14.6)说明贸易顺差(NX>0)反映了一个国家的储蓄多于该国投资机会所吸引的资金($S>I$),而贸易逆差(NX<0)反映了一个国

家的储蓄少于该国投资机会所吸引的资金（$S<I$）。需要指出的是，等式（14.6）是一个恒等式，并不反映经济上的因果关系。要解释一个国家贸易余额的决定因素，需要进一步探究这个国家的储蓄和投资差距背后的原因。例如，我们可以将国民储蓄 S 分解为私人储蓄 $S^P=Y-T-C$ 和政府储蓄 $S^G=T-G$ 两部分，这里 T 代表政府税收。这样等式（14.6）可以写成：

$$\text{NX} = (S^P - I) + (T - G) \qquad (14.7)$$

由等式（14.7）可知，一个国家的贸易逆差可能是该国丰裕的投资机会的结果（$S^P<I$），也可能是该国赤字财政导致国民储蓄过低的结果（$T<G$）。所以对于一个国家贸易不平衡状态的评估需要分析造成这种不平衡状态的具体原因。

■■■ 汇率的作用

在影响贸易不平衡的诸多因素中，汇率是被经常提到的一个。现实世界的国际贸易不是物物交换，而是由货币作为媒介。由于国际贸易涉及不同货币，因此货币之间的比价（**名义汇率**）成为影响国际贸易的一个重要因素。

一个国家的贸易余额和它的出口竞争力有关。一个国家的出口竞争力取决于国内外商品的相对价格。用 P 代表本国价格水平，P^* 代表外国价格水平，E 代表以外币衡量的本币价格（即名义汇率），我们定义**实际汇率**为：

$$e = E \cdot P^* / P \qquad (14.8)$$

实际汇率衡量一个国家的**出口竞争力**。当以等式（14.8）定义的一个国家的实际汇率上升（本币实际贬值）时，该国商品较外国商品便宜，因此该国的出口竞争力提高；当一个国家的实际汇率下降（本币实际升值）时，该国商品较外国商品昂贵，因此出口竞争力下降。

实际贬值会提高出口值，但对进口值的作用并不确定。实际贬值会使进口数量下降但会提高以本国单位产出衡量的进口商品的价格。理论推导表明，只有当出口需求和进口需求对实际汇率的弹性之和大于 1 时，实际汇率才会对经常账户余额产生正向作用。这个条件称为马歇尔-勒纳条件。研究表明多数国家在六个月以上的时间段满足该条件。在马歇尔-勒纳条件成立的情况下,实际汇率(e)对贸易余额(NX)有正向作用。

$$NX = f(e), \quad f'(e) > 0 \qquad (14.9)$$

式中,f 表示 NX 和 e 之间的函数关系,$f'(e) > 0$ 表示这个函数关系为正。

从实际汇率的定义 $e = E \cdot P^* / P$ 可知,名义汇率(E)和贸易国家之间物价水平的比率(P^* / P)都能影响出口竞争力。当本币被高估,或者国内通货膨胀严重时,这个国家的出口竞争力会下降;反之,当本币被低估,或者国内通货膨胀率低于外国时,这个国家的出口竞争力会上升。在短期内,假定本国物价水平(P)和外国物价水平(P^*)不变,那么贸易余额(NX)取决于名义汇率(E)。当本币升值时,本国出口产品的竞争力下降,外国出口到本国的产品的竞争力上升,因而贸易收支会恶化;反之,当本币贬值时,本国出口产品的竞争力上升,外国出口到本国的产品的竞争力下降,因而贸易收支会得到改善。实际观察表明,汇率变化对经常账户余额的作用有一个动态的过程。在本币贬值的前几个月,由于进出口数量在之前的贸易合同中已经确定,而本币贬值使进口值上升了,因而导致经常账户恶化。在这以后出口企业会根据新的汇率调整其生产和出口数量,在半年至一年后经常账户会改善。这个过程在时间上呈一条 J 形曲线,因此被称为 **J 曲线效应**。

14.4 国际收支不平衡问题

一个开放国家的宏观经济目标包括内部平衡和外部平衡。**内部平衡**指充分利用国内资源(低失业率)和保持国内价格水平的稳定(低通货膨胀率)。**外部平衡**指保持国际收支的平衡。在国际收支平衡表的四个账户中,经常账户(CA)、资本账户(KA)以及净误差和遗漏账户(EA)是市场力量决定的结果,这三项之和被定义为**国际收支余额**(BOP):

$$BOP \equiv CA + KA + EA \qquad (14.10)$$

当 BOP>0 时,国际收支存在盈余;当 BOP<0 时,国际收支存在赤字。

国际收支盈余意味着对本币有超额需求,而国际收支赤字意味着本币有超额供给。在采取浮动汇率的国家,当本币存在超额需求时本币会升值,而当本币存在超额供给时本币会贬值。本币升值使得国际收支盈余减少,而本币贬值使得国际收支赤字减少。所以在均衡状态下,国际收支既没有盈余也没有赤字,BOP=0。汇率的自由浮动使得一个国家的宏观经济实现了外部平衡。需要注意的是,宏观经济的外部平衡并不要求贸易账户必须平衡。对于一个采取自由浮动汇率的国家,经常账户的顺差(逆差)会被资本账户的逆差(顺差)所抵消。当然,如果经常账户的顺差(逆差)过大,尽管暂时可以被资本账户的逆差(顺差)所抵消,但这也会被认为是宏观经济外部不平衡的一种状况。

对于一个采取固定汇率的国家,市场力量无法使外汇市场处于均衡状态,必须由该国的中央银行通过买卖外汇来保证本币的供求平衡。当国际收支盈余时,本币供不应求,中央银行需要通过买进外汇来满足市场上对本币的需求,以保持汇率的稳定,其结果是官方储备的增加;反之,当国际收支赤字时,本币供过于求,中央银行需要通过卖出外汇来维持市场上本币的价格,其结果是官方储备的减少。从等式(14.1)和(14.10)可知,BOP=−RA。所以在采取固定汇率的国家中宏观经济的外部不平衡表现为官方储备的变化。例如,1990—2008 年中国国际收支"双顺差"和固定汇率的结合使得中国积累了世界上最多的官方外汇储备,导致中国宏观经济出现严重的外部不平衡(参见专栏 14.1)。需要指出的是,在现实世界中采取浮动汇率制的国家也常常通过买卖外汇来干预汇价,它们与固定汇率制国家的根本不同点并不在于对汇率的干预与否,而在于是否有干预汇率的目标值。所以采取有管理的浮动汇率制的国家(例如韩国)也会发生官方外汇储备数量的变化。

一个国家宏观经济的外部不平衡可能导致该国宏观经济的内部不平衡。一个国家的中央银行在国际收支盈余时用本币购入外币,这些本币的注入会产生通货膨胀的压力。为了减轻通货膨胀的压力,该国中央银行需要通过在公开市场上出售国债的方式收回本币,由此导致国债价格的下降和利率的上升。而本国利率的上升会吸引外资流入,进一步增加国际收支盈余。由此可见,宏观经济的外部不平衡(例如中国的"双顺差")会对实现宏观经济的内部平衡(低通货膨胀率)产生极大的压力(参见专栏 14.1)。

上述讨论告诉我们,国际贸易会通过对一个国家国际收支平衡的影响,对该国的宏观经济运行产生作用。一个国家的对外贸易政策和宏观经济政策具有重要的关联性。

14.5 贸易收支不平衡的政策应对

从前面几节的讨论中我们知道,贸易余额并不是单纯的进出口市场的结果,它和外汇市场、国内金融市场乃至资本的国际流动性都有关系。就像我们对实物层面的国际贸易现象的理解是运用多个理论模型从不同角度来思考一样,对于货币层面的国际贸易不平衡现象及其政策应对的理解也需要运用多个理论模型从不同角度来思考。本节对国际宏观经济学关于贸易不平衡现象的政策应对的主要理论做一个简要的介绍。

在最简单的模型中,我们假设一个国家的收入水平、利率水平、价格水平以及其他宏观经济变量都保持不变,而只关注名义汇率对贸易余额的影响。在这个模型中,本币贬值会使出口的数量增加、进口的数量减少,这两个效应都会改善本国的贸易余额。但是本币贬值还有一个价格效应,那就是对于给定数量的进口来说,以本币表示的进口价格上升了。如果进口的需求弹性足够小,那么进口的价格效应会超过进口的数量效应,使得进口值随着本币贬值而上升,造成贸易余额的恶化。同样的道理,如果出口的需求弹性足够小,那么出口的价格效应会超过出口的数量效应,使得出口值随着本币的贬值而下降,造成贸易余额的恶化。在什么条件下本币贬值会改善贸易余额呢?这个条件就是本章第 3 节提到的马歇尔-勒纳条件,即出口和进口的需求弹性之和大于 1。只有当这个条件满足时,本币贬值才能起到改善贸易余额的作用。

在第二个模型中,我们增加决定贸易余额的第二个因素,即国民总收入。这个模型就是**开放小国的凯恩斯模型**。当国民总收入增加时,进口需求增加,使得贸易余额恶化。在这个模型中,以本国货币表示的商品价格不变,而小国指的是其收入变化对外国的收入没有影响的国家。当该小国实施扩张性财政政策时,其产生的收入效应使得贸易余额恶化。这个结果告诉我们,当一个国家宏观经济的内部不平衡(例如高失业率)需要扩张性财政政策时,这个政策却会造成宏观经济的外部不平衡。由此可见,为了实现宏观经济内部平衡和外部平衡这两个目标,需要两种独立的政策工具,例如用财政政策来应对宏观经济的内部不平衡,用汇率政策来应对宏观经济的外部不平衡,而不应寄希望于"一石二鸟"的政策。

接下来我们假设利率水平也可变,这个模型就是宏观经济学中的 **IS-LM 模型**。在这个模型中,扩张性财政政策和扩张性货币政策都会使贸易余额恶化,而本币贬值的汇率政策不会像在凯恩斯模型中那么有效,因为它的部分效应被利率上升的效应所抵消。

在长期中,一个国家的价格水平是会发生变化的,而价格水平的变化取决于货币供应量的变化。国际宏观经济学中的**货币主义模型**认为国际收支平衡本质上是一种货币现象。和关注短期的凯恩斯模型关于国民收入增长会造成贸易余额恶化的结论正好相反,在货币主义模型中长期的收入增长会造成较大的货币需求从而使得贸易余额得到改善。对于日本等国家在经济高速增长时出现贸易盈余而不是贸易赤字这一现象,货币主义模型有一定的说服力。在短期内,货币贬值会改善贸易余额;但在长期中,价格水平会发生变化。在本章第 3 节中我们强调了贸易余额取决于实际汇率,其中包含了价格水平的因素。如果名义贬值导致贸易顺差,而贸易顺差转化为官方外汇储备并由此引起货币供应量增加,那么名义贬值的作用将被通货膨胀的作用所抵消,最终起不到改善贸易余额的效果。

现在我们将国际资本流动引入贸易余额的讨论中,其理论模型是国际宏观经济学中著名的**蒙代尔-弗莱明模型**。用这个模型考虑一个实行固定汇率制的国家,我们发现财政政策和货币政策的配合可以使宏观经济的内外平衡同时达到。需要注意的是,在这个模型中只要贸易赤字可以被资本流入所抵消,宏观经济的外部平衡(国际收支余额为零)就实现了。另外需要注意的是,在前面讲述的模型(例如凯恩斯模型)中扩张性财政政策会使国际收支恶化,而在现在的模型中这个政策会使利率上升从而导致国际资本的流入,其结果是使国际收支得到改善。我们从这些不同模型的比较中学到的很重要的一点,即政策效果会因每个国家经济状况的不同而不同,不能简单地套用。

在国际宏观经济学中有一个**"不可能的三位一体"理论**。该理论指出,对于汇率稳定、金融开放和货币政策独立性这三个目标,一个经济体只能实现其中两个。对于一个国际资本可以自由进出的浮动汇率制经济体(例如美国),它可以独立运用货币政策并得到金融开放的好处,但是不能保证汇率的稳定。对于一个国际资本可以自由进出的固定汇率制经济体(例如中国香港),它得到了汇率稳定性和金融开放的好处,但是失去了货币政策的独立性,其货币政策取决于固定汇率所挂钩的经济体的货币政策。对于一个国际资本流动受到严格管制的固定汇率制经济体(例如 2005 年 7 月 21 日人民币汇改之前的中国内地),它得到了汇率稳定性和货币政策的独立性,但是失去了金融开放的好处。

综合上述的讨论我们得出的结论是,当国际经济联系不仅体现在国际贸易上而且体现在国际金融资本流动上时,贸易收支不平衡不是一个进出口的简单结果,而是商品市场、金融市场、汇率制度和国际经济相互依赖性等诸多因素共同作用的结果。因此,应对贸易收支不平衡不仅仅需要贸易政策的调整,而且需要其他多种政策的配合。

14.6

讨论和总结

对于现实经济中国际贸易问题的讨论常常会涉及国际贸易的宏观层面。传统上国际贸易学只关注国际贸易的实物流,对于国际贸易的货币流的分析则被放置在国际金融学之中。

本章对国际收支数据特别是贸易收支数据做了一个简要的介绍,使读者能够对国际贸易中涉及货币的方面有一个粗略的了解。本章讨论的重点是贸易收支不平衡问题,包括该问题对宏观经济的影响以及相关的应对政策。虽然我们的讨论涉及国际宏观经济学的主要理论模型,但对每个模型没有做系统的描述和解说。若想深入地分析国际贸易的宏观问题,学生仍然需要系统地学习国际金融学和宏观经济学。

【新时代 新思考】

新时代的中国学生需要培养实事求是的科学态度,提高科学思维能力,增强分析问题和解决问题的本领,依靠不断学习走向未来。本章内容有助于学生在一个更广的框架下认识国际贸易这个现象。由于西方经济学方法论的局限性,对国际贸易的实物流和货币流的分析被人为地分割在国际贸易学和国际金融学这两个相对独立的学科中,这种人为的分割不利于学生全面深入地理解和认识现实中的国际贸易现象。在大国博弈的当今世界,国际贸易绝对不只是商品和服务从一个国家流到另一个国家,它必然涉及贸易收支的顺差和逆差问题。本章为学生提供了剖析贸易收支不平衡问题的分析工具。新时代的中国学生不应局限于学习课本上的知识,而应努力拓展自己的知识结构,增加自己的知识储备,只有这样才有可能为中国人民和世界人民的美好未来做出自己的一份贡献。

专栏 14.1
1990—2008 年中国宏观经济的外部不平衡

1990—2007 年,除个别年份外,中国一直保持着经常账户和资本账户的"双顺差"(见图 14.1)。1990—2007 年,中国的经常账户累计实现顺差 10 962 亿美元,年均顺差 609 亿美元。2007 年,中国的经常账户顺差达到 3 718 亿美元,2008 年更是高达 4 261 亿美元。资本账户除 1998 年出现小额逆差外,其他年份也一直保持顺差。1990—2007 年,中国的资本账户累计实现顺差 5 337 亿美元,年均顺差 296 亿美元。作为一个世界经济中的大国,中国的国际收支在如此长的时

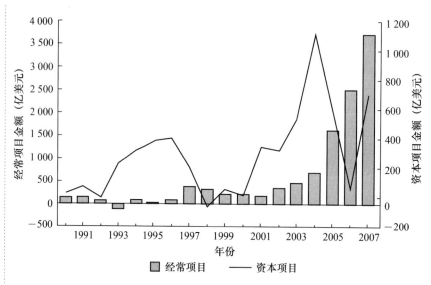

图 14.1　中国的经常账户和资本账户余额,1990—2007 年

期里保持双顺差,这在国际经济史上十分罕见。

　　持续大量的国际收支顺差导致中国外汇储备规模的迅速扩大。在 2002—2007 年短短五年时间内,中国的外汇储备激增了 5 倍。2008 年 6 月,中国的外汇储备已经超过 1.8 万亿美元,高居世界第一。由于实行强制结售汇制度,获得盈余的出口企业和外国投资者必须通过商业银行等金融机构把外汇兑换成人民币,金融机构再把外汇出售给中央银行(中国人民银行)换得人民币。因此,每一单位外汇储备的增加都意味着等值的基础货币流入市场,外汇储备的增加直接导致中国基础货币投放量的不断增加(见图 14.2)。这部分由外汇储备产生的基础货币在中国人民银行编制的"金融机构人民币信贷收支表"中体现为"外汇占款"账户,它们通过结售汇业务注入商业银行后,经过货币乘数的作用使货币供应量进一步增加。

　　为了抵消由国际收支顺差带来的货币供应量的增加,中国人民银行需要通过公开市场操作进行对冲。由于国际收支顺差持续增加,中国人民银行所持有的政府债券数量无法满足公开市场操作回笼基础货币的需求。从 2002 年开始,中国人民银行采取发行央行票据的方法来回收过剩的流动性。此后,央行票据的规模以每年 100%的速度递增。但随着外汇占款规模的不断扩大,仅仅运用央行票据这

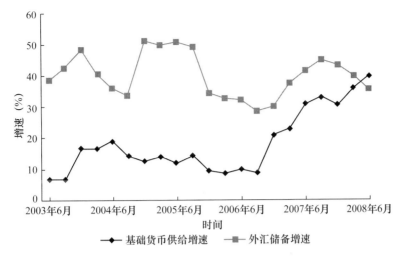

图14.2 中国的外汇储备增速和基础货币增速,2003—2008年

一工具很难控制过剩的流动性,尤其是在央行票据集中到期的时候。因此,调整存款准备金率成为中国人民银行回收流动性的又一重要手段。2006年1月至2008年8月,中国人民银行17次上调存款准备金率,存款准备金率从7.5%上调至17.5%。尽管如此,中国人民银行的对冲政策还是未能完全抑制货币供应量的增加。2006年以来,中国广义货币供应的增长率不断加速,同比增幅在19%以上,超过中国人民银行货币供应增速目标(16%),也大大高于中国GDP的增长速度。

　　货币供应量的过快增长会导致通货膨胀和资产价格泡沫。由于中国居民持有储蓄存款的偏好强烈,老百姓把钱存在银行里而不去消费,因此在相当长的一段时间内,中国货币供应的快速增长并没有转化为通货膨胀和资产价格泡沫。但是随着中国资本市场的发展,居民不再满足于持有储蓄存款这一单一资产,越来越多的储蓄存款进入股市。2007年8月,中国股票市场(A股)的存量资金在一个月内就增加了2 200亿元。从2005年6月到2007年10月的短短两年半时间内,上证综合指数(中国标志性的股票指数)从998点最高上涨到6 124点,在上海证券交易所上市的A股的市盈率从15倍飙升到70倍,股市出现明显的泡沫。与此同时,中国各地的房价呈现快速上涨的势头,部分地区出现了泡沫化迹象。在资产价格膨胀的同时,通货膨胀压力开始显现。2007年3月,全国居民消费价格指数(CPI)

同比上涨 3.3％,超过了通货膨胀控制目标(3％),也超过了同期的银行存款利率。之后 CPI 一路攀升至 2008 年 3 月的 8.7％。由于通货膨胀导致实际利率为负(见图 14.3),居民愈发不愿继续持有储蓄存款,银行存款大量地流入股票市场和房地产市场,导致资产价格的进一步膨胀。

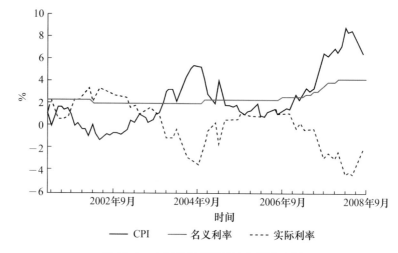

图 14.3　中国的通货膨胀率和利率水平

中国对跨境金融资本流动实施一定的管制,但随着中国经济开放度的不断提高,资本管制的有效性在逐步下降。根据国际宏观经济学"不可能的三位一体"理论,如果中国不能对跨境金融资本流动实施有效的管制,那么中国将无法同时保证货币政策的独立性和汇率的稳定。如果人民币缓慢升值,则中国在运用利率等货币政策时会受到中美利率差距等因素的制约;而如果人民币迅速升值,则又会对中国国内经济特别是出口企业产生重大冲击。2008 年下半年国际金融危机的升级使得世界经济陷入衰退,中国经济的外部环境发生重大变化,通货膨胀在短期内不再构成威胁。然而以国际收支双顺差为标志的中国宏观经济的外部不平衡状况并没有因国际经济环境的变化而得到改变。如何减少乃至消除宏观经济的外部不平衡仍是中国经济需要破解的一道难题。

1. 国际贸易和宏观经济有密切的联系。国际贸易的宏观层面关注的主要是贸易收支的平衡问题。

2. 贸易余额指一个国家的出口额和进口额之差。贸易余额是国际收支平衡表中经常账户余额的最主要组成部分。一般来说,贸易顺差国的经常账户为顺差,贸易逆差国的经常账户为逆差。

3. 汇率是影响一个国家贸易余额的因素之一。贸易余额取决于实际汇率。实际汇率是本国价格水平和外国价格水平的比率,它衡量一个国家的出口竞争力。在马歇尔-勒纳条件成立的条件下,也就是出口和进口的需求弹性之和大于 1 时,本币实际汇率贬值会改善贸易余额,而本币实际汇率升值会恶化贸易余额。

4. 在价格水平不变的短期内,贸易余额取决于名义汇率和国民收入。在马歇尔-勒纳条件成立时,名义贬值和紧缩性财政政策会改善贸易余额,而名义升值和扩张性财政政策会恶化贸易余额。要想实现宏观经济内外平衡这两个目标,需要汇率政策和财政政策的配合。

5. 在价格水平变化的长期中,国际收支平衡和货币的供求相联系。汇率政策和财政政策对贸易余额的作用在长期和短期内具有很大的不同。在长期中,名义贬值的作用可能为通货膨胀所抵消,使实际汇率处于不变的水平,因此达不到改善贸易余额的效果。

6. 宏观经济的政策效应取决于国际资本流动性和汇率制度。"不可能的三位一体"理论显示一个国家在选择政策目标和经济体制之间必须做出有得有失的权衡。在国家之间通过国际贸易和国际金融等渠道紧密相连的今天,贸易不平衡是商品市场、金融市场、汇率制度和国际资本流动等诸多因素共同作用的结果。

进一步阅读

国际经济学教材一般都包括国际贸易和国际金融两大部分。本章是对国际金融(又称国际宏观经济学)关于贸易收支平衡的讨论所做的浓缩性介绍。对于国际金融理论的系统介绍请参阅 Caves、Frankel 和 Jones（2006），Feenstra 和 Taylor（2014），以及 Krugman、Obstfeld 和 Melitz（2018）这几本国际经济学教材。对于日常经济中发生的国际宏观经济事件的报道和分析可阅读《经济学人》《金融时报》和《华尔街日报》等报纸杂志上的有关文章。国际货币基金组织的《世界经济展望》报告每年春秋出版两期，对于了解国际宏观经济形势有一定的参考价值。中国国家外汇管理局在其官方网站上发布的中国国际收支平衡表和《中国国际收支报告》是了解中国国际收支状况的基础材料。

Caves，Richard E.，Jeffrey A. Frankel and Ronald W. Jones（2006），*World Trade and Payments：An Introduction*，10th edition，Addison-Wesley.（中文译本）《国际贸易与国际收支》（第 10 版），余淼杰译，北京大学出版社 2008 年版。

Feenstra，Robert C. and Alan M. Taylor（2014），*International Macroeconomics*，3rd edition，Worth Publishers.（中文译本）《国际宏观经济学》（第三版），张友仁等译，中国人民大学出版社 2017 年版。

Krugman，Paul R.，Maurice Obstfeld and Marc J. Melitz（2018），*International Economics：Theory and Policy*，11th edition，Pearson Education.（中文译本）《国际经济学：理论与政策》（第十一版），丁凯等译，中国人民大学出版社 2021 年版。

练习与思考

一、即测即评

学完本章内容后，学生可扫描左侧二维码完成客观题测验（包含选择题和判断题），提交结果后即可看到答案及相关解析。

二、简答题

1. 贸易平衡是不是宏观经济外部平衡所要达成的目标？为什么？

2. 简述一个国家的出口竞争力和它的实际汇率的关系。

3. 名义汇率、本国物价水平和外国物价水平分别对经常账户有什么影响？

4. 举例说明宏观经济外部不平衡如何影响宏观经济内部平衡目

标的实现。

三、综合题

1. 从中国国家外汇管理局的网站下载最新的中国国际收支平衡表。运用该表的数据分析中国的国际收支状况及其对中国宏观经济的影响。

2. 从国际货币基金组织的网站下载最新的《世界经济展望》报告。运用该报告所提供的数据分析经常账户顺差和逆差在世界各国之间的分布。

第二版后记

　　本书第一版由北京大学出版社于 2009 年推出后,受到了国内讲授国际贸易课程的部分老师和学生的青睐。例如,东南大学的邱斌老师一直采用本书作为他讲授的本科和研究生国际贸易课程的教科书,我去东南大学参加学术会议时,邱老师的学生经常会和我交流阅读和学习本书的体会。长江大学经济学院的朱瑞海老师在本书第一版出版不久后的 2009 年 10 月 17 日就写邮件给我,对书中内容提出了五点具体的意见和建议。当时我的回复是:"如果本书有机会再版,我一定会对你提出的这些方面的问题做出改正和改进。"每当我遇到采用本书作为教材的老师(例如中山大学岭南学院的李兵老师)时,他们都会向我询问何时出第二版。所有我曾有缘谋面和尚未谋面的采用本书作为教材的老师们,请允许我在此表达我最衷心的感谢!正是你们对本书的厚爱使我一直没有放弃再版的念头。

由于工作繁忙,我一直没有时间修订这本书。2021年下半年我休了半年假,终于能做这件事了。北京大学出版社的领导和编辑们对我一直很体谅,她们曾多次表达希望本书能出第二版的愿望,但从未催促过。当担任本书第一版责任编辑的郝小楠女士转换工作时,她在第一时间向我介绍了接手本书后续相关事宜的李娟编辑。此后李娟编辑一直和我保持着联系,经管事业部林君秀主任也一直给予关注。在第一版成稿过程中,除林君秀主任和郝小楠编辑外,我还得到了另一位编辑朱启兵先生的帮助。正是他们的专业和体贴促成了本书的出版和再版,在此深表感谢!

　　为了让第二版的内容反映国际贸易领域的最新研究成果,我花了一个多月的时间专心研读了近十数年发表的本领域有影响力的论文和一些尚未发表的工作论文。其间我再次认真阅读了芬斯特拉撰写的《高级国际贸易:理论与实证》(第二版)(普林斯顿大学出版社2016年出版),从中获得了宝贵的文献指引。我也浏览了在英语世界最流行的两本国际贸易本科教材:克鲁格曼、奥伯斯法尔德和梅里兹所著的《国际贸易》(第11版)(中文译本由中国人民大学出版社于2021年出版)及芬斯特拉和泰勒所著的《国际贸易》(第3版)(中文译本由中国人民大学出版社于2017年出版)。

　　2021年10月8日,我的博士论文导师、著名国际贸易学家罗纳德·芬德利(Ronald Findlay)教授在得克萨斯州奥斯汀市的家中去世,享年86岁。听到这个消息,我非常悲痛。我第一次见到芬德利教授是在三十多年前的1988年,是在复旦大学的校园。当时我刚完成在中国人民大学举办的中美经济学培训项目"福特班"的学习(我是该培训班第二期的学员),正担任首期复旦大学福特班的助教。当年在复旦大学举办的福特班暑期班的主题是国际经济学,由五位国际经济学领域的大咖授课,芬德利教授是其中之一,他讲授国际贸易理论。1990年,我到哥伦比亚大学读博,芬德利教授成为我的导师。1995年,我从哥伦比亚大学毕业后去了佛罗里达大学任教,在我申请终身教职最关键的2000年,芬德利教授特意从纽约飞到佛罗里达大学做了一场学术讲座,颇有为我这个学生站台捧场之意。后来,我在佛罗里达大学如愿获得了终身教职，在休学术假时与中欧国际工商学院结缘，并于2004年加入其中。虽然离开了美国，但我和芬德利教授一直保持着邮件联系，每次我去纽约时也总会去看望他和他的华裔发妻。教授本人是缅甸裔，1954年从缅甸仰光大学本科毕业后留校工作了三年，之后到麻省理工学院读博，在读博期间（1959年）和同学哈里·格鲁伯特（Harry Grubert）发表了在赫克歇尔–俄林模型架构中研究技术进步作用的论文，该文后来成为这一领域的经典文献。芬德利教授1960年获得博士学位后回到缅甸并在其母校任教。1967年缅甸政局动荡，他在次年离开祖国返回了麻省理工学院。教授告诉我，当年他的导师萨缪尔森将他举荐到哥伦比亚大学经济系，直接担任正教授（那年他35岁）。他曾和我开玩笑说他没有任何申请终身教职的经验，所以无法给我提供任何意见和建议。行文至此，我心中充满无限感慨。2001年我在《国际经济学期刊》上发表了一篇论文（是我撰写的论文中较有价值的一篇），其内容正是继承和发展了芬德利和格鲁伯特在1959年论文中所开拓的研究方向，算是完成了师道传承（本书第4章第4节介绍了这个目前又有复兴之势的研究方向）。在这里写下这一大段文字，算是对逝去恩师的一种祭奠吧。

在这篇后记的最后，我要感谢中欧国际工商学院对我方方面面的支持，特别要感谢中欧领导层批准了我休假半年的申请，使我能有整段时间专注于本书的修订工作。中欧学术著作研究基金（项目号19XBABF）和中欧教授研究基金（项目号17NGT）资助了本书的写作。在此我还要感谢本书写作和修订过程中的研究助理们，他们是：刘瑛、李薇薇、钱能、卢亮亮、胡宏莹和邱家欣（第一版时的助研），以及陈丹妮、李若诗和张丽（第二版时的助研）。助研们完成的所有材料都由我做了最后的修订，所以我负全部文责。本书大部分的写作和修订工作都是在假期中完成的，在此要感谢我的家人特别是我的太太对我的理解和支持。

许 斌

2023年11月于上海